W0180611

Vorwort

Die Kris Study Group des Psychoanalytischen Instituts New York, unter Leitung von CHARLES BRENNER, führte in den 70er Jahren eine großangelegte Untersuchung zur Borderline-Struktur durch. An einer unserer ganztägigen Diskussionen, die zusätzlich zu den üblichen monatlichen Treffen notwendig waren, nahm OTTO F. KERNBERG teil, um uns von seinen Forschungsergebnissen zu berichten, Fallbeispiele aus seiner Praxis zu erläutern und das von uns erarbeitete klinische Material zu sichten.

Das in diesem Buch dargestellte Material basiert zum Teil auf der Arbeit der Kris Study Group, aber es ist nicht bloß als Zusammenfassung ihrer Ergebnisse anzusehen. Zum einen gelang es der Gruppe nicht, in allen Fragen Einigkeit zu erzielen, obwohl gerade die kontroversen Meinungen und Einschätzungen zur Ergiebigkeit der Diskussionen beitrugen. Wir haben das zusammengetragene klinische Material und die umfangreichen Überlegungen für dieses Buch genutzt, erheben jedoch nicht den Anspruch, jeden Gesichtspunkt oder alle wichtigen Beiträge der Gruppenmitglieder aufgegriffen zu haben. Darüber hinaus haben wir über die Ergebnisse der Kris Study Group detaillierter geforscht, sie geordnet und so gewichtet, wie es uns angemessen erschien. Die Literatur zum Thema Borderline wurde von uns aufgegriffen, es wird auch auf Arbeiten eingegangen, die erst nach Beendigung der Kris Study Group erschienen sind. Wir möchten daher betonen, daß die hier dargestellten Überlegungen aus der Zusammenarbeit der Autoren erwachsen sind und von diesen allein verantwortet werden. Nicht alle Mitglieder der Gruppe werden in allen Punkten ungeteilt unserer Meinung sein, obwohl wir glauben, daß viele unserer Kollegen unseren Folgerungen zustimmen werden.

Unser Dank gilt all denen, die uns bei der vierjährigen Forschungsarbeit unterstützt haben, hier sei vor allem CHARLES BRENNER genannt, dessen Leitung der Gruppe ihre ernsthafte, kritische und lebhafte Auseinandersetzung mit den aufscheinenden Themenkomplexen ermöglichte. Seine Hilfe und Ermuti-

9

gung war für die Niederschrift unserer Ergebnisse unerläßlich, seiner Bereitschaft zu kritischer und beratender Durchsicht unserer Manuskripte gilt unser Dank. In den letzten Jahrzehnten hat sich das Schwergewicht im Verstehen und in der Behandlung der Neurosen anscheinend unaufhaltsam verschoben: Weitere und weitere Kreise der Pathologie löste man aus den in der »klassischen« Psychoanalyse erarbeiteten Zusammenhängen des dynamischen Verständnisses heraus; mehr und mehr rückte man von einer konsequenten Ergründung unbewußter Konflikte ab und sah diese Störungen in der Nähe der vermuteten, doch nun als feststehend behandelten Theorie von den Kernstrukturen der Psychosen.

Damit schoben sich immer mehr sowohl die Diagnose der »Borderline-Pathologie« wie die Grundauffassung von tiefliegenden »Defekten« in den Mittelpunkt von Verstehen und Erklären. Diese Verrückungen haben gewichtige Implikationen für unsere Haltung gegenüber den Patienten und stellen mannigfache Probleme der Validierung, der Kohärenz mit anderen Behandlungs- und Forschungsmethoden, doch am wichtigsten ist vielleicht, daß sie zu Fragen der klinischen, langdauernden Wirksamkeit psychischer Veränderung führen dank verschiedener Formen therapeutischer Einstellung und Eingriffe.

»Die psychoanalytische Therapie ist an dauernd existenzunfähigen Kranken und für solche geschaffen worden, und ihr Triumph ist es, daß sie eine befriedigende Anzahl von solchen dauernd existenzfähig macht.« Diesem grundlegenden Postulat FREUDS widerspricht die heutige Praxis – sind dies doch eben die Fälle, die heute gemeinhin als unanalysierbar betrachtet und anderen Behandlungsmodalitäten zugewiesen werden. Sowohl in Europa wie bei uns in den USA ist der Druck unwiderstehlich, die analytische Arbeit zugunsten von billigeren, rascheren Verfahren aufzugeben oder sie doch zumindest durch konfrontierende und suggestive Methoden zu kompromittieren, sie massiv abzukürzen und zu fokussieren.

Trotzdem steht vor uns nach wie vor die Herausforderung, wie das *vielseitig* brauchbare Instrument der Psychoanalyse gerade bei diesen Patienten angewendet werden könnte, und damit die Frage: Was sind die minimal notwendigen Modifzierungen der psychoanalytischen Technik, die so weit wie möglich den vollen Nutzen analytischer Erkenntnis und des Durcharbeitens der unbewußten Konflikte gewährt, ohne daß dabei die oft schweren Regressionen in bezug auf Affekte, Impulse, Charakterhaltungen und Bewußtseinszustände sowie die globale Natur von Abwehr- und Über-Ich-Prozessen unüberwindliche Hindernisse in den Weg von Einsicht und tiefer Veränderung legen? Wie können wir die beiden Anfordernisse miteinander versöhnen: dauerhafte tiefe Veränderungen durch Einsicht, durch Deutungen zu erzielen, doch nicht ganz ohne psychotherapeutische Mittel auskommen zu können – Mittel, wie Erziehung, Einschreiten gegen selbstgefährdende Formen der Regression und eine Haltung von Spontaneität und Freiheit, die das Schöpferische im Patienten freisetzen kann?

ABEND, PORDER und WILLICK unternehmen den mutigen Versuch, diesen Ansprüchen und Fragen nacheinander nachzugehen, sich gegen die Woge des klinischen Revisionismus anzustemmen und auch bei den schweren Formen der Psychopathologie so nahe wie möglich bei einer »klassischen« Methode von *Abwehranalyse und Konfliktbearbeitung* zu verharren:

»Nach unserer Meinung ist es das wichtigste Prinzip, soweit wie möglich eine analytische Beziehung aufrechtzuerhalten und diese nicht ermahnend, erzieherisch oder gar dirigierend werden zu lassen.«

Zugang und Verstehen unterscheiden sich also in entscheidenden Aspekten von denjenigen, die heute vorwiegend für diese Fälle empfohlen werden. Statt daß sie unter der mehr oder weniger als Einheitskategorie aufgefaßten Borderline-Diagnose behandelt werden, sehen die Autoren dieses Buches, denen ich darin bekanntlich völlig beistimme, sie als zwar schwere, aber voneinander klar differenzierte Neurosen an, die sehr wohl *der klassischen Methode zugänglich* gemacht werden können, namentlich im Sinne *konsequenter Konfliktanalyse der Abwehr und Über-Ich-Vorgänge*. So stimmt es völlig mit meiner Erfahrung überein, wenn die Autoren behaupten, sie haben »in der Durchsicht der einschlägigen Literatur gefunden, daß Über-Ich-Konflikte in den Diskussionen der Objektbeziehungen der Borderline-Patienten vernachlässigt werden.«

»Das Ausmaß an Schuldkonflikten und der gegen diese Konflikte eingesetzten Abwehrmechanismen war bei unseren Borderline-Patienten auffällig.«

11

Und es wird besonders betont, daß

»Deutungen von Schuldgefühlen, bewußter wie unbewußter, ein wichtiger Aspekt der Behandlung sind. ... Gerade die Analyse von Über-Ich-Konflikten war sehr wichtig, um Fortschritte zu erzielen.«

In Wahrheit ist die Diagnose »Borderline« trotz aller wackeren Versuche zur Definition und dynamischen Beschreibung zu einer Omnibus- und Papierkorb-Kategorie geworden, in die alles Schwierige und Widerwärtige geworfen und mit deren Hilfe das eigene Versagen, die eigenen Gegenübertragungsprobleme »erklärt«, das heißt sehr oft wegerklärt werden können, etwa im Sinne von ROBERT MICHELS trefflicher Formulierung: »›Borderline‹ hieß ein Patient, der zunächst analysierbar schien, es aber dann nicht war.« Daher postuliert denn auch DAVID BERES (wie von ABEND, PORDER und WILLICK zitiert): »›Borderline‹ stellt einen derartig ungeschickten Begriff dar, daß er überhaupt aufgegeben werden sollte, bezeichnet er doch lediglich eine locker zusammengefügte Gruppe von Patienten mit schwerer Charakterpathologie.« In verschiedenen Vorträgen drückte BERES die Meinung aus, Analytiker und Therapeuten sollten lieber von den gängigen Verallgemeinerungen über diese schwerer kranken Patienten Abstand nehmen und sich statt dessen auf die *spezifischen Variablen* im Symptombild und der Charakterstruktur solcher Patienten als Einzelfälle konzentrieren in ihrer jeweiligen Individualität. Dies führt denn auch die Autoren zu der aus meiner Sicht gültigen Schlußfolgerung:

»Eine Beschreibung ist noch keine Definition. Auch keine Diagnose. Weit entfernt davon, die erhoffte gültige Definition und eindeutige diagnostische Kriterien zu liefern, können wir nur sagen, daß ›Borderline‹ keine diagnostische Entität ist oder ein für sich wahrnehmbares Syndrom; es ist höchstens eine weitgefaßte übergreifende Klassifikation.«

Es ist bedeutsam und wichtig, daß dieses gründliche und methodologisch bedeutsame Buch jetzt auch der deutschen Fachwelt zugänglich gemacht wird. Die wissenschaftliche und philosophische wie auch politisch-ökonomische Krise, in der sich der gesamte Bereich der intensiven Psychotherapie und Psychoanalyse sowohl in Nordamerika wie nun mehr und mehr auch in Europa befindet, verlangt Klarheit über die Zielsetzung der

Behandlung und die dazu am besten taugliche Behandlungsmethode.

Letztlich ist es auch hier so, wie es in JOSEPH CONRADS »Lord
Jim« heißt: »Strictly speaking, the question is not how to get
cured, but how to live – Genau gesagt ist die Frage nicht, wie
man geheilt wird, sondern wie man lebt.« Und dafür bedarf es
eben jenes Kausalverständnisses, das TSCHECHOV prägnant ausdrückte: »Wenn schon kurieren, dann nicht die Krankheiten,
sondern ihre Ursachen ... Die Hauptsache ist, das Leben
umzugestalten; alles übrige ist unnütz« (in TH. MANNS Wieder-
gabe).

Ich glaube, daß das vorliegende Werk dieser Aufgabe in
hohem Maß gerecht wird.

Léon Wurmser

I. Historische Entwicklung der Borderline-Diagnose

Der Begriff »Borderline« taucht in der psychoanalytischen Literatur zum ersten Mal in dem Aufsatz »Psychoanalytic Investigation of and Therapy in the Border Line Group of Neuroses« von ADOLPH STERN (New York) auf, der 1938 in Psychoanalytic Quarterly erschienen ist. In den seitdem vergangenen Jahren wurde dieser Begriff von Psychoanalytikern weltweit zunehmend benutzt, obwohl bis heute keine endgültige Einigung darüber erzielt werden konnte, welches Krankheitsbild er genau bezeichnet und wie es diagnostiziert werden kann.

Obwohl wir als Psychoanalytiker unsere Patienten nicht in auf purer Phänomenologie basierende starre Kategorien einordnen wollen, halten wir doch an der Bedeutung einer exakten Diagnosestellung fest. Jede Beurteilung eines Patienten verlangt notwendigerweise auch seine Zuordnung zu diagnostischen Kategorien, so unsicher diese Zuordnung zu Beginn der Behandlung auch sein mag. Bei bestimmten Diagnosen wird man eine andere Behandlungsform wählen als die klassische Psychoanalyse, in anderen Fällen scheint gerade sie besonders geeignet. Eine Diagnose zu stellen wirkt sich jedoch nicht nur auf die Wahl der Behandlungsmethode aus, sie sagt auch etwas aus über unsere Konzepte zur Ätiologie, zur Konfliktdynamik, zu Charakterstruktur, Ich-Organisation und der psychischen Entwicklung. Einen Patienten als zwangsneurotisch einzustufen, beinhaltet daher immer auch einige Aussagen über seinen Grundkonflikt, seine Abwehrmechanismen sowie Einschätzungen darüber, inwieweit eine Ich-Integration gelungen ist. Eine Schizophrenie-Diagnose ermöglicht uns, trotz der Heterogenität der manifesten Symptome, auf die Art der Objektbeziehungen des Patienten zu schließen, auf seine oder ihre Neigung zur Regression auf psychotische Zustände und darauf, inwieweit die Ich-Funktionen beeinträchtigt sind.

So wie der Begriff *Borderline* von Psychoanalytikern benutzt wurde, ist nicht immer deutlich, ob er eine spezifische diagnostische Entität wie »Schizophrenie« oder »Zwangsneurose« benennt oder ob er sich auf eine Gruppe von Störungen oder diagnostischen Kategorien bezieht. In letzterem Fall wäre sein nosologischer Status dem der »Psychose« (Schizophrenie und Manische Depression eingeschlossen) und dem der »Neurose« (mit zwangsneurotischen, phobischen und hysterischen Patienten) gleichzusetzen. Wenn wir *Borderline* in diesem zweiten Sinn benutzen, um eine Gruppe von Störungen zu bezeichnen, die sich im Grenzfeld zwischen Psychose und Neurose bewegen, ist es notwendig, die gemeinsamen Merkmale der Patienten mit solchen Störungen zu bestimmen. Um sowohl klinisch wie theoretisch von Nutzen zu sein, müßte eine Auflistung dieser gemeinsamen Merkmale nicht nur die unter der Störung auftretenden Symptome umfassen, sondern auch die spezifischen Objektbeziehungen, Entwicklungsfaktoren, Ich-Funktionen (einschließlich Abwehrmechanismen), Triebschicksale und die Ätiologie berücksichtigen. Wie auch immer wir den Begriff Borderline benutzen, immer ist dabei zu bedenken, ob diese Diagnose bereits eine Vorentscheidung über die Analysierbarkeit beinhaltet, und wir werden uns die Frage stellen müssen, welche Analysetechniken hier zu den besten Resultaten führen. Als diese Fragen innerhalb der Kris Study Group diskutiert wurden, benutzten einige Analytiker den Begriff »Borderline« nach wie vor, um einen verdeckten oder latenten schizophrenen Prozeß zu bezeichnen, und waren der Meinung, daß man die zugrundeliegende psychotische Störung durch umsichtige Diagnostik und Behandlung schließlich zutage fördern könne. Andere Analytiker hielten die Einführung einer neuen diagnostischen Kategorie für unnötig, da sie »Borderline« zur Gruppe der schweren Charakterpathologien zählten. Ihrer Meinung nach heben sich diese Fälle durch die Schwere der Symptome von anderen neurotischen Charakterstörungen ab, auch sei die psychoanalytische Behandlung solcher Patienten weit schwieriger und die Erfolgsaussichten dementsprechend geringer.

Eine der Hauptursachen für die nosologische Zuordnungsschwierigkeit, denen sich sowohl Psychiater wie Psychoanalytiker in der Vergangenheit gegenübersahen, liegt in ihrem Festhalten an der Überzeugung begründet, daß psychische Krankheiten in zwei Hauptgruppen unterteilt werden können – in Neurosen und in Psychosen. Klinische Psychiater, die schwerkranke Patienten behandelten, die nicht als eindeutig schizophren oder manisch depressiv einzuordnen waren, benutzten diagnostische Kategorien wie »ambulatorische Schizophrenie«, »pseudoneurotische Schizophrenie« oder »schizoide Persönlichkeit«. Psychoanalytiker, die die unterschiedlichsten Charakterstörungen behandelten, bemühten sich, die Borderline-Struktur von eindeutig analysierbaren Neurosen zu unterscheiden. Patienten mit schweren Perversionen, Triebstörungen, Anorexie und Bulimie, Suchtverhalten, Selbstverstümmelungstendenzen oder schweren Entwicklungshemmungen machten in der Analyse oft keine Fortschritte und schienen wesentlich schwerer gestört als neurotische Patienten.

Es wurde immer offenkundiger, daß eine Einteilung psychischer Krankheiten in die Kategorien Neurosen und Psychosen nicht länger angemessen war, um den vielfältigen klinischen Erfahrungen und Beobachtungen innerhalb der letzten Jahrzehnte Rechnung zu tragen.

In diesem Kapitel geben wir einen kurzen historischen Überblick über die Entwicklung der Borderline-Diagnose. Bevor wir die wichtigsten psychoanalytischen Veröffentlichungen über Borderline-Patienten aufführen, scheint es uns sinnvoll, FREUDS Erkenntnisse über Neurosen und Psychosen zusammenzufassen, um uns sowohl sein Festhalten an diesen Kategorien wie auch seine Zweifel daran zu vergegenwärtigen.

FREUDS Neurosen- und Psychosenlehre

In den von FREUD veröffentlichten Arbeiten taucht der Begriff »Borderline« nicht auf.[1]

---

1 Anm. der Übersetzerin: CHRISTA ROHDE-DACHSER (4. Aufl. 1989, S. 28) verweist dagegen auf einen FREUD-Text von 1925, in dem er sehr wohl schon von »Borderline-Patienten« schreibe. Diese Feststellung hat in der deutschen Literatur weite Verbreitung gefunden. Tatsächlich schreibt FREUD im Vorwort zu AUGUST AICHHORNS Buch »Verwahrloste Jugend«, daß die Psychoanalyse – und damit setzt er sich ein weiteres Mal für die Laienanalyse ein – auch für Pädagogen beispielsweise zugänglich sein müsse, für die »Grenz- und Mischfälle« ihres Metiers, also problematische Schüler; keinesfalls bezieht er sich auf jene »Grenzfälle« zwischen Neurose und Psychose, mit denen sich die gesamte Borderline-Literatur auseinandersetzt.

Obwohl er viel über die Ähnlichkeiten und Unterschiede zwischen den verschiedenen Neurose- und Psychoseformen schreibt, geht er zeitlebens von der Zuordnung psychischer Krankheit in diese beiden Grundkategorien aus. Gelegentlich macht er jedoch Ausnahmen, so nennt er in den »Drei Abhandlungen zur Sexualtheorie« (1905) die Neurosen das »Negativ der Perversion«, obwohl er Perversionen nicht einer bestimmten Gruppe psychischer Krankheiten zurechnet. Häufig benutzt er den Begriff »Narzißtische Neurose« für Schizophrenie, und noch in der 1924 erschienenen Arbeit »Neurose und Psychose« unterscheidet er zwischen der Übertragungsneurose, der narzißtischen Neurose und der Psychose aufgrund seines neuen Strukturenmodells. In dieser Abhandlung zählt er die narzißtischen Neurosen zu den depressiven Störungen, bei denen der Grundkonflikt zwischen dem Ich und dem Über-Ich zu suchen ist. Diese Struktur unterscheidet er von der pathogenen Neurosenentwicklung, bei welcher der Konflikt zwischen Ich und Es besteht, und den Psychosen mit dem Konflikt zwischen Ich und Außenwelt. Freud selbst ist nicht zufrieden mit dieser »einfachen Problemlösung« und ordnet depressive Störungen wahrscheinlich den Psychosen zu. Auf jeden Fall ist er der Überzeugung, daß eine Einstufung als neurotisch oder psychotisch sich aufgrund der jeweiligen Fähigkeit zur Realitätsprüfung vornehmen lasse. Bei den Psychosen ist ein Realitätsverlust festzustellen, eine Tatsache, auf die er immer wieder zurückkommt in dem Bemühen, diese beiden Formen der psychischen Krankheit voneinander zu unterscheiden. In »Die Abwehr-Neuropsychosen« (1894), einer seiner frühesten Arbeiten, schreibt er, daß die Konversionsabwehr bei Hysterikern und die Verschiebungsabwehr bei Zwanghaften von einer bestimmten Art der Psychose, die er die »halluzinatorische Verworrenheit« nennt, zu unterscheiden sei. Bei der hysterischen oder Zwangsneurose wird der zu verlagernde oder zu verdrängende Affekt zunächst von der »unverträglichen« Vorstellung abgespalten (mit der er verbunden war); die Vorstellung selbst jedoch bleibt im Bewußtsein haften, wenn auch abgeschwächt und isoliert (S. 72). Bei der »halluzinatorischen Verworrenheit« dagegen »reißt sich das Ich von der unverträglichen Vorstellung los ..., und indem das Ich diese Leistung vollbringt, hat es sich auch von der Realität ganz oder teilweise gelöst.« (S. 73). In »Weitere Bemerkungen über die Abwehr-Neuropsychosen« fügt FREUD die wichtige Entdeckung hinzu, daß zur Abwehr eingesetzte Projektion oft zu Wahnvorstellungen führt.

Im Fall Schreber (1911a) und in »Zur Einführung des Narzißmus« (1914) zeigt FREUD weitere Unterschiede zwischen Psychose und Neurose auf, wobei es ihm hier vor allem darum geht, aufzuzeigen, daß die Verdrängungsmechanismen, die innerhalb der beiden Hauptkategorien psychischer Krankheit wirksam sind, sich sehr voneinander unterscheiden. Bei der Psychose erfolgt demnach eine Libidoablösung nicht nur von vorbewußten und bewußten Objektrepräsentanzen, wie bei der Neurose, sondern auch von unbewußten Objektrepräsentanzen. Die abgetrennte Libido kehrt zum Ich zurück und löst dabei Symptome wie Größenwahn, Hypochondrie und »Weltuntergangs«–Wahnvorstellungen aus.

FREUD nimmt an, daß eine bestimmte Entwicklungsstufe für die libidinöse Besetzung besonders disponiert ist, und geht davon aus, daß eine initiale autoerotische Phase von einer narzißtischen abgelöst wird und schließlich in die Objektliebe mündet. Diese frühe Theorie über die Entwicklung der Objektbeziehungen ist deswegen so bedeutend, weil FREUD sie zur Erklärung seiner Beobachtung benutzt, daß Objektbesetzungen von Schizophrenen scheinbar »aufgegeben« werden, so daß ein »primitiver objektloser Zustand von Narzißmus wieder hergestellt werde.« (1915c, S. 295). Die Regression in der Psychose ist also wesentlich schwerwiegender als bei der Neurose und führt zu archaischeren, primitiveren Funktionsweisen. Obwohl FREUDS Hauptaugenmerk hier auf den Veränderungen der Libidodisposition liegt, ist es ihm ein Anliegen, anhand des SchreberFalles darauf hinzuweisen, daß bei der Psychose »eine ausgiebige Störung in der Unterbringung der Libido auch eine entsprechende Störung in den Ichbesetzungen induzieren kann.« (1911a, S. 311). Dies gibt uns einen frühen Einblick in FREUDS späteres Verständnis der Rolle des Ich bei der Pathogenese.

Innerhalb der Schizophrenie macht er eine weitere Unterscheidung zwischen dem Regressionsgrad bei Paranoia und bei Dementia Praecox (1911a) (1914). Während bei Dementia Praecox eine vollständige Regression bis auf die autoerotische Stufe erfolgt, ist sie bei der Paranoia nicht so weitgehend, sondern reicht nur zurück bis auf den narzißtischen Status (1911a, S. 310).

18

Hiermit ist der Grundstein gelegt für eine andere Konzeptualisierung der Psychopathologie, bei der auch das Ausmaß der Fixierung und der Regression auf bestimmte Entwicklungsstufen dazu benutzt werden kann, den Schweregrad der Krankheit anzuzeigen. Wenn wir bedenken, daß die Konzepte Fixierung und Regression nicht nur auf die libidinöse und aggressive Trieborganisation angewandt werden können, sondern auch bei den Ich-Funktionen und Objektbeziehungen eine wichtige Rolle spielen, bietet diese These Raum für die Vermutung, daß es auf dem Entwicklungskontinuum zwischen milder Neurose und schwerer Psychose andere psychische Krankheiten gibt.

Diese Vermutung wird durch die Tatsache gestützt, daß FREUD in seiner Meinung, Psychose und Neurose seien fundamental verschiedene Krankheitskategorien, nicht völlig konstant ist. Insbesondere äußert er Zweifel an der Gültigkeit der von ihm aufgrund der psychotischen »Ablösung von der Realität« gezogenen Unterscheidungslinie. Diese Frage behandelt er in der Arbeit »Fetischismus« (1927), in der er ausführt, daß die »Verleugnung« eines »Stückes der Realität« von zwei jungen Männern nach dem Tod ihres Vaters diese von ihm getroffene Unterscheidung in Frage stelle, da keiner der beiden eine Psychose entwickelt habe (S. 316). Er fährt allerdings fort, daß diese Fälle sich insofern von den Psychosen unterscheiden, da bei ihnen neben dieser »einen Strömung in ihrem Seelenleben« (S. 316) eine zweite bestehe, in welcher der Tod wahrgenommen werde. Diese Art der »Spaltung« ist vor allem beim Fetischismus zu finden; sie ermöglicht es, Neurosen im allgemeinen und Fetischismus im besonderen von der Psychose zu unterscheiden, bei der »die eine, die realitätsgerechte Strömung, wirklich vermißt werden müsse.« (S. 316). Die Symptome, die sich bei einer Psychose zeigen, bleiben also von denen bei der Neurose deutlich unterscheidbar: Bei ersterer ist die »realitätsgerechte Strömung« nicht vorhanden. Beachtenswert ist jedoch, daß sich die Symptomdarstellung bei der Neurose (zumindest in bestimmten Fällen) und beim Fetischismus (in allen Fällen) nun durch das Nebeneinander unterschiedlicher Realitätsprüfungen charakterisieren läßt: »Realitätsverleugnung« besteht Seite an Seite mit »Realitätswahrnehmung«. Diese Erkenntnis vertieft FREUD in seinen späteren Ausführungen zu dem Begriff der *Spaltung* in »Abriß der Psychoanalyse« (1938a), indem er seine frühere Behauptung, wonach die »realitätsgerechte Strömung« bei der Psychose »tatsächlich nicht vorhanden sei«, allem Anschein nach zurücknimmt. Hier sagt er, daß die vollständige Abkehr von der Realität des psychotischen Ich »nur selten, vielleicht niemals« stattfinde (S. 132). Die Unterscheidungskriterien zwischen Neurose und Fetischismus einerseits, gegenüber Psychose andererseits, scheinen auf quantitativen Faktoren zu beruhen, eine Spaltung des Ich tauche bei jedem dieser Krankheitsbilder auf: »Es bildeten sich zwei psychische Einstellungen statt einer einzigen, die eine, die der Realität Rechnung trägt, die normale, und eine andere, die unter Triebeinfluß das Ich von der Realität ablöst. Die beiden bestehen nebeneinander. Der Ausgang hängt von ihrer relativen Stärke ab. Ist oder wird die letztere die stärkere, so ist damit die Bedingung der Psychose gegeben.« (S. 133).

FREUD vergleicht dann die für die Neurose typische Triebabwehr mit der für den Fetischismus charakteristischen Realitätsverleugnung. Der hier zu konstatierende Unterschied sei hauptsächlich topographischer Natur (S. 135), beide Abwehrmechanismen könnten jedoch sowohl beim Fetischismus (1938b, S. 134) als auch bei der Neurose (1938a, S. 133, 135) nebeneinander existieren. Zumindest in seinen letzten Arbeiten sieht FREUD bezüglich der Realitätsprüfungsstörung den Unterschied zwischen der Neurose – soweit sie durch Spaltungsvorgänge charakterisiert ist – und der Psychose nur im unterschiedlichen Schweregrad der Störung.

Hier sollte erwähnt werden, daß der Begriff der *Ich-Spaltung* oft dazu benutzt wird, ausschließlich verschiedene Aspekte der Psychose zu beschreiben, obwohl FREUD ihr Vorhandensein auch bei der Neurose beschrieben hat. Auch sollte darauf hingewiesen werden, daß FREUD diesen Begriff nicht auf dieselbe Weise benutzt wie MELANIE KLEIN oder später OTTO KERNBERG, um einen besonderen Abwehrmechanismus bei Borderline-Patienten zu bezeichnen. Hierauf wird auf S.169ff. näher eingegangen werden.

In seinen Publikationen »Das Ich und das Es« (1923) und »Hemmung, Symptom und Angst« (1926) geht FREUD ab von der ausschließlichen Libidotheorie und wendet sich der Ich-Psychologie zu. Patienten können nun innerhalb eines weiteren Rahmens beurteilt werden, der alle Ich-Funktionen berücksichtigt und nicht nur libidinöse Konflikte. Die größere Bandbreite bei der Untersuchung von Ich-Funktionen erlaubt detailliertere Rückschlüsse auf die Realitätsprüfungsfähigkeit, Unterscheidungen können nicht mehr nur aufgrund gravierender Realitätsentfremdung vorgenommen werden, sondern auch anhand der für bestimmte Ich-Funktionen spezifischen massiven Realitätsprüfungsstörungen.

Die Ich-Psychologie befaßt sich nicht mehr nur mit der Fähigkeit zur Realitätsprüfung, sondern umfassender mit Ich-Funktionen im allgemeinen. Die Analytiker beschränken sich nicht mehr darauf, sich nur mit den Symptomen und Charakterstrukturen ihrer Patienten zu befassen, sondern richten ihr Augenmerk auf ihre Objektbeziehungen, die Abwehrorganisation, die autonomen Ich-Funktionen und die gesamte Ich-Integration. So fällt das Augenmerk auf viele Patienten, die weder als neurotisch noch als psychotisch zu bezeichnen sind, und bei denen eine Zuordnung aufgrund allein der Realitätsprüfungsfähigkeit, wegen der großen Unterschiede und Vielgestaltigkeit ihrer psychischen Entwicklung und Ich-Organisation, nicht angemessen erscheint. Für diese Patienten wird der Begriff »Borderline« eingeführt.

Überblick über die psychoanalytische Literatur zum Borderline-Patienten

Es ist unmöglich, auf alle Arbeiten einzugehen, die sich mit jenen Patienten befassen, die schwerere Störungen aufweisen als Neurotiker, aber nicht als eindeutig psychotisch zu bezeichnen sind; aber einige der wichtigsten Arbeiten sollen hier genannt werden. Mit dieser Auswahl möchten wir einen Überblick geben über die verschiedenen Richtungen, die bei der psychoanalytischen Auseinandersetzung mit dem Begriff Borderline eingeschlagen worden sind. Diese Auseinandersetzungen verdeutlichen unserer Meinung nach die Frage, die schon Freud Zeit seines Lebens beschäftigte: die Unterscheidung zwischen Neurose und Psychose und die Realitätsentfremdung als diagnostisches Kriterium. Die hier genannten Arbeiten belegen außerdem die zunehmende Anerkennung der Bedeutung von Objektbeziehungen und allgemeinen Ich-Funktionen und setzen sich mit der Frage auseinander, inwieweit solchermaßen gestörte Patienten für eine psychoanalytische Behandlung geeignet sind.

Der erste Satz von STERNS (1939) Schrift bringt das Problem auf den Punkt: »Es ist wohl allgemein bekannt, daß eine große Gruppe von Patienten weder eindeutig der psychotischen noch der neurotischen Gruppe zuzuordnen ist, und daß es äußerst schwierig ist, die auf der Grenzlinie befindliche Patientengruppe mit psychotherapeutischen Methoden effizient zu behandeln.« (S. 467). STERN hebt das große Ausmaß narzißtischer Störungen, die er hauptsächlich auf mangelnde mütterliche Zuwendung zurückführt, bei dieser Patientengruppe hervor. Er führt aus, daß die Eltern, besonders die Mütter, von Borderline-Patienten oftmals selbst schwer gestört seien, und daß die mangelnde Fürsorge gegenüber ihren Kindern sich oft über viele Jahre erstrecke. Klinische Merkmale seien Überempfindlichkeit, negative Reaktionen auf die Therapie, tiefgreifende Minderwertigkeitsgefühle, Masochismus, schwerwiegende Unsicherheit über den oder Angst vor dem eigenen Körper, die Anwendung von Projektionsmechanismen, Schwierigkeiten in der Realitätsprüfung und rigide Abwehrmechanismen, die zu psychischer Inflexibilität führen. Auf das Übertragungsgeschehen bei diesen Patienten weist STERN besonders hin. Sie seien äußerst abhängig und klammerten sich verzweifelt an den Therapeuten, zeigten sehr unreife Verhaltensweisen, seien leicht verletzbar und fühlten sich leicht durch Interpretationen abgelehnt. Nach STERNS Auffassung ist hier eine Abänderung der analytischen Techniken nötig, da diese Patienten unterstützendes Verhalten brauchten. Obwohl STERN nicht den Versuch unternimmt, die Ätiologie dieser Störungen im Detail zu beschreiben, äußert er die Ansicht, daß »die Angst, die der Antrieb zu sein scheint für die Symptom- oder Abwehrformation, früher eingesetzt hat als die Kastrationsangst bei den Übertragungsneurosen.« (S. 487). Mit anderen Worten: STERN schreibt schon 1938 prääödipalen Konflikten bei der Entwicklung der Borderline-Störung eine bedeutende kausale Rolle zu.

1942 erscheint HELENE DEUTSCHS Arbeit über die »Als-ob«-Persönlichkeit. Die von ihr beschriebenen Patienten zeigen schwere Störungen des Ich-Gefühls, Beziehungen zur Außenwelt und zu ihrem eigenen Selbst scheinen nicht vorhanden oder eingeschränkt. Sie schreibt: »... die gesamte Beziehung des Individuums zum Leben wirkt irgendwie unecht und scheint nur, *als ob* sie vollständig sei« (S. 263). Im weiteren nennt sie schwere narzißtische und Identitätsstörungen; die Gefühle dieser Patienten entbehrten jeder wirklichen Wärme, Gefühlsäußerungen seien formell, die Patienten seien passiv und beeinflußbar, sie übernähmen sowohl Gefühle wie Werte von den sie umgebenden Menschen. Jedes Objekt werde als Identifikationsobjekt benutzt, und es finde mehr Tarnung statt als wahre Identität. Um ihrem inneren Gefühl der Leere zu entgehen, schlössen sie sich gern Gruppen an. Wie STERN führt auch HELENE DEUTSCH diese Störungen auf mangelnde elterliche Zuwendung zurück.

Sie beschreibt Patienten mit schweren Objektbeziehungsstörungen, bei denen adäquate Identifikationen fehlen und die einen Mangel an der Integration konflikthafter Identifikationen aufweisen. Daß ein solcher »Als-ob«-Zustand oft auch den Beginn einer manifesten Psychose kennzeichnet, führt sie zwar aus, weist aber darauf hin, daß dasselbe Symptombild auch eine »normalere« Diagnose zuläßt. Sie hält solche Patienten für »schizoid«: »Ob die in dieser Arbeit beschriebenen Affektstörungen auf eine ›schizophrene Disposition‹ schließen lassen oder Anfangssymptome der Schizophrenie sind, ist mir nicht klar. Diese Patienten stellen Sonderformen in der Gruppe der pathologisch gestörten Persönlichkeiten dar. Sie sind nicht den allgemein geltenden Neuroseformen zuzurechnen, und ihre Realitätsanpassung ist zu intakt, als daß sie psychotisch genannt werden könnten.« (S. 280).

Obwohl HELENE DEUTSCH eine Reihe von Merkmalen wie »den Verlust der Objektbesetzungen« aufführt, die üblicherweise mit einem schizophrenen Prozeß in Verbindung gebracht werden, hält sie eine Unterscheidung dieser Patienten von psychotischen aufgrund der Tatsache für begründet, daß bei ihnen die Realitätsprüfungsfähigkeit erhalten geblieben ist. Sie greift also auf das von FREUD erhobene Hauptkriterium für die Psychose zurück – die nicht vorhandene Fähigkeit des Realitätsbezuges. Im Gegensatz dazu behauptet ROBERT KNIGHT (1953), daß der Mangel an gravierendem Realitätsverlust kein ausreichender Grund für eine Borderline-Diagnose sei. Wie DEUTSCH sagt er, daß die normalerweise mit der Borderline-Störung einhergehenden Symptome dem Ausbruch einer offenen Psychose vorausgehen. Da Borderline-Patienten aber oftmals einen angepaßten Eindruck machten, müsse stärkeres Augenmerk auf alle Aspekte ihrer Ich-Funktionen gelegt werden, vor allem auf Sekundärprozeßdenken, Integration, realistische Planungsfähigkeit, soziale Anpassung, Aufrechterhaltung von Objektbeziehungen und Abwehrmechanismen, und nicht nur auf ihren allgemeinen Realitätsbezug. Eine Berücksichtigung dieser Aspekte und der Einsatz unstrukturierter Interviews und psychologischer Tests (die immer eine unstrukturierte Situation darstellen) werde »Art und Ausmaß der psychotischen Pathologie« offenlegen. »Borderline-Patienten zeigen dann wahrscheinlich in aller Deutlichkeit die verschiedenen mikro- und makroskopischen Anzeichen einer schizophrenen Erkrankung«. (S. 104). Für KNIGHT verdeckt die Borderline-Symptomatik demnach nur unterschiedliche Ausprägungen psychischen Funktionierens. Er empfiehlt als Behandlungsform die stützende Psychotherapie mit erzieherischen Maßnahmen.

LEO STONES Arbeit »The Widening Scope of Indications for Psychoanalysis« (1954) trägt sehr zum psychoanalytischen Nachdenken über Borderline-Patienten bei, weil das Hauptaugenmerk darin der Frage gilt, ob diese schwerer gestörten Patienten analysierbar seien. Obwohl er sich nicht ausdrücklich mit der Realitätsprüfung als solcher befaßt, gelangt er zu der Einschätzung, daß sie nicht klinisch psychotisch seien, jedoch in hohem Maße neurotische Symptome zeigten und beim Kliniker die Überzeugung oder den starken Verdacht auf eine schwere Störung auslösten. Oft lassen sie »psychotische Fragmente« erkennen, deutliche narzißtische Merkmale (körperlich, emotional oder intellektuell) und schwere oder vielfältige Symptome. In der Übertragung reagieren sie oft unmittelbar und primitiv, mit großer Angst vor der Analysesituation oder maßlosen unrealistischen Forderungen an den Analytiker. STONE hebt das Auftreten frühen archaischen Materials, Omnipotenzgefühle und Größenphantasien, ausgeprägtes Agieren und primitiv intensive Furcht hervor, die beim Patienten einen narzißtischen Rückzug bewirke. Die Patienten können versuchen, den Therapeuten zu kontrollieren oder zu tyrannisieren, sie können aber auch den Versuch unternehmen, sich ihm zu unterwerfen. STONE empfiehlt eine vorsichtige psychoanalytische Annäherung an diese Patienten und die Anwendung von für eine positive Übertragung notwendigen Therapietechniken. Er ist der Auffassung, daß sich trotz der Schwierigkeiten bei der Arbeit mit solch schwergestörten Patienten oft ein lohnenswerter Erfolg einstelle, dafür aber viel Geduld notwendig sei.

JOHN FROSCH schreibt in seiner Arbeit »Psychoanalytic Considerations of the Psychotic Character« (1970), der Begriff »Borderline« decke sich mit seinem Konzept des »psychotischen Charakters« (1959). Er stellt Neurose und Psychose einerseits dem neurotischen und psychotischen Charakter andererseits gegenüber und kommt zu der Folgerung, daß: »der psychotische Charakter, genauso wie der neurotische, eine bestimmte und erkennbare klinische Entität darstellt, ungeachtet aller Einschränkungen bei der letzteren Kategorie. Er ist keine Übergangsphase auf dem Weg zur symptomatischen Psychose oder ein Rückschritt aus ihr, noch ist er eine latente oder versteckte Psychose, die irgendwann ausbrechen kann, genausowenig wie wir den neurotischen Charakter als Übergangsphase hin zu einer vollsymptomatischen Neurose oder als Rückschritt aus ihr definieren können. Wie der neurotische Charakter ist der psychotische eine Kristallisation einer Charakterstruktur, die vohersagbare Anpassungsformen und Streßreaktionen widerspiegelt.« (1970, S. 25).

FROSCH vertritt damit erstmals die heutige Ansicht, daß die Borderline-Symptomatik auf eine stabile pathologische Organisation verweist. Seine Analyse zeigt aber auch einige Ähnlichkeit mit der von KNIGHT. Wie KNIGHT, der feststellt, daß psychotische Merkmale unterschiedlicher Schweregrade in belastenden, unstrukturierten Situationen hervorbrechen, kommt FROSCH zu der Folgerung, daß »Dekompensation oder regressive Anpassung« unter dem Einfluß bestimmter »Streßfaktoren und Belastungen« auftreten (S. 25). FROSCH hebt aber nicht nur hervor, daß solche Dekompensations- und Regressionserscheinungen schnell reversibel seien, sondern auch, daß es dem Individuum durchaus möglich sei, »durch das Leben zu gehen, ohne solch psychotische Symptomatik zu zeigen, obwohl es die ganze Zeit die identifizierbaren Merkmale des psychotischen Charakters in sich trägt« (S. 25).

KERNBERG (1967, 1975) vertritt die Position, daß Borderline-Patienten eine relativ stabile Form von pathologischer Ich-Struktur aufweisen, die sie einer Kategorie zuordnen, deren Ich-Organisation weiter fortgeschritten ist als bei psychotischen, jedoch nicht so weit integriert ist wie bei neurotischen Patienten oder solchen mit weniger schweren neurotischen Charakterstörungen. Das Hauptunterscheidungsmerkmal sei der Differenzierungsgrad zwischen Selbst- und Objektrepräsentanzen. Zwei Aufgaben sind es nach KERNBERG (1967), denen sich das kindliche Ich gegenübersieht: (1) Die Differenzierung zwischen Selbst- und Objektvorstellungen und (2) die Integration von polarisiert affektbeladenen Selbst- und Objektvorstellungen. Das bedeutet, wenn das kindliche Ich die Aufgabe bewältigt hat, zwischen Selbst- und Objektrepräsentanzen zu differenzieren, sieht es sich der schwierigeren Aufgabe gegenüber, diejenigen Selbstrepräsentanzen, »die unter dem Einfluß libidinöser Triebabkömmlinge entstanden sind«, mit denen, »die unter dem Einfluß aggressiver Triebabkömmlinge entstanden sind, zu integrieren« (S. 664); das gleiche gilt für die Objektrepräsentanzen. Das heißt, »die idealisierten ›nur guten‹ Objektbilder müssen mit allen ›nur bösen‹ Objektbildern integriert werden und ›nur gute‹ mit ›nur bösen‹ Selbstbildern« (S. 665). Bei der Psychose, schreibt KERNBERG, ist die erste Aufgabe nur unzureichend bewältigt worden: »... es besteht eine schwere Störung bei der Differenzierung der Selbst- und Objektbilder, und es kommt zu regressiver Wiedervereinigung der Selbst- und Objektbilder in Form primitiver Verschmelzungsphantasien« (S. 665).

Bei der Borderline-Persönlichkeitsorganisation dagegen wird die zweite Aufgabe nicht bewältigt. Es »fehlt an der Synthese sich widersprechender Selbst- und Objektbilder« (S. 666). Wenn diese mangelnde Integrationsfähigkeit vom Ich dann zu Abwehrzwecken eingesetzt wird, kommt es zum Mechanismus der »Spaltung«, die nach KERNBERGS Meinung das Hauptunterscheidungsmerkmal zwischen Borderline- und psychotischen Patienten darstellt.

KERNBERG (1967) vertritt die Auffassung, daß die Borderline-Persönlichkeitsorganisation an folgenden Merkmalen erkannt werden könne: »(1) typische Symptomkonstellationen, (2) typische Konstellation der Abwehroperationen des Ich, (3) typische Pathologie von internalisierten Objektbeziehungen und (4) charakteristische genetisch-dynamische Merkmale« (S. 643). Obwohl es bei Borderline-Patienten unter starkem Druck zu psychotischen Episoden und Realitätsprüfungsstörungen kommen kann, »lassen sich diese für gewöhnlich durch relativ kurz währende, aber gut strukturierte Behandlungsmethoden mildern« (S. 642). Auf jeden Fall ist die Borderline-Persönlichkeitsorganisation »keine Übergangsphase zwischen Neurose und Psychose« (S. 642).

Nach KERNBERGS beschreibender Analyse (1967) können Patienten mit folgenden Symptomen eine Borderline-Struktur aufweisen: (1) chronische, diffuse, frei flottierende Angst, (2) polysymptomatische Neurose, (3) polymorph-perverse sexuelle Neigungen, (4) »klassische« vorpsychotische Persönlichkeitsstruktur (paranoide Persönlichkeit, schizoide Persönlichkeit, hypomanische und zyklothyme Persönlichkeit), (5) Triebneurose und Suchtverhalten, (6) »geringfügige« Charakterstörungen (infantile Persönlichkeit, narzißtische Persönlichkeit, depressivmasochistische Charakterstruktur). KERNBERGS strukturelle Analyse führt folgende gemeinsame Merkmale auf: (1) Unspezifische Anzeichen von Ich-Schwäche (Mangel an Angsttoleranz, mangelnde Impulskontrolle, mangelnde Sublimierungsfähigkeit), (2) Neigung zum Primärprozeßdenken, (3) spezifische Abwehroperationen (Spaltung, projektive Identifikation, primitive Idealisierung, Verleugnung, Omnipotenz und Abwertung) und (4) pathologisch internalisierte Objektbeziehungen.

Seine genetisch-dynamische Analyse zusammenfassend, schreibt KERNBERG, daß bei beiden Geschlechtern »eine ungewöhnlich intensive prägenitale, vor allem orale Aggression zu einer vorschnellen Ödipalisierung und, darauf folgend, zu einer besonderen pathologischen Verdichtung von prägenitalen und genitalen Strebungen unter dem übermächtigen Einfluß aggressiver Bedürfnisse führt« (S. 681).

Weitere Überlegungen zur Borderline-Struktur

Wenn auch kurz, gibt dieser Literaturüberblick doch Anlaß, die Folgerungen zu ziehen, daß unter dem Einfluß der Ich-Psychologie, mit der weitgreifenden Erforschung einer Vielfalt von Ich-Funktionen, sich die psychologische Einschätzung des Borderline-Konzepts weiterentwickelt hat und nicht mehr darin besteht, Borderline-Patienten durch das Vorhandensein oder Nichtvorhandensein verschiedener neurotischer oder psychotischer

Merkmale (vor allem das Nichtvorhandensein eines definitiven Realitätsverlustes) zu definieren, sondern daß die Borderline-Symptomatik als Widerspiegelung einer stabilen pathologischen Ich-Organisation angesehen werden muß.

Nicht nur in den hier vorgestellten Arbeiten läßt sich ein zunehmendes Interesse an Patienten mit schwerer Ich-Pathologie feststellen. Unser Verständnis von diesen Patienten ist in dem Maß gestiegen, in dem die unterschiedlichsten Aspekte der Entwicklungspsychologie Beachtung fanden und untersucht wurden. Auch wenn ein ausführlicher Überblick über alle Forschungsergebnisse natürlich unmöglich ist, sollten wir nicht vergessen, daß unser wachsendes Interesse an Borderline-Patienten durch Arbeiten angeregt wurde, die sich nicht unbedingt mit dieser Patientengruppe direkt befaßten. Wir möchten hier die wichtigen Schriften von MARGARET MAHLER (1971) und ihren Mitarbeitern (MAHLER und FUHRER, 1968; MAHLER, PINE und BERGMANN 1975) und die von PHYLLIS GREENACRE über frühe Ich-Störungen und ihre Verbindung zu Angst und Perversionen (1971) anführen. Auch die Studien von MELANIE KLEIN (1948) sollen hier genannt werden und die Forschungen der Objektbeziehungstheoretiker der British School of Psychoanalysts, wie FAIRBAIRN (1954), WINNICOTT (1956) und BION (1957).

JACOBSONS Arbeiten über die Entwicklung der Objektbeziehungen haben viel zu unserem Verständnis beigetragen, ebenso wie die von BOYER und GIOVACCHINI (1967), die sich im besonderen mit der Behandlung schwerer Charakterstörungen befassen. Auch MASTERSON und RINSLEY (1972, 1975, 1977) haben die Einsicht in die Borderline-Zustände vertieft.

Außerdem sind zwei Symposien der American Psychoanalytic Association zu nennen, die sich mit der Forschung über Borderline-Patienten befaßten (RANGELL 1955; ROBBINS, 1956). MEISSNER (1978) setzt sich mit vielen in dieser Monographie behandelten Fragen auseinander. CALEF und WEINSHEL (1979) werfen Fragen zu KERNBERGS Positionen auf und weisen auf den Mangel an detaillierten Studien über Borderline-Patienten hin, die notwendig wären, um die Komplexität und die Unsicherheiten auf diesem schwierigen Forschungsgebiet zu verstehen.

II. Eine allgemeine Einführung in die Arbeit der Kris Study Group

Die Auswahl der Patienten

Die Arbeitsweise der Kris Study Group des New Yorker Psychoanalytischen Instituts seit ihrer Gründung besteht darin, Themen von psychoanalytischem Interesse auszuwählen, und tiefgreifend zu erforschen, wobei besonders das klinische Material aus den von den Teilnehmern durchgeführten Analysen genutzt wird. Die Gruppe setzt sich immer aus Mitgliedern mit unterschiedlich großer klinischer Erfahrung zusammen. Unsere Gruppe hatte sich darauf verständigt, alle Ergebnisse, zu denen wir auch kommen würden, auf die genaue Untersuchung des klinischen Materials zu stützen, und wir waren uns darüber im klaren, daß es von entscheidender Bedeutung sein würde, welche Fälle wir auswählen würden, weil diese unsere Ergebnisse bestimmen würden. Die Tatsache, daß es keine allgemein akzeptierte Definition des Borderline-Syndroms gab, erschwerte die Sache zusätzlich. Es bestand noch nicht einmal Übereinstimmung darüber, daß der Begriff »Borderline« eine eigene klinische Entität bezeichnet.

Dadurch entstand gleich zu Beginn der Forschungsarbeit ein Dilemma, denn bevor wir uns wesentlicheren Fragen zuwenden konnten, mußten wir zunächst Kriterien dafür entwickeln, welche Fälle für die Studie geeignet waren. Wie sollten wir im Lichte nicht vorhandener diagnostischer Kriterien aus dem vorliegenden klinischen Material einschlägige und instruktive Fälle auswählen?

Wir entschieden uns, zunächst anhand ausgewählter Literatur eine klinische Beschreibung von Borderline-Patienten zu erarbeiten, von der wir hofften, daß sie uns zumindest einen Ausgangspunkt liefern würde. Die Literatur hatten wir bereits gesichtet und beschlossen, uns an einigen frühen klassischen Arbeiten von Deutsch (1942), Knight (1953) und Gitelson (1958) sowie den grundlegenderen Beiträgen von Frosch (1964) und

Stone (1954) zu orientieren und dann die detaillierte, systematische Darstellung von Kernberg (1966, 1967) zu nutzen. Ausgehend von diesen Studien versuchten wir, ein umfassendes klinisches Bild zu zeichnen, für das wir soweit wie möglich nur die deskriptiven Merkmale des von den Autoren vorgestellten klinischen Materials benutzen wollten. Die Formulierungen, die auf einer wesentlich theoretischeren Interpretation der Untersuchungsdaten basierten, wurden ausgeklammert, da sie in der Gruppe heftige Diskussionen und Unstimmigkeiten auslösten. Wir versuchten daher, uns auf weniger kontroverse, wesentliche phänomenologische Merkmale zu beschränken, die wir in einer Liste zusammenstellten, der wir die Überschrift »Deskriptive Merkmale von Borderline-Patienten« gaben:

1. Die Pathologie betrifft oftmals die gesamte Persönlichkeitsstruktur und ist in ihrem Ausmaß relativ stabil. Das heißt, daß diese Patienten nicht psychotisch werden, oder nur für kurze Zeit, daß aber auch keine deutliche Verbesserung eintritt. Der Borderline-Zustand ist keine Übergangsphase zu gravierenderen oder weniger gravierenden Störungen, vor allem führt er nicht zu fortschreitender Kompensation oder Dekompensation. Die Patienten zeigen aber sicherlich innerhalb ihres eigenen pathologischen Spektrums vorübergehende Veränderungen, auch Rückschritte.

2. Der Realitätsbezug ist gestört, es kommt zu Wahrnehmungsstörungen, mangelnder Urteilsfähigkeit und Zuständen gestörten Realitätsempfindens. Dadurch, daß diese Störungen nur kurzfristig auftreten, oder die Realitätsprüfung zumindest bis zu einem gewissen Grad intakt zu sein scheint, entsteht oft der Eindruck einer weniger schweren Störung, als sie aufgrund der klinischen Symptome zu erwarten wären.

3. Die Objektbeziehungen sind am ehesten als infantil, egozentrisch, fordernd und ausbeutend zu beschreiben, manchmal einhergehend mit extremer Passivität, unreifer Überidealisierung und Unterwerfung, letzteres kann von Wut und Ärger begleitet sein.

4. Die Lebensgeschichte zeigt mit hoher Wahrscheinlichkeit schwere Auffälligkeiten: geringe Leistungsfähigkeit, instabile Beziehungen, chronische sexuelle Fehlanpassung und vielfältige weitere nachhaltige Fehlverhaltensweisen.

5. Borderline-Patienten weisen ein polysymptomatisches klinisches Erscheinungsbild auf, das oft die ganze Bandbreite neurotischer Symptome umfaßt. Gleiche Symptomatiken sind nicht zu erwarten, die Fälle unterscheiden sich sehr voneinander.

6. Einige Autoren heben hervor, daß »psychotische Fragmente« auftreten könnten. Damit meinen sie wahrscheinlich, daß sie unverdeckte »primitive« Wünsche und Phantasien feststellten, oder daß sie nur »zu gering verdeckte«, an den Primärprozeß gebundene psychische Mechanismen beobachteten. Die Einschätzungen gehen jedoch sogar bei den Autoren, die diese Befunde darlegen, weit auseinander; einige sind der festen Überzeugung, daß formale Aspekte des Denkens, der Begriffsbildung und der Sprache eine psychotische Störung – zumindest kurzzeitig – erkennen lassen, andere sind genauso fest vom Gegenteil überzeugt.

7. Einige Autoren betonen besonders die narzißtischen Merkmale dieser Patienten. Selbst wenn einige der oben bereits aufgeführten Phänomene als narzißtisch gefärbt angesehen werden können, sollte dieses Charakteristikum als eigenes Beschreibungsmerkmal festgehalten werden, auch wenn noch genauer bestimmt werden muß, was genau hiermit gemeint ist.

8. Es wurde oft auf das für diese Patienten spezifische Verhalten in der Behandlungssituation hingewiesen, das sich von dem anderer Analysanden unterscheidet. Oft kommt es zu untypischen, intensiven, unmittelbaren Übertragungsreaktionen. Borderline-Patienten können außerordentlich starke Affekte, widersprüchliche und unintegrierte Haltungen gegenüber dem Analytiker äußern. Sie sind oftmals nicht dazu in der Lage, die Abwegigkeit ihrer Gefühle, Haltungen und Hoffnungen zu erkennen, die sie in der Beziehung zum Therapeuten entwickeln.

9. Viele Autoren weisen auf das Vorherrschen aggressiver Konflikte hin, die oft als »primitiv« charakterisiert werden und ein hohes Ausmaß an Selbstzerstörungsenergie aufweisen.

10. Die Affektstörungen können unterschiedlicher Art sein. Affekte werden als unangemessen, labil, fehlend, unehrlich, überbordend, schwach kontrolliert beschrieben. Jeder ein-

zelne Patient kann natürlich ein ziemlich festes Affektstörungsmuster aufweisen, insgesamt gesehen vermitteln Borderline-Patienten dem Beobachter jedoch oft den Eindruck, daß auf diesem Gebiet ein hoher Störungsgrad vorliegt.

11. Die Patienten können spezifische und charakteristische Gegenübertragungsreaktionen auslösen.

Das analytische Material

Wir diskutierten die Einbeziehung all unserer Patienten, welche die von uns zusammengestellten klinischen Merkmale auswiesen, und entschieden uns schließlich, vier analysierte Fälle auszuwählen, die besonders tiefgehend untersucht worden waren. Ihre Analysedauer reichte von fünf bis zu zehn Jahren. Alle vier Fälle waren supervidiert worden, da ihre jeweiligen Analytiker damals am Beginn ihrer Praxis gestanden hatten. Wenn auch die relative Unerfahrenheit der Therapeuten vielleicht von Nachteil war, boten diese Fallbeispiele für unseren Zweck doch eine Reihe von Vorteilen. Es waren ausführliche Aufzeichnungen vorhanden und die Einschätzungen der Supervisoren waren uns in den Fallbeschreibungen zugänglich. Außerdem war jeder Fall auf formellen klinischen Konferenzen, von denen Zusammenfassungen vorlagen, vorgestellt worden. In diesen Konferenzen waren die divergierenden Meinungen der Teilnehmer zur Einschätzung der Pathologie und zur Behandlung und Supervision des jeweiligen Falles geäußert worden und konnten von uns eingesehen werden.

Es erhob sich der Einwand, daß wir durch die Konzentration auf Patienten, die fähig gewesen waren, eine mehr oder weniger klassische Psychoanalyse zu durchlaufen, unsere Studie auf diejenigen Borderline-Patienten beschränkten, die weniger gestört sind als die nicht analysierbaren. Wir waren uns über das Gewicht dieses Arguments im klaren, waren jedoch der Meinung, daß alles Wichtige, was wir zur Erforschung der Borderline-Struktur beitragen könnten, genau das Verständnis sein würde, das aus der analytischen Situation erwächst. Im Vergleich stellten wir fest, daß Fälle, von denen weniger umfassende Aufzeichnungen vorlagen oder die eine lediglich stützende Psychotherapie durchlaufen hatten, weniger geeignet waren; diese warfen zu viele nicht zufriedenstellend zu beantwortende Fragen auf. Wir glauben, daß gerade das detaillierte und reichhaltige analytische Material uns ermöglichte, nicht bei Verallgemeinerungen und Spekulationen stehenzubleiben.

Um so wichtiger erschien es uns, die von uns ausgewählten Fälle mit den analysierten Patienten, die in der Literatur beschrieben worden sind, zu vergleichen. Es war erstaunlich schwierig, dies durch Literaturstudien allein zu bewerkstelligen. Von großer Hilfe war uns daher, daß OTTO F. KERNBERG während einem unserer Treffen zwei der von uns ausgewählten Fälle den von ihm vertretenen Kriterien für eine Borderline-Persönlichkeitsorganisation zuordnete.

In dem begrenzten Rahmen dieses Buches ist nur eine sehr kurz gefaßte Beschreibung der ausgewählten Fälle durch den jeweiligen Analytiker möglich. Diese Kurzfassungen, die im nächsten Kapitel »Fallbeschreibungen« zu finden sind, sollten jedoch ausreichen, um den Leser mit den einzelnen Fällen vertraut zu machen und zu seinem Verständnis der Diskussion über spezifische Aspekte bei Borderline-Patienten, die in den nächsten Abschnitten folgen wird, beizutragen.

Schwierigkeiten der Begriffsbestimmung

Nachdem wir unsere Vorgehensweise festgelegt hatten, befaßten wir uns über lange Zeit hinweg mit dem Versuch, Einigung darüber zu erzielen, wie das Borderline-Problem begrifflich zu fassen sei. Die unterschiedlichsten Vorschläge wurden gemacht, gewöhnlich unter Berufung auf das eine oder andere Segment aus der psychoanalytischen Literatur.

Die traditionelle Einschätzung schien am Ende aus FREUDS ursprünglichen Formulierungen über Psychose und Neurose herzurühren. Er war der Meinung, daß diese mehr oder weniger voneinander getrennten Krankheitskategorien durch fundamental verschiedene zugrundeliegende psychische Phänomene charakterisiert werden, durch unterschiedliche Symptombildungsmechanismen, wie auch durch ein anderes Verhältnis zur Realität. Wir stimmten darin überein, daß die zunehmende klinische Erfahrung, vor allem mit Fällen, die schwerwiegende pathologische Merkmale aufweisen, dazu geführt hat, daß diese Einteilung nicht länger befriedigend ist. Eine klare und einfache Unterscheidung dieser beiden Störungskategorien ist schwieriger geworden, worauf die Einführung des Begriffes Borderline verweist.

Die ersten Bemühungen, die Phänomenologie des Borderline-Status zu erklären, gingen davon aus, daß dieser eine Mischung aus psychotischen und neurotischen Merkmalen aufweist. Die Autoren, die diese Theorie unterstützten, waren der Meinung, daß eine sorgfältige Untersuchung von Borderline-Fällen beide Arten von Störungen zutage führen würde. Ihnen zufolge ist der Borderline-Status also eine schwächere Variante der Psychose. KNIGHTS Schrift (1953) gibt genau diese Einschätzung wieder. Die Zuordnung von HOCH und POLATIN (1949), diese schwerer gestörten Patienten als »pseudoneurotische Schizophrene« anzusprechen, oder von ZILBOORG (1941), als »ambulatorische Schizophrene«, bestätigen solche Sichtweisen auf den Borderline-Zustand. Spätere Theoretiker, wie DICKES (1974), teilen ebenfalls ungebrochen die Einschätzung, daß Borderline-Patienten psychotische Merkmale aufweisen, wenn auch nur in einem Ausmaß, das Neurologen üblicherweise »leichte Anzeichen« nennen.

Wir setzten uns mit dieser Einschätzung auseinander, konnten sie aber größtenteils nicht unterstützen. Die meisten von uns zweifelten an der Stichhaltigkeit ihrer theoretischen Grundlage und meinten auch, daß unsere klinischen Daten sie nicht stützten. Wir waren viel mehr daran interessiert, die in den letzten Jahren nach und nach entwickelte Idee zu verfolgen, daß Borderline eine eigene Klasse pathologischer Entitäten von mehr oder weniger stabiler Konfiguration darstellt, mit nur für sie zutreffenden charakteristischen psychischen Phänomenen. KERNBERG (1966, 1967, 1975, 1976) ist der bekannteste Vertreter dieses Konzeptes der Borderline-Zustände. Er sagt, daß die diagnostischen Kriterien für das, was seiner Meinung nach *Borderline-Persönlichkeitsorganisation* genannt werden sollte, das Vorhandensein bestimmter kennzeichnender, psychischer Phänomene beinhaltet; darunter besondere einzigartige Abwehroperationen und besondere Arten internalisierter Objektbeziehungen. Diese sind gebunden an phasenspezifische Entwicklungsstörungen und ausgeprägte Aggressionskonflikte. Nach KERNBERGS Hypothese ist ein aus diesen zugrundeliegenden Defekten resultierendes, charakteristisches Übertragungsverhalten ein weiteres Merkmal, das Borderline-Patienten von anderen, neurotischen Analysanden unterscheidet.

Wie bereits gesagt, waren in unserer Gruppe einige Analytiker, die von Beginn an einen gewissen Zweifel hegten an der Exaktheit und Anwendbarkeit von theoretischen Formulierungen, die bei Psychosen, Neurosen und vielleicht auch beim Borderline-Status von je einzigartigen – metapsychologisch faßbaren – Genesen ausgehen. Diese Analytiker tendierten statt dessen zu einer, wie man es nennen könnte, quantitativen Interpretation, und sahen die Psychopathologie an als ein Kontinuum von Kategorien, in dem es unterschiedliche Schweregrade auf einer Werteskala gibt. Sie würden Borderline-Fälle so definieren, daß sie sich auf einer mittleren Position dieser angenommenen Skala befinden, die sich aber nicht einfach von der Neurose auf der einen Seite und der schwer gestörten psychotischen Krankheit auf der anderen Seite abgrenzen läßt. Ein Mitglied unserer Arbeitsgruppe, DAVID BERES, war ein starker Verfechter dieses Standpunktes. Seiner Meinung nach stellt »Borderline« einen so unzulänglichen Begriff dar, daß er völlig abgeschafft werden sollte, da er nur eine vage Patienten- und Symptomgruppe mit schwerer Charakterpathologie beschreibe. Nach seiner Überzeugung sollten Analytiker Verallgemeinerungen über diese schwerer gestörten Patienten lieber unterlassen und sich statt dessen auf die spezifischen Variablen konzentrieren, denen sie in der Symptomdarstellung und der Charakterstruktur eines jeden Falles begegnen.

Es war keineswegs einfach für unsere Gruppe, einen Konsens über diese fundamentalen konzeptuellen Fragen zu erreichen. Um nur eine Schwierigkeit zu nennen, waren wir uns in der Frage der Unterschiede zwischen neurotischer und psychotischer Symptomformation nicht einig. Es wurde jedoch deutlich, daß Psychoanalytiker weiterhin die Meinung aufrechterhalten können, wonach psychotische und neurotische Krankheiten fundamental und qualitativ voneinander unterschieden sind, ohne notwendigerweise FREUDS frühe Formulierungen über die Metapsychologie dieser Störungsarten unterschreiben zu müssen. Trotz dieser Meinungsverschiedenheiten gab es unter uns, wie gesagt, einen hohen Grad an Übereinstimmung darüber, daß unser klinisches Material keinen Beleg dafür bot, daß Borderline-Patienten eine Kategorie psychotischer Patienten schwächeren Störungsgrades bilden, unabhängig von der Einschätzung des Analytikers über die Natur der psychotischen Pathologie.

Einen Großteil unserer Anstrengungen investierten wir in ein genaues Studium von KERNBERGS Ausführungen. Wir lasen und diskutierten seine Schriften sehr sorgfältig, da sie die vollständigste, gehaltvollste und systematischste Darstellung einer konsolidierten Einschätzung enthalten, daß Borderline eine eigene Kategorie pathologischer Entitäten darstellt, und prüften unser eigenes Fallmaterial im Lichte seiner Beobachtungen und Theorien. Unsere Beschäftigung mit seinen Arbeiten fand ihren Höhepunkt in einer ganztägigen Konferenz mit KERNBERG. Wir sprechen hier für die ganze Gruppe, wenn wir ihm für seine Teilnahme danken, die er dazu nutzte, uns seine Einschätzungen zu zweien unserer Fallbeispiele (II und III) mitzuteilen, uns eigenes klinisches Material vorzustellen und mit uns die in seinen Schriften dargestellte Theorie zu diskutieren. Durch diesen Austausch wurde unsere Einsicht in seine Einschätzung etlicher Themenkomplexe sehr verstärkt, und wir wurden uns klarer über die Gebiete, auf denen die meisten von uns seine Einschätzungen teilten, und über diejenigen, auf denen wir anderer Meinung waren. Dies wird im Laufe dieses Buches ersichtlich werden.

Als wir die Themen und Fragen dann unter uns diskutierten, stellten wir fest, daß wir zwar ohne weiteres darin übereinstimmten, daß Borderline-Patienten einen höheren Störungsgrad aufweisen als unsere sonstigen Analysanden, aber es doch nicht leicht war, dieses empirische Urteil in Begriffe mit Erklärungswert zu fassen. Wir bemühten uns, die Theorie zu prüfen, wonach Borderline-Patienten einzigartige Merkmale gemeinsam haben. Ohne Frage stellten wir fest, daß sowohl innerhalb wie außerhalb der analytischen Situation ihre Ich-Funktionen beeinträchtigt waren. Wir kreisten in unserem Bemühen, ihrem klinischen Erscheinungsbild und ihrem Verhalten Rechnung zu tragen, immer wieder um Verallgemeinerungen und kamen dabei auf Konstrukte wie zum Beispiel »Ich-Organisation«. Wir erlebten dies als unbefriedigendes Herumtasten und beschlossen, uns auf den Versuch zu konzentrieren, eine spezifische

Beschreibung der verschiedenen Ich-Funktionen von Borderline-Patienten zu erarbeiten und die Genese dieser Beeinträchtigungen, so gut wie möglich, anhand unserer analytischen Daten nachzuvollziehen.

Wie gesagt, stammte unser Studienmaterial aus in der Praxis durchgeführten Analysen. Obwohl diese Fälle schwieriger zu behandeln waren als die, denen wir üblicherweise begegnen, war bei keinem eine Hospitalisierung nötig geworden, noch waren weitreichende nichtanalysierte Techniken angewandt worden. Unser Material kann daher sicherlich als ein Ausschnitt aus der weniger gestörten Gruppe innerhalb des Spektrums dieser Pathologie, die wir Borderline-Zustände nennen, angesehen werden. Diese Patienten waren, wenn auch mit Schwierigkeiten, dazu in der Lage, über lange Zeit hinweg, fünf bis zehn Jahre, nach analytischen Methoden zu arbeiten und Nutzen daraus zu ziehen. Die Darstellungen und Schlußfolgerungen, zu denen wir schließlich gelangten, spiegeln sowohl die selektive Auswahl wie auch die besondere Einsicht wider, die nur die lange, ausgedehnte Analyse von Menschen möglich macht.

Mit unserer Entscheidung, uns auf die verschiedenen Ich-Funktionen dieser Patienten zu konzentrieren, um besser verstehen zu können, wodurch sie sich von anderen Analysanden unterscheiden, gingen wir keine neuen Wege. BERES zum Beispiel hat diesen Forschungszugang schon einige Jahre zuvor bei schizophrenen Patienten gewählt, und KERNBERGS umfassender diagnostischer Überblick (1967) war an ähnlichen Verfahrensweisen orientiert. Viele andere benutzten so globale Begriffe wie »Ich-Schwäche« oder »Ich-Abweichung«, um das Borderline-Erscheinungsbild zu fassen. Wir hofften, aus einer gezielteren Untersuchung bestimmter, entscheidender Ich-Funktionen brauchbarere Einsichten zu erhalten. Unser Versuch, eine größere Spezifizität zu erreichen, erwies sich als keine leichte Aufgabe.

Schwierigkeiten bei der Untersuchung von Ich-Funktionen

Wir wurden schnell mit dem konfrontiert, was wohl ein bekanntes praktisches Problem ist. Es scheint ganz leicht, beim Konstruieren theoretischer Schemata, klinisch brauchbare Abstufungen von Ich-Funktionen festzulegen. Solche Definitionen sind jedoch in einem gewissen Ausmaß künstlich, im wesentlichen stellen sie lediglich eine Übereinkunft dar zur Erleichterung der Organisation und Diskussion von Daten. Wann immer wir klinisches Material anhand solchermaßen festgelegter Richtlinien untersuchen, erkennen wir, wie schwierig es ist, es diesen entsprechend einzuordnen. Keinem Analytiker dürfte es Probleme bereiten, Daten anhand eines solchen Schemas zu überprüfen. Gruppendiskussionen allerdings zeigen im allgemeinen, daß klinisches Material sich nicht wirklich so einfach in klare Unterteilungen fassen läßt, sogar dann nicht, wenn die Diskussionsgruppe sich aus mehr oder weniger übereinstimmenden Mitgliedern mit ähnlicher Ausbildung und im wesentlichen homogenen Einschätzungen zusammensetzt, wie das bei unserer Gruppe der Fall war.

Nehmen wir nur einen Aspekt der Ich-Funktion, die Realitätsprüfung; sie ist keine simple Entität. Autoren wie Hartmann (1956) und Frosch (1964) haben ausgeführt, wie komplex und vielschichtig sie ist. Sie umfaßt die sinnliche Überprüfung von Wahrnehmungen, die logische Konsistenz von Vorstellungen, die Fähigkeit, Einbildungen von Wahrnehmungen oder Phantasie von Tatsachen zu unterscheiden, die Differenzierung von Selbst- und Objektrepräsentanzen; Gefühle und Vorstellungen stehen in Zusammenhang mit realen oder irrealen Qualitäten externaler oder internaler Wahrnehmungen; soziale gegenüber objektiver Realität; die Fähigkeit, im Einklang mit bewußter Beurteilung der Realität zu handeln und in unserem Fall besonders die Art und Weise, wie die analytische Übertragung erlebt wird. Jede einzelne dieser Fähigkeiten wurde von dem einen oder anderen Forscher hervorgehoben, und mit allen setzten wir uns auseinander. Realitätsprüfung kann nie angemessen beschrieben werden, indem man sie einfach als intakt oder fehlerhaft bezeichnet.

Was allen Ausprägungen mangelhafter Realitätsprüfung gemeinsam zu sein scheint, ist, daß ein *gewisses* Ausmaß einer Verzerrung auf Gedanken, Urteilsvermögen oder Wahrnehmungen wirkt, die hervorgerufen wird von sehnsüchtigen oder ängstigenden unbewußten Phantasien. Von der leichten Fehldeutung einer sozialen Situation durch ein »normales« Individuum über die unterschiedliche neurotische Symptomatik bis zu den

Wahnvorstellungen und Halluzinationen der offenen Psychose scheint diese Erklärung anwendbar, dabei geht sie auf Unterschiede bei diesen Störungsarten nicht ein. Das Ausmaß an Verzerrungen, sozialer Diskordanz und funktioneller Unfähigkeit wird von Fall zu Fall sehr variieren. Noch wichtiger ist, daß diese Einflüsse in ihrer Intensität bei normalen Menschen, wie auch bei allen Patienten, schwanken. Man ging davon aus, daß ein mittlerer Störungsgrad, wie wir ihn bei unserer Fallgruppe annahmen, wahrscheinlich zu außergewöhnlich großen Schwankungen in der Realitätsprüfung führt, die vielleicht ohne weiteres reversibel sind. Auch wurde gesagt, daß Borderline-Patienten, verglichen mit noch schwerer gestörten, weiterhin eine gewisse Fähigkeit bewahrt haben, den verzerrenden Einfluß ihrer Phantasien auf ihre Realitätsinterpretationen zu erkennen. Sie könnten dies entweder direkt erkennen, bewußt, oder öfter indirekt, was sich in ihrem Bedürfnis äußert, die vorhandenen Unstimmigkeiten und Verzerrungen zu rationalisieren. Dies waren Einschätzungen, die wir mit Hilfe von Diskussionen und klinischen Beispielen klären konnten. Sie werden hier schon vorab genannt, hauptsächlich um darzustellen, wie komplex sich die Aufgabe gestaltet, Realitätsprüfung zu analysieren.

Ein anderes Problem in der Diagnostik von Ich-Funktionen liegt darin, daß sie bei genauer Untersuchung nicht so einfach voneinander zu trennen sind, wie man das vielleicht annehmen mag. Nehmen wir zum Beispiel die *Regulierung und Kontrolle von Triebimpulsen*. Wir können wahrscheinlich darin übereinstimmen, daß dies als eine der Ich-Funktionen angesehen wird, die den Ausdruck libidinösen und aggressiven Triebdrucks moduliert, einerseits dem Bedürfnis nach Befriedigung entsprechend, andererseits den durch die Realität auferlegten Begrenzungen entsprechend (wobei wir für den Moment die Rolle des Über-Ich außer acht lassen).

Ist jedoch eine ausreichende Realitätsprüfung nicht wesentlich für die Triebregulierung, und sind nicht auch Motilitätskontrolle, die Funktionen der Erinnerung und des Urteilsvermögens und die Rolle bestimmter Abwehrmechanismen hier ebenfalls notwendig?

Ein weiteres Beispiel dafür, wie kompliziert es ist, Ich-Funktionen zu bewerten, zeigt unser Versuch, die *Objektbeziehungen* zu beurteilen. Es ist sicherlich nicht nötig, dies hier näher auszuführen. Es reicht festzuhalten, daß wir beträchtliche Anstrengungen und viel Zeit auf den Versuch verwandt haben, die Charakteristika der Objektbeziehungen unserer Patienten zu umreißen. Da diesem Thema im heutigen psychoanalytischen Denken großes Gewicht beigemessen wird, haben wir unsere Befunde mit den in der Literatur beschriebenen verglichen. Die daraus gewonnenen Einsichten werden ebenfalls in einem der nächsten Kapitel dargestellt werden.

Einige Forscher haben den *Denkprozessen* besondere Aufmerksamkeit gewidmet, sie haben mit Hilfe der deskriptiven Psychiatrie bei Borderline-Patienten leichte Störungen im formalen Denken festgestellt (KNIGHT 1953, FROSCH 1964, DICKES 1974). Solche Beobachtungen erinnern sehr an den von Neurologen verwandten Begriff der »leichten Anzeichen« und rufen besonders schnell Ablehnung hervor (vgl. KERNBERG). Auch hier schien uns die Einschätzung, Denkprozesse seien entweder intakt oder nicht oder vielleicht nur »leicht beeinträchtigt«, nicht für die Standards klinischer Erklärungen ausreichend, die von Psychoanalytikern erwartet werden sollten. Wie jeder Analytiker weiß, schwankt die Fähigkeit von Patienten, reife logische Gedanken zu entwickeln, stark von einer Sitzung zur nächsten, sogar von einem Augenblick zum anderen innerhalb ein- und derselben Sitzung. Diese Veränderlichkeit scheint nicht nur die Fähigkeit zur Logik und Objektivität zu betreffen, der wir bei unserer klinischen Arbeit die meiste Beachtung widmen. Zumindest bei einigen Patienten gehen diese Schwankungen so weit, daß sie zu idiosynkratischen Gewohnheiten, Kontaminationen, Wortverwechslungen, Wortspielen und Neologismen führen. Um es anders auszudrücken, die formalen Denkelemente, die sich in der Sprache äußern, können in Mitleidenschaft gezogen werden, ein Faktum, dem FROSCH, DICKES, KNIGHT und andere großes diagnostisches Gewicht beigemessen haben. Wir können zustimmen, daß einige Patienten eher als andere hier eine stärkere Funktionsstörung aufweisen, und auch, daß Patienten, die wir als kränker einschätzen, wahrscheinlich häufigere, offensichtlichere Störungen im logischen Denken zeigen. Wir haben aber auch schwer gestörte Patienten erlebt, die keine Neigung zu Fehlern dieser Art hatten, und andere, oftmals weniger gestörte, deren Sprache sehr auf Schwierigkeiten in der logischen Gedankenorganisation hinwies. Wenn wir solchen Denkstörungen und ihrem sprachlichen Ausdruck in auffälligem Ausmaß begegnen, besonders in der Indikationsstellung bei möglichen Patienten, werden wir sicherlich eine stärker ausgeprägte Pathologie vermuten und auch größere Schwierigkeiten erwarten als gewöhnlich, diese zu analysieren. Umgekehrt werden wir es als günstigere Prognose werten, wenn diese »Anzeichen« nicht vorhanden sind, obwohl dies vielleicht auch nicht immer zutreffend sein muß. Wir sind jedoch zu der Einschätzung gelangt, daß der Nutzen solcher Unterscheidungen als diagnostische und prognostische Kriterien *geringer* ist als oft angenommen.

Was das *Abwehrverhalten* von Borderline-Patienten betrifft, haben wir uns umfassend bemüht, nachzuvollziehen und zusammenzustellen, was uns die eigene analytische Erfahrung über unsere Fälle gelehrt hat, und unsere Ergebnisse mit den in der Literatur beschriebenen zu vergleichen. Auch dies wird in einem der nächsten Kapitel detaillierter ausgeführt werden. Hier soll es genügen, einige der wesentlichen Fragen zu nennen, die bei diesem Aspekt unserer Studie im Vordergrund standen:

1. Ist es möglich, daß Borderline-Patienten von anderen analysierbaren Patienten nicht anhand ihrer Abwehr unterschieden werden können? Wenn dies wirklich zutrifft, würden bevorzugte Abwehrmechanismen an bestimmte vorherrschende Symptome und Charaktermerkmale eines jeden Individuums gebunden sein. Da die Symptomatik und die Charaktertypen innerhalb der als Borderline klassifizierten Gruppe variieren, werden entsprechende Unterschiede in den Abwehrmustern ebenfalls zu beobachten sein.

2. Vielleicht jedoch stellen wir fest, daß dieselben Abwehrmechanismen bei schwerer gestörten Patienten nicht in der gleichen Ausformung auftreten wie bei weniger gestörten. Mit anderen Worten, Abwehrmechanismen können die gleiche Bandbreite aufweisen wie andere Ich-Funktionen. Diese Möglichkeit kann auch anders formuliert werden, Abwehrmanifestationen bei klinischem Material können auch als das Ergebnis von Abwehrmechanismen und ihrer Interaktion mit anderen Ich-Funktionen angesehen werden, wie etwa die Realitätsprüfung. Man mag dies vielleicht in die Aussage fassen, daß die Art der Ich-Organisation als ganze die Ab-

wehrorganisation auf irgendeine Weise beeinflußt; das heißt, die gleichen Mechanismen können bei bestimmten schwerer gestörten Patienten rigider, schwankender, durchdringender oder erfolgloser auftreten.

3. Eine andere, in der Literatur oft vertretene Einschätzung besagt, daß es eine Hierarchie von Abwehrmechanismen gibt, in der einige als »primitiver« eingeordnet werden als andere. Zum Beispiel werden Verleugnung und Projektion häufig so aufgefaßt. Ihr Vorherrschen bei einem Patienten weist vermutlich auf eine Entwicklungsstörung hin, etwa eine Fixierung, sie führt im allgemeinen zu einem unangepaßten Verhalten. Obwohl diese Art der Abwehr auch bei weniger gestörten Patienten festgestellt wird, geht man doch davon aus, daß sie bei Borderline-Patienten vorherrschender ist oder zumindest immer vorhanden.

4. Eine letzte Möglichkeit sollte ins Auge gefaßt werden, nämlich daß Borderline-Patienten kennzeichnenderweise besondere eigene Abwehrmechanismen aufweisen, deren Vorhandensein für diesen Zustand pathognomonisch oder zumindest von großer diagnostischer Bedeutung ist. Diesen Standpunkt vertritt vor allem KERNBERG (1966, 1967, 1975), er hat ihn in seinen Publikationen detailliert entwickelt.

Zuzeiten kamen in unseren Diskussionen so komplexe und schwer zu fassende Spekulationen auf, wie die synthetische Funktion von Abwehrmechanismen und ihre autonome Funktion. Im großen und ganzen geschah dies jedoch eher beiläufig, vielleicht weil es einfach zu schwierig war, diese Funktionen anhand klinischen Materials genauer zu bestimmen. Auf jeden Fall erbrachten unsere Bemühungen keine brauchbaren Hinweise für deren Manifestation bei unseren Patienten. Die begrenzte Zeit nötigte uns dazu, uns auf diejenigen Gebiete zu konzentrieren, die für uns von größerem Interesse waren. Wie gesagt, untersuchten wir die Objektbeziehungen, die Realitätsprüfung und die Abwehr so tiefgreifend, daß uns hier eine detaillierte Beschreibung möglich wurde. Ein eigenes Kapitel werden wir den Beobachtungen des Übertragungsverhaltens unserer Patienten widmen und uns auch dem wichtigen Thema der Behandlungstechnik bei diesen Fällen zuwenden. Schließlich wird ein Kapitel über unsere Einschätzungen zur Ätiologie dieser Störungen folgen. Bevor wir uns diesen Themenkomplexen zuwenden, werden wir kurze klinische Zusammenfassungen der vier von uns detailliert untersuchten Fälle vorlegen.

Gegen Ende der Forschungsarbeit hin stellte die Gruppe ihre Ergebnisse zusammen, um sie den Mitgliedern der New York Psychoanalytic Society und anderen Interessierten anläßlich einer wissenschaftlichen Tagung der Society vorzustellen. Die Einleitung in das Tagungsprogramm endete mit einer kurzen Zusammenfassung der Hauptfragen, mit denen sich die Gruppe bei ihrer Forschungsarbeit auseinandergesetzt hatte. Diese Fragen werden wir auch hier noch einmal voranstellen, in der Hoffnung, daß sich dem Leser unsere Befunde dadurch einleuchtender und geordneter darstellen.

1. Bezieht sich der Begriff »Borderline« auf eine besondere diagnostische Entität oder bezieht er sich nur auf eine Gruppe von Patienten, die besser durch ihre individuelle diagnostische Zuordnung beschrieben werden können und die nur gestörter sind als Neurotiker, jedoch nicht so gestört sind wie psychotische Patienten? Wenn die letztere Begriffsanwendung zutreffender ist, welche Berechtigung gibt es dann, falls es überhaupt eine gibt, sie von den weniger kranken Patienten zu unterscheiden? Gibt es Merkmale, die dieser Gruppe als ganzer gemeinsam sind, auf die sich die Bezeichnung »Borderline« anwenden läßt?

2. Können wir über die Ätiologie dieses Zustandes irgendwelche Schlußfolgerungen ziehen? Gibt es spezifische genetische, dynamische, ökonomische und entwicklungsbedingte Ursachen, das heißt, sind hier besondere Konfliktformen enthalten, oder ist eine bestimmte Entwicklungsphase von entscheidender Bedeutung?

3. Welche Ich-Funktionen sind bei dieser Patientengruppe besonders stark beeinträchtigt? Können wir spezifische Abwehrmechanismen feststellen? Wie steht es mit der Realitätsprüfung dieser Patienten? Können wir die für sie kennzeichnende Pathologie der Objektbeziehungen spezifizieren?

4. Welche Art der Übertragung wird von solchen Patienten während ihrer Behandlung entwickelt, und wie können wir sie deuten?

5. Können Patienten, die als »Borderline« eingestuft werden, auf traditionelle Weise analysiert werden, oder sind hier für eine erfolgreiche Behandlung verschiedene Modifizierungen

in der Technik nötig? Kann man die Analysierbarkeit während des Erstgesprächs oder den ersten Kontakten zutreffend einschätzen?

6. Was äußern andere Autoren, an deren Arbeiten wir uns orientieren können, über das klinische Erscheinungsbild? Inwieweit stimmen unsere Befunde mit ihnen überein?

III. Fallbeschreibungen

Fallbeispiel I

Frau W. war eine 27-jährige ledige wissenschaftliche Assistentin, die auf den Rat ihres Psychotherapeuten hin, der sie vor
einigen Jahren wegen Depressionen und Schwierigkeiten im
Umgang mit Arbeitskollegen behandelt hatte, in die Analyse
kam. Sie klagte über wiederholte depressive Phasen, über den
steigenden Gebrauch nicht verschreibungspflichtiger Beruhi-
gungs- und Aufputschmittel, über armselige Partnerbeziehungen
und über die Angst davor, von anderen verletzt zu werden.
Auch fühlte sie sich grundsätzlich einsam, unzufrieden und
unsicher über ihre Lebensziele. Sie gestand eine phasenweise
Freßsucht ein, konnte aber erst nach längerwährender Analyse
das eigentliche Symptom beschreiben, ihre episodisch auftretende Bulimie, gefolgt von selbst herbeigeführtem Erbrechen.
Sie machte einen angenehmen, attraktiven Eindruck und wirkte, obwohl sie etwas mollig war, nicht übergewichtig. Sie sprach
ernsthaft und zögernd und wirkte eher ernst und unbeholfen
als offen depressiv. Bei ihren Selbstcharakterisierungen bedien-
te sie sich gängiger Klischees und neigte zu Verallgemeinerungen und Verschwommenheit, wobei sie die Sorge ausdrückte,
ob das, was sie offenbarte, »normal« sei. Während der ersten
Sitzungen schilderte sie ihre unglückliche Kindheit und ihre
gegenwärtige Unzufriedenheit. Sie wirkte kindlich und machte
den Eindruck, als sei sie im Gebrauch ihrer Intelligenz, Vorstel-
lungskraft und in der Fähigkeit, sich auszudrücken, irgendwie
beschränkt.

Sie meinte, männliche Patienten hätten bei der Termin-
vereinbarung Präferenz, »weil sie eine größere Verantwortung
tragen als Frauen«. In der ersten Sitzung äußerte sie ihre Verwirrung darüber, daß der Analytiker ihrem Vater ähnlich sehe.
Später stellte sich heraus, daß sie diese Ähnlichkeit nur an die
vage Erinnerung an ein Foto knüpfte, das ihren Vater als jungen
Mann zeigte, sie hatte es vor Jahren das letzte Mal gesehen.

Sie war die jüngere zweier Töchter, ihre Eltern entstammten beide gutbürgerlichen Mittelschichtfamilien einer kleinen Industriestadt des mittleren Westens. Ihr Vater war ein unruhiger Geist und hatte vor der Heirat den Ruf, in unsaubere Geschäfte verwickelt zu sein, er war so etwas wie ein schwarzes Schaf. Frau W. hatte von ihrer Mutter erfahren, daß sie eigentlich ein Junge hätte sein sollen; ihr Leben lang war sie von der Enttäuschung ihres Vaters überzeugt gewesen, mit ihr nicht den gewünschten Sohn bekommen zu haben. Ihrer Meinung nach hatte diese Enttäuschung den Vater in seiner Bereitschaft bestärkt, die Familie zu verlassen. Als sie zwei Jahre alt war, ging der Vater das erste Mal. Als Grund für sein Verschwinden waren finanzielle Probleme und seine Ruhelosigkeit genannt worden, die Patientin war sich jedoch nie ganz sicher über die wirklichen Hintergründe, die von der Mutter und den Verwandten als peinliches Geheimnis gehütet wurden. In den nächsten eineinhalb Jahren kam es zu einer Reihe von Umzügen, Wiedervereinigungen und Trennungen. Als sie viereinhalb Jahre alt war, ging der Vater aufs neue. Ihr war berichtet worden, daß sie damals über lange Zeit hin täglich nach ihm weinte.

Danach lebte die Mutter mit ihren Töchtern für einige Jahre, die Frau W. als trostlos und unglücklich erinnerte, bei Verwandten. Es kam zu einer erneuten Familienvereinigung in Kalifornien, wo der Vater sich inzwischen niedergelassen hatte. Die Patientin empfand die folgenden drei Jahre, in der die Familie zusammen war, als idyllisch, obwohl es zwischen den Eltern erhebliche Spannungen gab. Oft erzählte sie von der schönen Gegend und dem Sonnenschein, um das Glück dieser Jahre zu beschreiben; seitdem hatte sie sich immer nach einem solchen warmen Klima gesehnt.

Der Vater verließ die Familie erneut, diesmal allerdings im Guten. Die Patientin und ihre Schwester verbrachten einige Sommerurlaube bei ihm und versuchten jedesmal, ihn zur Rückkehr zu bewegen, obwohl er schon bald mit einer anderen Frau zusammenlebte. Frau W. hatte nur skizzenhafte Erinnerungen an diese Besuche, in der Analyse trat jedoch zutage, daß die Kinder sich über sexuelle Vorkommnisse in diesem neuen Haushalt bewußt und darüber verstört waren. Kurz nachdem die Patientin die Pubertät erreicht hatte, brach der Kontakt zum Vater ab, ohne daß es zum Streit kam; sie bekannte im Verlauf der Analyse, daß sie nicht wisse, ob ihr Vater noch lebe oder bereits gestorben sei.

Die Mutter arbeitete als Chefsekretärin und versorgte ihre Kinder ohne Unterstützung des Vaters, wurde aber immer reizbarer und fordernder. Die Mädchen mußten kochen und saubermachen, und die Patientin war oft allein. Die Gewohnheit, sich mit Süßigkeiten zu trösten, stammte aus dieser Zeit. Andere frühe Anzeichen einer Störung waren das Klammern an die Mutter, das beim Eintritt in den Kindergarten und in die Grundschule deutlich wurde, und Schwierigkeiten beim Erledigen ihrer Hausaufgaben. Ihre damalige Befindlichkeit beschrieb sie als verwirrt, ängstlich und von der Furcht verfolgt, Anweisungen falsch aufzufassen und dumme Fehler zu machen. Die ältere Schwester dagegen war eine ausgezeichnete Schülerin, dominant und selbstbewußt und anerkannte Gruppenführerin, Frau W. war von ihr immer äußerst abhängig gewesen.

Während der Adoleszenz kam es zu häufigen Auseinandersetzungen mit der Mutter. Oftmals wurde sie ermahnt, die Schwester, die zum Kränkeln neigte, nicht zu stören. Obwohl sie sich für Männer interessierte, hatte sie während der Oberschulzeit nur wenige Verabredungen; sie war sehr schüchtern und gehemmt. Nach dem Schulabschluß entschied sie sich für eine spezielle Ausbildung in praktischen naturwissenschaftlichen Forschungsverfahren, sie ging deshalb nicht aufs College. Nach Beendigung der Ausbildung nahm sie in einer anderen Stadt eine Stelle an. Sie war ruhelos und wechselte häufig den Arbeitsplatz, was sie jeweils mit besserer Bezahlung und günstigeren Arbeitsbedingungen rechtfertigte. Anders als ihr Vater nahm sie ihre Arbeit sehr ernst und schickte ihrer Mutter Geld, um diese zu unterstützen.

Häufige Auseinandersetzungen mit Mitbewohnerinnen und Arbeitskollegen rührten aus dem Gefühl, mißachtet und verletzt zu werden, und aus dem Glauben, andere würden ihr vorgezogen. Auch fiel es ihr oftmals äußerst schwer, die Bedürfnisse anderer zu verstehen und zu berücksichtigen. Sie hatte einige kurze, unbefriedigende Affären mit Männern gehabt, die entweder wenig fürsorglich oder emotional nicht erreichbar waren. Darüber, daß ein Mann, mit dem sie zusammen gewesen war, nur kurze Zeit später eine andere Frau heiratete, war sie unverhältnismäßig erschüttert. Ihre Schwester hatte eine höhere Ausbildung durchlaufen, wurde Akademikerin, verheiratete sich glücklich und hatte mehrere Kinder. Im Gegensatz zu der kränkelnden Schwester war die Patientin robust und gesund, hatte von Zeit zu Zeit aber hypochondrische Ängste. Sie fühlte sich ihrer Schwester, die sie bewunderte, sehr verbunden; in dem, was sie berichtete, fanden sich jedoch deutliche Hinweise auf eine ausgeprägte Rivalität. Dies drückte sich zum Beispiel in der übertriebenen Sorge aus, die Schwester könne unheilbar krank sein, was sich auf der Überinterpretation einer geringfügigen Krankheit der Schwester gründete, unter der diese während der Adoleszenz gelitten hatte. Die Patientin hielt engen Kontakt zur Mutter, die nach dem Ehedesaster an Männern kein Interesse mehr zu finden schien. Die Mutter war inzwischen stark übergewichtig und arbeitete weiterhin in ihrem Beruf, was ihr anscheinend beträchtliche Befriedigung gab. Als sie im frühen Teenageralter gewesen war, hatte die Patientin große Angst gehabt, die Mutter könne sterben, als diese einmal krank geworden war.

Analyseverlauf

Vom ersten Moment an hatte die Patientin große Schwierigkeiten, frei und spontan zu sprechen. Die von ihr wahrgenommene Ähnlichkeit des Analytikers mit ihrem Vater hatte eine starke Wirkung auf sie. Sie war davon überzeugt, daß der Analytiker kein Interesse an ihr haben könne und sie genauso verlassen würde, wie der Vater dies getan hatte. Teilweise um unbewußt dieses Resultat herbeizuführen, stellte sie sich als dürftig dar. Im Vergleich mit anderen empfand sie sich als minderwertig, wie jemand, der »die Regeln nicht einhält«, »Fehler macht«, »nicht richtig lernen kann«. Auch war sie sowohl dem Analytiker wie auch anderen Menschen gegenüber mißtrauisch und kritisch und fürchtete dabei, dies könne verletzend wirken, obwohl ihr offenbar die aggressiven Komponenten dieser Verhaltensweisen nicht bewußt waren. Einen guten Eindruck zu machen war ihr so wichtig, daß sie zu ihren frühen Träumen nur »Assoziationen« liefern konnte, die auf einer Zusammensammlung verschiedener Interpretationen von Symbolen beruhten, die sie in Büchern über Psychoanalyse oder Traumdeutung gelesen hatte. Sie mußte unbedingt »richtige« Antworten geben und alles verbergen, was sie für »falsch« hielt, das heißt, alle negativen oder unhöflichen eigenen Gedanken. Sie war vollständig von der Vorstellung gefangen, was der Analytiker von ihr denken könnte, sie forderte von ihm Ratschläge und Instruktionen zu ihrer Lebensführung wie auch seine Zustimmung zu dem, was sie gerade sagte und tat. Schwerlich konnte sie es hinnehmen, daß ihre Fragen und Forderungen als analytische Kommunikation behandelt wurden; sie reagierte darauf verletzt und wütend. Kommentare des Analytikers verdrehte sie so, daß sie ihr Bedürfnis nach Rat und Bestätigung befriedigten, aber gleichzeitig auch wieder so, daß sie ihn weiterhin als streng und verurteilend erleben konnte. Trotz der wiederholten Versuche, Art, Ausmaß und Ursprung dieser Verzerrungen zu klären, hielt sie sie über viele Monate hinweg durch. Es war eindeutig, daß sie im Analytiker den lange ersehnten Ersatz für den verlorenen Vater sah, dabei gaben einige Übertragungselemente zuzeiten auch Aspekte der Beziehungen zu ihrer Schwester und zu ihrer Mutter wieder.

Ihr Wunsch, dem Analytiker nahe zu sein, war so stark, daß sie versuchte, eine Wohnung im Praxisgebäude zu mieten; der Analytiker erfuhr davon zufällig durch die Hausverwaltung. Frau W. schien die Wichtigkeit und den potentiellen Wert von Diskussionen, das heißt, das Analysieren solcher Impulse, nicht zu begreifen. Sie versuchte, alles über das persönliche Leben des Analytikers herauszufinden, behielt während der Sitzungen aber weiterhin alle Gedanken über ihn für sich. Das Beharren auf diesem Verhalten, vor allem das Geheimhalten ihrer Gedanken über den Analytiker, diente nicht nur Abwehrzwecken. Er entsprang auch ihrem unbewußten Wunsch, den Vater zu enttäuschen und zu strafen und gleichzeitig sich selbst zu strafen, indem sie durch die negative Wirkung, die sie hervorrief und deren Eintreten sie auf der bewußten Ebene mit allen Mitteln zu verhindern suchte, Ablehnung provozierte.

Trotz dieser Hemmnisse bei der offenen Kommunikation und dem »Lernen«, wie im analytischen Setting zu arbeiten sei, traten ihre Lebensgeschichte und ihre Konflikte nach und nach zutage. Es wurde frühzeitig deutlich, und dies galt bis zu einem gewissen Grad für die Dauer der gesamten Analyse, daß der Analytiker über die Erfahrungen und die psychische Befindlichkeit von Frau W. wesentlich mehr erfuhr, als dies sonst bei dieser Behandlungsform der Fall ist. Seine pessimistischen Gefühle, seine Enttäuschungen und seine Zweifel am Erfolg der Behandlung spiegelten die Verweigerung der Patientin wider und ihre augenscheinliche Unfähigkeit, sich wie die sonst an einer Zusammenarbeit interessierten Analysanden zu verhalten und zu reagieren. Ihr übertriebenes Interesse am Analytiker und ihre Weigerung zu lernen waren an das Problem gebunden, mehr über ihren Vater zu erfahren, was sowohl im Zusammenhang stand mit seiner Ungreifbarkeit und dem Geheimnis um ihn, wie auch mit der von Scham bestimmten Abwehr der Mutter, offen über ihn zu sprechen, und ihrem Appell an die Töchter, diese heuchlerische Fassade aufrecht zu erhalten. Auch fanden sich hier Elemente der Konflikte wieder, die die Patientin empfunden hatte, als sie die Beziehungen zwischen den Mitgliedern der weiteren Verwandtschaft begriff, mit denen sie über Jahre gelebt hatte, über die Beziehungen im zweiten Haushalt des Vaters und darüber hinaus über alle anderen sexuellen Beziehungen, die sie miterlebt hatte.

In der ersten Beziehung zu einem Mann, die sie nach Beginn der Analyse aufnahm, lebte sie sofort eine ungehemmt triebhafte Sexualität aus, sie stellte dem Mann taktlose Fragen zu seiner Person, interessierte sich aber nicht für die simpelsten Tatsachen – zum Beispiel erfuhr sie nie, welchen Beruf er eigentlich ausübte. Sie gab zu, daß sie Angst davor habe, dem Analytiker gegenüber sexuelle Gefühle zu entwickeln, sie nutzte also diese Gelegenheit, jene Gefühle auf einen anderen Mann zu übertragen. Sie hatte wegen dieses sexuellen Kontakts jedoch massive Schuldgefühle, und ihre Neigung, alles, was der Analytiker zu diesem Thema bemerkte, als verurteilend zu interpretieren, verstärkte sich sehr. Nach einigen Wochen wurde deutlich, daß ihr Freund ein feindseliger, mißtrauischer und vorwurfsvoller Mensch mit möglicherweise paranoiden Zügen war, sie brach die Beziehung ab. Danach sann sie unaufhörlich darüber nach, wer in der Beziehung Fehler gemacht habe, und wiederholte so offensichtlich die kindlichen Sorgen über das Scheitern der Ehe der Eltern.

Da die Bindung an den Analytiker sich noch mehr intensivierte, reagierte sie sehr negativ auf Trennungen von ihm, sprach weder vor noch nach der Unterbrechung viel und tröstete sich in den Behandlungspausen mit Süßigkeiten, wie sie es seit ihrer Kindheit gewohnt war. Es schien ihr unmöglich, Worte zu finden, um ihre Gefühle oder ihre Gedanken auszudrücken. Selten, wenn sie Erlebnisse schilderte, nannte sie jemanden, von dem sie sprach, spontan beim Namen, noch gab sie Erklärungen zu den Umständen und dem Ablauf, die normalerweise einen Zuhörer dazu in die Lage versetzen, dem, was ihm erzählt wird, folgen zu können. Sie wirkte, als könne sie sich nicht in den Zuhörer hineinversetzen und als wisse sie nicht, daß bestimmte Daten mitgeteilt werden müssen, damit man von jemand anderem verstanden werden kann. Es entstand der Eindruck, als wolle sie unbewußt beim Analytiker Gefühle von Ignoranz, Verwirrung, Enttäuschung und Einsamkeit hervorrufen, die ihre kindlichen Erfahrungen oftmals bestimmt hatten. Als die erste Sommerpause näherrückte, wurde sie depressiver, stiller und zog sich zurück, wobei sie einerseits, dadurch daß sie »zuerst ging«, dem Muster folgte, dem Analytiker anzutun, was ihr angetan worden war, andererseits aber auch ihre Hilflosigkeit und depressiven Reaktionen auf Verlassenwerden von neuem erlebte.

Ein Besuch bei ihrer Schwester während der Sommerpause gab Anlaß, die Beziehung zu dieser näher zu durchleuchten, als die Behandlung wieder aufgenommen wurde. Frau W. war neidisch und mißgünstig auf die – ihrer Meinung nach – größeren Talente und die bevorzugte Stellung der Schwester; sie lebte diese Gefühle durch vermehrte Streitigkeiten mit ihren Mitbewohnerinnen aus. Dadurch entwickelte sich eine Wohnsituation, die der früheren Beziehung zwischen der Patientin, deren Mutter und Schwester immer ähnlicher wurde. Aber Frau W. wurde dabei auch von Schuld- und Schamgefühlen so überwältigt, daß sie große Schwierigkeiten hatte, ihre eigene rivalisierende Haltung und ihre Feindseligkeit wahrzunehmen. Sie wurde von ihrem verbitterten Gefühl der Verzweiflung und Enttäuschung, das die Übertragung bestimmte, völlig gefangengenommen. Sie griff wieder zu Tabletten, ihre Freßsucht verstärkte sich, sie hielt keine Verabredungen mehr ein und zeigte offeneren Widerstand dagegen, über ihre Vergangenheit zu berichten. Auch gab sie zu, Angst davor zu haben, über sexuelle Empfindungen zu sprechen, die in Verbindung mit ihren Träumen auftraten und vor allem über solche, die den

Analytiker einbezogen. An einem Tag, als die Sitzung früh am Morgen stattfand, stand sie an der gläsernen Eingangstür des Praxisgebäudes, als der Analytiker dazukam; in der Sitzung berichtete sie von einem Traum, in dem sie hinter einem Fenster gestanden und hinausgesehen hatte. Dieser Bericht führte zur Erinnerung an eine Geschichte, die ihr erzählt worden war: Sie habe weinend am Fenster gestanden, nachdem der Vater die Familie verlassen hatte. Die Deutung der Übertragung führte zu einer zeitweiligen Entspannung. Dann lernte sie einen Mann kennen, der denselben Vornamen hatte wie der Mann ihrer Schwester; sofort stürzte sie sich in eine Affäre mit ihm. Die Übertragung nahm plötzlich eine andere Form an, der Analytiker wurde nun als störende, mißbilligende Mutter wahrgenommen. Frau W. faßte bald darauf den Entschluß, aus ihrer Wohngemeinschaft auszuziehen und allein zu leben, fühlte sich kurz darauf aber enttäuscht von ihrem Freund, den sie zunehmend als distanziert, abweisend und ausweichend empfand. Sie wurde ihm gegenüber wütend, kritisch und fordernd, was zur Trennung führte, und trug sich mit dem Gedanken, auch die Analyse zu beenden. Das führte zu der Angst, daß nun der Analytiker, um sie zu bestrafen, seinerseits die Behandlung abbrechen würde.

Ein Traum, in dem sie ein Kind hatte und dabei Enttäuschung darüber spürte, daß es ein Mädchen war, führte zu vielen produktiven Sitzungen, die auch die ersten bedeutenden Gespräche ermöglichten über ihre Gefühle der Unzulänglichkeit und Minderwertigkeit aufgrund ihres Geschlechts. Die Überzeugung, als Junge gewünscht worden zu sein, wurde erkennbar im Zusammenhang mit ihrer Annahme, daß ihr Vater von ihr enttäuscht gewesen sei. In der Übertragung wurde sie abweisend und schwieg trotzig, sie schwankte nach wie vor zwischen der Phantasie, den Analytiker zu bestrafen, und der Angst davor, daß er sich dafür rächen würde. Positive sexuelle Regungen wurden durch die zunehmend negative und sadomasochistische Atmosphäre, die die Analyse immer mehr dominierte, effektiv abgewehrt.

Pläne, im Sommer ein Ferienhaus mit anderen alleinstehenden Freunden zu mieten, lieferten weiteres Material, das ihren Neid und ihre rivalisierende Beziehung zu ihrer Schwester und die damit zusammenhängenden Schuldgefühle weiter verdeutlichte. Unbewußt glaubte sie, die Schwester sei sowohl die geliebtere Tochter als auch der besser ausgestattete Sohn und werde vom Vater wie von der Mutter bevorzugt. Als der Sommer näherrückte, trat auch Material aus den Sommerbesuchen beim Vater während ihrer Latenzphase zutage. Sie nahm sich vor, den Mann, der für sie in der Feriengruppe am unerreichbarsten war, für sich zu erobern, und dagegen alle, die Interesse an ihr zeigten, rüde abzuweisen. Aufs neue wurde sie still und in sich gekehrt, als die Sommerpause näherkam, sie äußerte Überlegungen, weit weg umzuziehen und die Behandlung abzubrechen.

Im Frühjahr des dritten Analysejahres wurde die Übertragungssituation noch intensiver und schwieriger zu lenken. Ihre Wiederholung der Wünsche, Phantasien und Reaktionen, die aus der kindlichen Bindung an ihren nicht greifbaren unbefriedigenden Vater herrührten, konnten nicht bewußt wahrgenommen werden. Solche Deutungen führten zu Wutausbrüchen und Verleugnung, gefolgt von Depression und Rückzug. Sie bat dringend um Beruhigungsmittel und andere Medikamente, warf dem Analytiker Kälte und Desinteresse vor und wies alle seine Anstrengungen, mit denen er aufzeigen wollte, daß diese Reaktionen im Zusammenhang mit den zentralen Konflikten standen, vehement zurück.

Ihre Vermieter und Vorgesetzten idealisierte sie, deutete deren Verhalten völlig unangemessen um und erwartete von ihnen, daß sie mit ihr wie mit einer bevorzugten Tochter umgingen, nur um immer wieder niederschmetternde Enttäuschungen zu erleben, wenn sie den von ihr aufgebauten hohen Erwartungen nicht gerecht wurden. Wieder und wieder fühlte sie sich betrogen und verletzt und versank in einen chronischen Zustand dumpfen Grolls. Eine komplexe, schwer zu entwirrende Mischung dieser positiven ödipalen Enttäuschungen (die zu diesem Zeitpunkt noch durch die Geburt des Kindes ihrer Schwester verstärkt wurden) mit Elementen, die aus der mütterlichen Übertragung herrührten, gewann im klinischen Bild die Oberhand. Ihre auf die Mutter gerichteten Verlust- und Wutgefühle drückten präödipale Wünsche und Konflikte aus, in denen orale und anale Phantasien und Themen vorzuherrschen schienen, waren aber auch regressiver Ausdruck von Aspekten einer mächtigen ödipalen Konfiguration, die sich durch die Enttäuschung über den Vater, der sie verlassen hatte, als sie vier Jahre alt war, verstärkt hatten.

Zunehmend wurde sie therapieresistent und provokativ, zurückhaltend und schweigsam. Gleichzeitig drohte sie, die Analyse abzubrechen, den Analytiker versuchte sie dazu zu verleiten, sie seinerseits fortzuschicken. Sie schien völlig unfähig, sich an irgendeinem Versuch zu beteiligen, die Gründe ihres Verhaltens zu erforschen, das die Analyse zusehends gefährdete. Mehr als zu irgendeiner anderen Zeit mußte der Analytiker gegen Irritation und Frustration in der Gegenübertragung ankämpfen und dagegen, diese Gefühle ihr gegenüber zu äußern. In seiner Selbstwahrnehmung herrschten Hoffnungslosigkeit vor, Schuldgefühle über sein »analytisches Ungenügen« und Mitleid für ihr offensichtliches und nicht zu lösendes Unglück. Nach vielen Wochen, in denen dieses Patt herrschte, wurde deutlich, daß die Situation mit analytischen Methoden nicht zu lösen war; es kamen Überlegungen auf, die Analyse abzubrechen und stattdessen andere Therapieformen zu versuchen. Als diese Möglichkeiten mit Frau W. diskutiert wurden, reagierte sie, als sei die Entscheidung bereits gefällt, gab zu, sie habe immer schon das Gefühl gehabt, ein Versager zu sein wie ihr Vater, bekam einen Wutanfall und wollte die Behandlung sofort abbrechen. Das wurde für den Moment verhindert. Sie sagte dann, daß ihre Überzeugung, der Analytiker gleiche der kindlichen Erinnerung an den Vater aufs Haar, es ihr unmöglich gemacht habe, die sexuelle Anziehungskraft, die er vom ersten Tag an auf sie ausgeübt habe, offen anzusprechen. Diesem Bekenntnis folgte keine Entspannung oder größere Offenheit, sondern ein völliges Verstummen, das über Tage anhielt.

Nach einer Supervisionsbesprechung wurde festgestellt, daß die Analyse anscheinend nicht durchführbar war, darauf wurde die Möglichkeit der Beendigung erneut mit Frau W. diskutiert. Diesmal flüchtete sie sich in Wut und verließ die Praxis mitten in der Sitzung. Doch kurze Zeit später kam sie zurück und fragte, ob sie noch eine Chance bekommen könne. In der Analyse sprach sie dann sehr bekennerhaft über ihre Scham- und Schuldgefühle beim Masturbieren und über das übergroße Bedürfnis, solche Gedanken zu zensieren. In der selben Sitzung enthüllte sie zum ersten Mal ihre geheimgehaltene Bulimie und das selbst herbeigeführte Erbrechen. Von diesem dramatischen Moment an, der aus der Retrospektive als ein unbewuß-tes magisches Ungeschehenmachen des zerstörenden Verlas-senwerdens durch den Vater erschien und als der Wunsch, mit ihm eine »zweite Chance« zu haben, nahm die Analyse einen anderen Verlauf.

Zum ersten Mal konnte sie flüssig sprechen, ohne dauernde verbale Erwiderungen einzufordern. Obwohl weder ihre Nei-gung zum Verstummen noch das Zurückhalten belastender Ge-danken völlig verschwand, nahm beides ab, genauso wie die Verschwommenheit und die Detailarmut ihrer Äußerungen, die so frustrierend gewirkt hatten. In den darauf folgenden Monaten wurden ihre Masturbationsphantasien und -konflikte thematisiert, ihre Fähigkeit, diese sprachlich auszudrücken, ent-wickelte sich zusehends. Details über ihre Eßgewohnheiten, ihre Fellatioerfahrungen, ihre oralen Befruchtungsphantasien und daraus folgende Gedanken, durch orale Einverleibung selbst einen Penis zu bekommen, traten hervor genauso wie Ängste vor Bestrafung und Beschädigung. Im Zusammenhang mit ei-ner neuen Affäre mit einem Mann, der erhebliche Potenzschwie-rigkeiten hatte, kam ein Knäuel verworrenen und konflikthaften Materials ans Licht. Störungen in ihrer Körperimago, die Über-zeugung, sie verfüge über sehr »maskuline« Stärke und männli-ches Aussehen, ungewöhnlich breite Schultern und kräftige Hände, widersprüchliche Vorstellungen über ihre und seine genitale Beschaffenheit bestimmten ihre Gedanken, aber auch sehr detaillierte Vorstellungen davon, welche sexuelle Position und welche Praktiken vorzuziehen seien, um sexuelle Befriedi-gung zu erlangen. Die von ihr bevorzugte Stellung war, ritt-lings auf dem unter ihr liegenden Mann zu sitzen, was den unbewußten Wunsch ausdrückte, selbst einen erigierten Penis zu haben oder ein solcher zu sein. Sie übernahm in dieser neuen Beziehung die Rolle des Analytikers und setzte ihrem Partner zu, ihr seine sexuellen Probleme einzugestehen und sich in Behandlung zu begeben. Sie las psychologische Aufsätze und Bücher und konzentrierte sich weit mehr auf die Probleme ihres Freundes statt auf ihre eigenen.

Als nächstes tauchten Phantasien auf, kastriert worden zu sein; sie wurden von Unregelmäßigkeiten in ihrer Periode be-gleitet. Sie gab beschämt zu, daß sie phallische Objekte als Masturbationshilfe benutze und sprach ausführlich über ihre hypochondrischen Ängste, dabei körperlich (und emotional) beschädigt zu werden. Hinweise auf sadomasochistische Masturbationsphantasien konnten an dieser Stelle nur indirekt ermittelt werden.

Erstmals sprach sie den Gedanken aus, ihre sexuellen Störungen einschließlich der Orgasmusunfähigkeit könnten durch einen sexuellen Kontakt mit dem Analytiker kuriert werden. Als nächstes entwickelte sie ihre Vorstellung über seine Frau, die sie idealisierte als schön, brillant, vollendet, zweifellos auch eine Ärztin. Hier trat zum ersten Mal die offene masochistische Phantasie auf, von einem Bus angefahren und ins Krankenhaus eingeliefert zu werden, wo sie auf die Sorge, das Interesse und die Beachtung von Ärzten beiderlei Geschlechts treffen würde.

Urszenenmaterial und sadomasochistische Interpretationen von Sexualität wurden immer deutlicher, wie etwa Kampf, Vergewaltigung und, daraus folgend, Erniedrigung und Schmerz. Deren Beziehung zu ihrer Frigidität und ihrer Unfähigkeit oder Weigerung – oder beidem – auf Deutungen in den analytischen Sitzungen einzugehen, wurden dadurch geklärt. Während des nächsten Jahres kamen die Ursachen ihrer Urszenenphantasien und Verwirrungen ans Licht.

Weitere Ursachen der Störungen ihres Körperbildes betrafen Erinnerungen an ihre Menarche, die begleitet gewesen war von Gefühlen des Verletztseins, von Verleugnung und dem Niederschlag genitaler und analer Phantasien. Schamgefühle und damit verbundene phallische und anale exhibitionistische Impulse und Konflikte konnten exploriert werden, einhergehend mit zunehmender Wahrnehmung und Akzeptanz ihrer lebenslangen maskulinen Strebungen und ihrer Unzulänglichkeits- und Neidgefühle.

Ihren nächsten Freund wählte sie offensichtlich aus narzißtischen Gründen und versuchte, ihn zur Befriedigung ihrer eigenen frustrierten Sehnsüchte zu benutzen. Sie wurde wütend, als er ihr nicht gestattete, ihn zu masturbieren. Ihre Schwierigkeit, Männer realistisch wahrzunehmen, da diese in ihren Augen entweder absolut fehlerfrei oder selbst schwer gestört oder beides zu sein hatten, konnte sie nun im Zusammenhang sowohl mit ihrem Bedürfnis, selbst einen Penis zu haben, mit ihren Kastrationsphantasien wie auch mit ihren widersprüchlichen Empfindungen gegenüber ihrem Vater sehen.

Anale Vorstellungsbilder traten danach in den Vordergrund. Erfahrungen aus der Kindheit und dem Erwachsenenleben, die sich auf Einläufe und Analverkehr bezogen, trugen zu den Phantasien bei, die zu ihrem verzerrten Empfinden weiblicher Minderwertigkeit führten, was sich wiederum in einer Gleichsetzung von Anus und Vagina widerspiegelte. Dieses Material diente auch zur Erklärung ihrer Schamreaktionen und ihrer Schwierigkeiten bei der Impulskontrolle, die zu ihrer Verweigerung und ihrem Negativismus in der analytischen Situation beigetragen hatten. Masochistische Tagträume wurden behandelt, die nach folgendem Muster abliefen: »Wenn ich sehr stark leide und geduldig bin und klaglos, werde ich schließlich belohnt.« Diese Phantasien traten in veränderter Form zu verschiedenen Zeiten auf, schienen aber hauptsächlich aus dem Wunsch nach Rückkehr des Vaters und dem damit zusammenhängenden Wunsch nach dem ersehnten Penis/Baby gespeist zu werden. Die Deutungen dieser Phantasien lösten bei der Patientin Gefühle der Lächerlichkeit und deutlicher Frustration aus; sie reagierte wütend und mit symptomatischer Verbitterung, die die oralen und analen sadistischen Aspekte ihrer Konflikte deutlich enthüllte. Herabsetzende und geringschätzige Betrachtungen über Männer kamen zum Ausdruck; auffällig wurde jetzt auch das, was man nur als ihr wildes Fressen bezeichnen kann, und was ihr unbewußt dazu diente, sich mit aller Macht zu verschaffen, was ihr ihrem Empfinden nach vorenthalten worden war.

Homosexuelles Material kam zum Vorschein, das aus der engen Bindung an die Schwester während der Kindheit stammte; die analytische Arbeit zu diesem Thema fand jedoch in einer ärgerlichen, schmollenden und ungläubigen Atmosphäre statt; sie weigerte sich, diese Gefühle zu diskutieren und einzugestehen. Sie nahm Zuflucht zu Rückzug und zu Projektionen, ein Verhalten, zu dem sie immer dann griff, wenn beunruhigendes Material zum ersten Mal in der Analyse ernsthaft durchgesprochen wurde.

Im vierten Jahr der Analyse trat ihr Gefühl, betrogen worden zu sein, in vielen Formen auf, zunächst als Folge einer Diskussion über die Erhöhung des Honorars. Schließlich konnten die von ihr verleugneten eigenen Impulse wahrgenommen werden, andere zu betrügen, um zu bekommen, was sie wollte. Das führte zu weiteren Erkenntnissen über ihre sadomasochistische Orientierung, diesmal im Zusammenhang mit deutlich erkennbaren Phantasien, andere zu schlagen. Sie gab ihre Lust daran zu, »die Dinge an den Abgrund des Desasters zu bringen«, und daran, sich vorzustellen, daß sie den Analytiker und andere so provozieren könne, daß diese die Kontrolle über ihre Gefühle verlören. Diese Phantasien wechselten sich mit ausgedehnten Phasen gegen sich selbst gerichteter Beschimpfungen ab, in denen sie sich ohne Unterlaß selbst kritisierte und anklagte.

Zu diesem Zeitpunkt erinnerte sie sich an eine lange verdrängte Erfahrung, die dazu beitrug, das vorliegende Material ordnen zu können. Die Erinnerung betraf eine traumatische Mandeloperation, die von einem mit der Familie befreundeten Chirurgen durchgeführt worden war, als sie vier Jahre alt war. Es kam zu einer postoperativen Blutung, die angeblich durch ihr Schreien ausgelöst worden war, und sie wurde für die notwendige Behandlung ohne Narkose noch einmal in den Operationssaal gebracht. Sie erinnerte sich daran, daß man sie dazu überredet hatte, den Mund zu öffnen, und daß der Eingriff sehr schmerzhaft gewesen war. Träume und Bilder, die ihr im Halbschlaf erschienen, bestätigten die Bedeutung dieses Erlebnisses, das sowohl zur Verdichtung ihrer orogenitalen Phantasien wie auch zu ihren sadomasochistischen Assoziationen beigetragen hatte. Ihre Stummheit in der Analyse stellte auch eine Aufforderung an den Analytiker dar, sie zu »überreden«, den Mund zu öffnen.

Am Ende dieses Jahres lernte sie einen Mann kennen, der herzlicher und freundlicher war als alle ihre bisherigen Freunde. Mit ihm konnte sie zum ersten Mal einen Orgasmus während des Koitus erleben, obwohl sie nach wie vor Sexualpraktiken bevorzugte, die ihr eine dominante Position ermöglichten und in denen sie die Kontrolle über die sexuellen Empfindungen behielt. Nach und nach konnte sie erkennen, daß ihre eigenen Probleme sehr zu ihrer sexuellen Unbefriedigtheit beigetragen hatten und daß es jetzt aufgrund ihrer Analyse zu wesentlichen Verbesserungen kam. Diese Tatsache spiegelte sich auch darin wider, daß Mitarbeiter, Freunde und ihre Familie ihr nun wärmer, freundlicher und aufmerksamer begegneten und sie die meiste Zeit besser mit ihnen zurechtkam. Phobien vor Insekten und Tieren waren völlig verschwunden. Ihr rigider Ordnungsdrang, der ans Zwanghafte grenzte, hatte sich abgeschwächt. Sie bekannte, daß ihr diese Veränderungen schon seit einiger Zeit bewußt gewesen seien, sie diese aber so gut wie möglich vor dem Analytiker verborgen gehalten habe. Dieses Verhalten rührte zum Teil aus ihren Hemmungen, sich zu offenbaren, zum Teil aus dem alten Muster der gehässigen Rache, enthielt aber auch ein neues Element. Eine Verbesserung bedeutete, die Beendigung der Analyse zu erwägen, was mit einem möglichen Verlust der Beziehung zum Analytiker verbunden war. Das wollte sie lieber hinausschieben.

Als die Beziehung zu ihrem Freund zu Ende ging, wurde ihr bewußt, daß sie sich nur damit beschäftigte, was sie von anderen Menschen bekam oder nicht bekam. Es war ihr unwichtig, was ihr Partner im Gegenzug von ihr erhielt. Sie äußerte die Einschätzung, daß sie sich lieblos und nachlässig verhalte. Ein weiteres Mal tauchten Verbindungen auf zu ihrer Vergangenheit, vor allem mit dem Verlust der väterlichen Liebe als Ursache für ihre kindlichen, im wesentlichen narzißtischen Verhaltensweisen gegenüber ihren Partnern.

Wenn die erste Phase der Analyse stürmisch, unergiebig und entmutigend war, so war die zweite hauptsächlich geprägt von konfusen und verworrenen, miteinander verwobenen Konfliktthemen und Phantasien und schwer aufzulösenden und komplizierten Abwehroperationen, aber ein langsamer Fortschritt war zu erkennen. Die dritte und letzte Phase glich sehr viel mehr der analytischen Arbeit mit anderen schwer gestörten neurotischen Patienten. Die Themen wurden klarer, sie arbeitete verläßlicher mit, ihre Abwehrreaktionen waren weniger massiv und von kürzerer Dauer und die Übertragungsreaktionen waren bewußter und auflösbarer als zu Beginn der Behandlung. Trotzdem brachte sie zu einem Zeitpunkt, als die Analyse schon weit fortgeschritten war und sie ihrer Sehnsucht nach einer befriedigenden Beziehung Ausdruck verlieh, mit großer Ernsthaftigkeit vor, daß der Analytiker den richtigen Partner für sie wählen solle. Er würde sie gut kennen, ihre Bedürfnisse wissen und könne andere Menschen beurteilen. Für sie war es völlig einleuchtend, daß er ihr, wie in früheren Zeiten die Eltern, einen Ehemann auswählen solle!

Das Hauptthema in der abschließenden Phase, das bis dahin in diesem Ausmaß noch nicht aufgetaucht war, befaßte sich mit Art, Stärke und Komplexität ihrer Mutterbindung. Die Phantasien, tatsächlich einen Mann finden zu können, den sie heiraten würde, machten ihr die Schuldgefühle bewußt, welche die Vorstellung, die Mutter zu verlassen und zu übertrumpfen, bei ihr auslösten. Abhängigkeitsgefühle, die in der Übertragung ausgedrückt wurden, zeigten ihre rivalisierenden Todeswünsche gegenüber der Mutter und daraus resultierende Schuldgefühle, Rückzug, Furcht und selbststrafende Ängste und Versuche, ihre Wünsche ungeschehen zu machen. Sie traf keinen Mann, der sie völlig zufriedengestellt hätte; ein Rückfall in die Sehnsucht nach und die Bindung an den ödipal idealisierten Vater lösten eine Phase aus, die geprägt war von niederdrückenden, von Schuldgefühlen beherrschten Konflikten damit, dem Vater einen anderen, besseren Mann vorzuziehen.

Die Reaktivierung der liebevollen Bindung an die Mutter in der negativen ödipalen Konstellation, begleitet von dem starken Wunsch zu heiraten, selber zu geben und Kinder zu bekommen, sowie detaillierte Äußerungen zu und bessere Wahrnehmungen über die intensive, mörderische Rivalität gegenüber ihrer Schwester waren Themen im fünften Jahr der Analyse.

Orale und anale sadistische Einverleibungs- und Zerstörungswünsche auf präphallischer und phallischer Ebene wurden ausgesprochen, und deren Beziehung zu ihren Neidgefühlen, selbststrafenden Phantasien und Verhaltensweisen und zu ihrem Gewichtsproblem wurden erfolgreich durchgearbeitet, so daß es ihr möglich wurde, eine effektive und vernünftige Diät zu machen und ihr neues Gewicht zu halten. Ihre attraktivere, weiblichere Erscheinung führte zu konkurrierenden, exhibitionistischen Impulsen, vor allem gegenüber ihrer korpulenten Mutter. In diesem Zusammenhang wurde eine beängstigende Phantasie »wahr«, als die Mutter schwer erkrankte, und die Patientin einige Wochen Urlaub nehmen und die Analyse unterbrechen mußte, um nach Hause zu fahren und die Mutter zu pflegen. Bei ihrer Rückkehr konnte sie berichten, daß sie gut zurechtgekommen und nicht zu sehr aus dem Gleichgewicht geraten sei und daß sie eine überraschende und bestätigende Entdeckung gemacht habe. Sie hatte festgestellt, daß ihre Mutter und auch alle anderen Verwandten, denen sie begegnet war, nach wie vor unter dem Einfluß der vom nie guten Vater ausgelösten Familien-»Tragödie« standen, an deren Erinnerung und Wirkung auf ihrer aller Leben sie bis heute emotional gebunden waren. Sie selbst hatte durch die Analyse eine deutlichere Einsicht gewonnen und sich besser von der Vergangenheit befreien können als irgendeiner der anderen, die Mutter eingeschlossen.

Ein weiterer Sommerbesuch bei ihrer Schwester förderte die tiefere Klärung ihrer ambivalenten Gefühle und Impulse und der Art und des Ausmaßes ihrer dadurch ausgelösten Schuldgefühle. Der Besuch selbst verlief positiv, nach ihrer Rückkehr äußerte sie zum ersten Mal eine klarere, objektivere und realistischere Einschätzung von ihrer Schwester und deren Leben. Das »herrschsüchtige« Verhalten, die nervöse Anspannung und die nicht sehr glückliche Ehe wurden von Frau W. bei dieser Gelegenheit wahrgenommen, was zur Verminderung ihrer Neid-, Bitterkeits-, und Minderwertigkeitsgefühle führte.

Während der hinausgezögerten Endphase der Analyse bearbeitete sie ihre Konflikte damit, die Mutter im Stich zu lassen, um nun ihr eigenes Leben zu leben. In der Übertragung stellte der Analytiker manchmal den Vater in ihren romantischen Phantasien dar, um dessen Liebe die Patientin meinte mit der Mutter kämpfen zu müssen; zu anderen Zeiten verkörperte er die gleichermaßen geliebte und gehaßte Mutter, von der dauernd getrennt zu sein Frau W. nur schwer ertragen konnte.

Zusammenfassend läßt sich sagen, daß ihre regressiven Phasen kürzer währten und weniger intensiv waren, ihre Fähigkeit, neues analytisches Material vorzulegen, hatte sich entwickelt, ihre Depressionen schienen nun eher in den analytischen Sitzungen aufzutreten, als daß sie ihr Alltagsleben beeinflußten. Ihre Beziehungen zu anderen Menschen hatten sich in dem Maße verbessert, daß ihre Sympathie, ihr Rat und ihr Urteil von Freunden gesucht wurde, ihre Realitätsprüfungs- und Planungsfähigkeit waren beträchtlich gestiegen. Sie wirkte wie ein schwer neurotischer Mensch, der von der Analyse außerordentlich profitiert hatte, wenn diese Analyse auch ihre spezifischen Grenzen und Schwierigkeiten gehabt hatte.

Ihre Beziehungen zu Männern hatten sich verbessert, aber sie war nicht völlig zufrieden. Sie fühlte sich reif für eine Bindung und eine Heirat, sah das aber immer noch erst in der Zukunft. Sie plante, nach Beendigung der Analyse in eine sonnige Stadt im Südwesten zu ziehen, vergleichbar mit der, in der die Schwester lebte, unbewußt verbunden mit den Kindheitserinnerungen an die glückliche Zeit in Kalifornien.

Zusammenfassung

Die Merkmale dieses Falles, die uns zu der Einschätzung führten, daß hier eine Borderline-Struktur vorliegt, können wir zusammenfassen: Es lagen auf vielen Gebieten über Jahre hinweg schwere Funktionsstörungen vor; sie wurden deutlich in sexueller Fehlanpassung, oberflächlichen zwischenmenschlichen Beziehungen, schweren Entwicklungshemmungen, Depression und Drogenmißbrauch. Ihre Fähigkeit zur Realitätsprüfung war ausgesprochen mangelhaft, sowohl innerhalb wie außerhalb der analytischen Situation, dies korrespondierte mit ihren Fehleinschätzungen sozialer Situationen und ihrer auffälligen Unfähigkeit, die Gefühle und Bedürfnisse anderer wahrzunehmen. Sie beharrte auf dem Versuch, die analytische Beziehung in eine real befriedigende umzuwandeln. Besonders auffällig waren die Fehleinschätzungen über den Charakter der Männer, mit denen sie eine Beziehung einging, und ihre anatomische und sexuelle Konfusion. Sie war egozentrisch und konnte zu Zeiten anderen gegenüber gefühllos und gleichgültig sein, sie war leicht verletzbar und zeigte stille, aber verbissene Wut, wenn ihre Bedürfnisse nicht erfüllt oder ihr Narzißmus auf andere Weise angegriffen wurde. Sie zeigte viele Symptome und pathologische Charakterstrukturen, von denen einige erst nach einer gewissen Analysedauer erkennbar wurden. Diese umfaßten Phobien, phasenweise Bulimie mit selbst herbeigeführtem Erbrechen, Tablettenmißbrauch, um Stimmungsänderungen oder Entspannung herbeizuführen, zwanghafte Rigidität, die kaum die chronische Angst verdecken konnte, Frigidität, geringe Impulskontrolle, starke Abhängigkeit von der Schwester, Mißtrauen und Reizbarkeit wie auch eine Reihe von somatischen Beschwerden, die psychischen Ursprungs waren.

Die Übertragungsreaktionen waren unmittelbar und intensiv und wurden zu einem erheblichen Teil bewußt verheimlicht. Ihre Beiträge wirkten auch noch verhältnismäßig spät in der Analyse fragmentarischer, widerspruchsvoller und verwirrender, als das üblicherweise bei analysierbaren Patienten der Fall ist. Sie hatte große Schwierigkeiten, ihre den Analytiker betreffenden Wünsche und ihre Reaktionen auf ihn zu prüfen. Ihre Verweigerung und Provokationen in der ersten Analysephase führten in der Gegenübertragung zu Aggressionen und

Ungeduld, die sich in der Neigung zu Überinterpretationen oder auch in Aktivitätshemmungen des Analytikers niederschlugen. Ihr langsamer Fortschritt gab Anlaß zu häufigen Zweifeln über die Ratsamkeit, die Behandlung fortzusetzen, obwohl beim Analytiker auch das starke Bedürfnis vorhanden war, die Patientin zu retten. Ihre vorherrschende Stimmung während der letzten beiden Analysejahre war depressiv, begleitet von einer Reizbarkeit, die manchmal paranoide Züge annahm. Auch die Kontrolle gegen andere gerichteter Aggressionen und Selbstzerstörungstendenzen waren wichtige Themen.

Fallbeispiel II

Herr F. war ein 23jähriger, lediger, jüdischer Medizinstudent, als er seine zehnjährige Behandlung begann. Er kam in die Analyse, weil er im zweiten Jahr seines Medizinstudiums versagte und verstört und deprimiert war über die bevorstehende Scheidung seiner Eltern, bei denen er auch noch während des Studiums wohnte. Als sich die Eltern tatsächlich trennten und der Vater auszog, wurde er depressiv und litt unter Konzentrationsschwierigkeiten. Die Beziehung zu seiner Mutter verschlechterte sich, weil er permanent Streit mit ihr suchte, besonders dann, wenn sie freundlich und liebevoll war, was er als überfürsorglich empfand und ihn zum Kleinkind degradierend. Er zog zu Hause aus und mietete sich eine Wohnung, aber die Depressionen und die Leistungsstörungen hielten an, das Gefühl herrschte vor, sein Leben habe sich durch die bevorstehende Scheidung unwiderruflich verändert. Er malte sich zukünftige Erlebnisse aus, die nur noch wertlos sein würden, weil seine Eltern sie nicht mehr mit ihm teilen würden.

Während der ersten Gespräche zeigte Herr F. wenig Bewußtsein über das, was ihm geschehen war. Er verstand nicht, warum er unfähig war, sich auf sein Studium zu konzentrieren, da es doch sein großer Wunsch sei, Arzt zu werden. Auch wußte er nicht, was eine Behandlung ihm einbringen solle, hatte aber den Rat seiner Mutter angenommen und suchte deshalb einen Analytiker auf, der von dem früheren Analytiker der Mutter empfohlen worden war. Der Patient berichtete, er habe nie viele

Freunde gehabt, während der Adoleszenz sei er unglücklich gewesen. Als er in der Oberschule war, hatte er sich vereinzelt mit Mädchen verabredet, hatte aber erst als 23jähriger eine feste Beziehung gehabt, nur für wenige Monate. Fast wie in einem Nebengedanken und ohne viele Emotionen sagte er, daß der einzige, den er in seinem Leben geliebt habe, sein Hund gewesen sei. Der Hund war gestorben, als Herr F. noch zur Schule ging.

Herr F. war während des zweiten Weltkriegs geboren worden, seinen Vater, der Arzt war, hatte er bis zu seinem dritten Lebensjahr nicht gesehen. Er hatte einen zwei Jahre älteren Bruder, der verheiratet war und in einem anderen Bundesstaat lebte. Die beiden hatten während der kriegsbedingten Abwesenheit des Vaters mit der Mutter bei deren Eltern gelebt, über diese Großeltern sprach er wenig. Der Analytiker der Mutter beschrieb deren Vater als einen tyrannischen Mann; er war der Meinung, die Mutter habe einen ihrem Vater ähnlichen Mann geheiratet.

Der Patient hatte nur wenige Erinnerungen an die Zeit, bevor er fünf oder sechs Jahre alt gewesen war. Er erinnerte sich vage daran, ins Schlafzimmer geschaut und die Eltern zusammen im Bett liegen gesehen zu haben, nachdem der Vater zurückgekehrt und die Familie in eine eigene Wohnung umgezogen war. Die Mutter wurde schwanger, als Herr F. fünf Jahre alt war; sie trug das Kind aus, aber der Säugling, ein Mädchen, starb einige Stunden nach der Geburt, trotz der ärztlichen Anstrengungen des Vaters, der bei der Entbindung zugegen gewesen war. Herr F. hatte keine Erinnerungen an die Schwangerschaft der Mutter oder an irgendwelche Ereignisse im Zusammenhang mit der Geburt und dem Tod seiner Schwester.

Obwohl er sich an einige Kämpfe mit seinem Bruder erinnerte, spürte er diesem gegenüber keine Rivalität. Er hatte sich immer »als genauso groß« wie den Bruder empfunden und hatte diesen nicht gefürchtet. Als er fünf oder sechs Jahre alt gewesen war, hatte er Alpträume von Monstern und Tieren gehabt, die ihm etwas antun wollten. Mit sechs Jahren hatte der Patient wiederholt unter Ohrenentzündungen gelitten, die Penicillininjektionen wurden ihm von der Mutter ins Gesäß injiziert, während der Vater ihn festhielt. Herr F. erinnerte sich an das damals empfundene Entsetzen und auch daran, auf beide Eltern eingeschlagen zu haben.

Darauf folgte eine lange Phase, in der er sich zu Hause und in der Schule ungezogen zeigte. Im Gegensatz zu seinem Bruder war er der »böse Junge«, er fühlte sich von seinem Vater oft zu Unrecht bestraft. Damals fing er damit an, Tiere zu quälen, zum Beispiel schlug er während einer Ruderbootfahrt Fröschen mit dem Ruder auf den Kopf, warf Salamander in die Toilette und tötete Insekten auf sadistische Weise. Auch seinen geliebten Hund mißhandelte er, wenn er frustriert und wütend war.

Zwei Erinnerungen an die Zeit, als er acht Jahre alt war, waren ihm lebhaft vor Augen. Die eine war, daß er sich außerordentlich schuldig gefühlt hatte, als die Eltern ihm ein Fahrrad gekauft hatten, die andere, daß er enttäuscht vom Tennisplatz gelaufen war, nachdem sein Vater sein Tennisspiel kritisiert hatte. Er schwor sich, niemals wieder Tennis zu spielen, und hielt diesen Schwur ein Jahr lang, trotz der versöhnlichen Bemühungen des Vaters.

Als Herr F. zehn Jahre alt war, begann die Mutter ein Studium; er fürchtete die Abende, an denen sie fort war, weil der Vater ihn dann wegen seines schlechten Betragens züchtigte. Er hatte Selbstmordphantasien, in denen er mit seinem Tod die Eltern strafen wollte. Während dieser Jahre kümmerte der Vater sich um die gesundheitlichen Belange der Familie, den Patienten tadelte er häufig wegen dessen Angst vor Injektionen oder vor der Behandlung geringfügiger Krankheiten.

Als Herr F. die Adoleszenz erreichte, wurde er auf eine Privatschule geschickt, weil die öffentliche Schule in der Nähe den Eltern nicht gut genug erschien. Deshalb fühlte er sich der Möglichkeit beraubt, zu Hause oder in der Schule enge Freundschaften zu schließen; er hatte nur einen einzigen Freund, einen Jungen, der Kinderlähmung gehabt hatte und mit dem er in der Schule auch oft Streit hatte. Während der Teenager-Zeit war er gegenüber Mädchen schüchtern, vor allem, weil er sich seiner Akne schämte. Er hatte das Empfinden, daß der Vater seine Diät mißbilligte und seine Hautpflege und jeden Schritt, den er tat.

Das erste Mal onanierte er mit 20 Jahren während seiner Collegezeit. Er erinnerte sich an einige nächtliche Ejakulationen; während seiner Teenager-Zeit glaubte er, kein Bedürfnis nach Selbstbefriedigung gehabt zu haben. Während der ersten Sitzungen äußerte er keine sexuellen Phantasien.

In der Collegezeit verbesserte sich sein Lebensgefühl. Er war dazu in der Lage, Freundschaften einzugehen und studierte erfolgreich. Während der Sommerferien arbeitete er als Krankenpfleger im Krankenhaus des Vaters. Er hatte in jener Zeit nicht bemerkt, daß der Vater eine außereheliche Affäre hatte, wie die anderen Familienmitglieder hatte er geglaubt, er sei auf Tagungen, wenn er sich mit seiner Geliebten traf. Auch die Unstimmigkeiten zwischen den Eltern hatte er nicht wahrgenommen, obwohl die Mutter über dem Scheitern der Ehe eine Psychoanalyse begann.

Sein Bruder hatte zunächst auch eine medizinische Laufbahn einschlagen wollen, hatte sich jedoch anders entschieden und in Naturwissenschaften promoviert. Der Patient freute sich heimlich darüber, daß er nun der einzige war, der den Wunsch des Vaters erfüllte, daß die Söhne Ärzte werden sollten.

Der Vater wurde als stur, grob und unsympathisch beschrieben, vom Patienten jedoch gefürchtet und bewundert. Er heiratete kurz nach der Scheidung eine andere Frau. Der Vater war gegen die Analyse des Sohnes eingestellt, erklärte sich aber trotzdem bereit, diese zu bezahlen, solange der Patient sein Medizinstudium weiter absolvierte. Die Mutter hatte einen Doktorgrad erworben und war Lehrerin geworden. Offensichtlich hatte sie viel Freude an ihrem neuen Beruf. Der Patient erlebte sie als überfürsorglich, mit einem zu großen Nähebedürfnis ihm gegenüber.

Zu Beginn der Analyse berichtete Herr F., daß es ihm Spaß mache, Tennis und Poker zu spielen und auf die Rennbahn zu gehen. Er verfolgte Pferderennen begierig, und obwohl er sich beim Wetten sehr zurückhielt, war diese Leidenschaft zu einem Streitpunkt zwischen ihm und seinem Vater geworden. Während seiner Collegezeit spielte er Theater und trat als Sänger hervor. Noch immer bedauerte er ein wenig, daß er nicht eine Gesangskarriere eingeschlagen hatte. Seine Beziehungen zu Frauen waren dadurch charakterisiert, daß er sie immer zurückwies, sobald er bemerkte, daß sich eine für ihn interessierte.

Die ersten Jahre der Analyse befaßten sich hauptsächlich mit der Beziehung zu seinem Vater. Seine bewußte Haltung ihm gegenüber war respektvoll und bewundernd. Er war abhängig von des Vaters Rat, selbst noch von seiner Hilfe beim Kleiderkauf. Er hatte sogar vor, eine kleine Zyste, die ihn seit einiger

Zeit plagte, von seinem Vater entfernen zu lassen. Die analytische Arbeit führte ihm jedoch nach und nach seinen großen Ärger auf seinen oft unsensiblen, spöttischen, ungeduldigen und sarkastischen Vater vor Augen. Solchen Ärger über den Vater zu empfinden, brachte den Patienten aus der Fassung. Er erlebte die entstehenden Ängste zu diesem Zeitpunkt nicht als Schuldgefühle oder Furcht, sondern als Sorge, die Beziehung zum Vater werde sich verschlechtern. Es war deutlich, daß er fürchtete, sein Ärger würde die Beziehung endgültig beenden. Seiner Vorstellung nach konnten Menschen, die Konflikte miteinander hatten, unmöglich wieder einander zugewandt sein.

Er beschloß, die Operation zu verschieben – sie wurde später von einem anderen Arzt durchgeführt. Zunehmend wurde er unabhängiger von seinem Vater; aber erst nachdem er Assistenzarzt geworden war, übernahm er die Analysekosten selbst. Deutlich empfand er die väterliche Mißbilligung über seine geringen Studienleistungen und er erkannte, daß sein Versagen zum Teil der unbewußte Ausdruck gegen den Vater gerichteter Feindseligkeit war. Später wurde ihm klar, daß es auch eine Selbstbestrafung für ödipale Wünsche war, die durch die Trennung der Eltern neu belebt wurden. Er fürchtete die väterliche Mißbilligung seines Pokerspiels und seines Interesses für Pferderennen und glaubte, der Vater würde auch ärgerlich sein, wenn der Patient mit Frauen ausging, statt für sein Studium zu lernen.

Der Gedanke, daß ein Versagen beim Medizinstudium den Vater enttäuschen und daher als Rache gegen ihn eingesetzt werden könnte, war eines der wichtigen Übertragungselemente. Anders als bei anderen Borderline-Patienten, deren Übertragungsreaktionen stürmisch, impulsiv und in ihrer Intensität dramatisch sind, waren die Übertragungsgefühle dieses Patienten versteckt und still. Er verhielt sich, als sei er dem Analytiker und der Behandlung gegenüber ablehnend und mißtrauisch, obwohl er solche Gefühle leugnete. Er sagte gleich zu Anfang, als der Analytiker versuchte, die Übertragungsgefühle des Patienten zu verstehen, daß er nicht beabsichtigte, *irgendwelche* Gefühle gegenüber dem Analytiker zu hegen. Als die Behandlung fortschritt, erlebte er es als demütigend, daß er diese Haltung nicht durchhalten konnte, und er sich eingestehen mußte, gegenüber dem Analytiker doch starke Gefühle zu entwickeln. Er behandelte seine Mutter, als sei jeder Kontakt mit ihr verboten, und war beunruhigt, wenn er sie sah oder sprach. Ständig hatte er das Gefühl, sie wolle ihm »zu nah« sein. Über lange Jahre der Behandlung hinweg war er überzeugt davon, seine Mutter wolle ihn verführen. Auch wenn dies nicht als Wahnvorstellung einzustufen ist, war es doch eine sehr intensive Überzeugung, der er jedoch rationale Erklärungen ihres Verhaltens entgegensetzen konnte. Einmal sollte er sie abholen und mit ihr zu einem Familientreffen fahren. Sie schlug vor, daß er gleich nach seinem Tennisspiel in ihre Wohnung kommen und sich dort umziehen solle, um sich die Fahrt in die eigene Wohnung zu sparen. Ein andermal lud sie ihn am Abend, bevor die Semesterferien begannen, zum Abendessen ein, als sie wußte, daß er länger bleiben könne als gewöhnlich. Er war über ihre Motive bei beiden Gelegenheiten argwöhnisch.

Seine Beziehungen zu Frauen folgten immer demselben Muster. Er suchte sich eine Frau aus und fühlte sich zu ihr hingezogen. Sobald sie Interesse an ihm zeigte, setzte seine Furcht ein, sie könne versuchen, ihn »niederzuzwingen« oder seine Freiheit einzuschränken. Er konnte sich nicht vorstellen, daß eine Frau ihn aus Liebe mögen könne und heiraten wolle. Eine Frau ermutigte ihn dazu, während ihrer »sicheren Tage« kein Kondom zu benutzen, als er sein Mißbehagen gegenüber dieser Verhütungsmethode geäußert hatte. Er war dann sofort der Überzeugung, daß sie versuchte, absichtlich schwanger zu werden, damit er sie heiraten müsse, und er glaubte nicht, daß der Wunsch ihn zu heiraten, etwas mit Liebe zu tun haben könne. Alle Frauen hatte er im Verdacht, sie wollten ihm eine Falle stellen. Einmal sagte er, er fürchte, »daß eine Frau mich in sich hineinsaugen würde, als wäre sie ein Staubsauger.« Aufgrund dieser Ängste, die denen gegenüber seiner Mutter glichen, wies er Frauen ab und mied sie schließlich.

Obwohl seine berufliche Laufbahn sich zufriedenstellend entwickelte, hatte er wenig Freunde; allgemein hielt er sich von Menschen fern. Er hatte Angst davor, in einer Gruppe das Wort zu ergreifen, weil einen Fehler zu machen eine fürchterliche Demütigung bedeutet hätte, vor allem dann, wenn er zuvor den Eindruck erweckt hatte, er wisse die richtige Antwort. Starke Konkurrenzsituationen mit seinem Vater wurden nun erinnert und berichtet. Sein Vater hatte die Angewohnheit, Herrn F.

abzufragen, als dieser ein Kind war, und setzte diese Prüfungen auch noch während des ersten Studienjahrs fort. Sie diskutierten beispielsweise über Anatomie, nur um zu sehen, wer recht habe.

Gegenüber Arbeitskollegen entwickelte der Patient extreme rivalisierende Impulse; dieser Konkurrenzkampf nahm ihn völlig in Anspruch. Dabei verfolgte ihn die Vorstellung, ein Kollege oder ein ihn behandelnder Arzt könne ihn bei einem Fehler ertappen und dadurch demütigen. Seine Impulse, selbst überlegen zu sein und andere Männer zu verhöhnen, waren ihm gänzlich unbewußt. Er erzählte, daß er es nicht ertragen könne, beim Autofahren überholt zu werden. Er stellte sich vor, der andere Mann würde ihn auslachen; er beschleunigte dann sein Auto, manchmal ohne alle Rücksicht auf die Verkehrssituation. Über einige Jahre der Behandlung hinweg erwähnte er seinen Bruder nicht und behauptete, wenn er darauf angesprochen wurde, der Bruder spiele keine wichtige Rolle in seinem Leben.

Im Fortschreiten der Analyse wurden Übertragungsthemen wichtiger und trugen dazu bei, daß die beschriebenen Konflikte deutlicher hervortraten. Wenn der Patient dem Analytiker gegenüber Emotionen verspürte, empfand er das als Demütigung und als»klein beigeben«. Er glaubte, der Analytiker empfinde Genugtuung darüber, seinen Widerstand gebrochen zu haben, weil der Patient seinen Vorsatz, überhaupt keine Gefühle zu haben, nicht durchhalten konnte. In diesem Sinne war er der Überzeugung, der Analytiker genieße es, mächtiger zu sein als er und ziehe sadistisches Vergnügen aus seiner Demütigung. Obwohl die Ähnlichkeit dieser Gefühle zu seiner Haltung dem Vater gegenüber offensichtlich war, waren die eigenen sadistischen Impulse dem Patienten völlig unbewußt. Er bildete sich ein, der Analytiker würde hämisch triumphieren, wenn er das, was der Patient gesagt hatte, deutete oder ergänzend kommentierte.

Zwar setzte er die Analyse fort und versäumte keine Sitzung, kam dabei aber immer mehr zu der Überzeugung, daß der Analytiker bei ihm schließlich das Gefühl hervorrufen würde, er sei abhängig wie ein Kleinkind. Auch fühlte er sich »klein« und »dumm« gemacht. Er wurde wütend, wenn der Analytiker eine, wie er es nannte, »herrische« Bemerkung machte, war äußerst mißtrauisch über die Behandlungsmotive des Analytikers und argwöhnte, der Analytiker wolle etwas von ihm bekommen oder ihm etwas antun, wenn er auch nicht wußte, was das war.

In diesem Zusammenhang erzählte er, daß er eine obligate Masturbationsphantasie habe. Bis dahin hatte er nicht viel über Sexualität gesprochen, außer, daß er sie als befriedigend empfand, wenn er auch über seine Wirkung auf Frauen unsicher war. Nun berichtete er, daß er, um beim Masturbieren oder beim Geschlechtsverkehr zum Orgasmus zu kommen, eine bestimmte repetitive Phantasie brauche. Eine ältere Frau hat ihn dabei geschickt dazu verführt, bei ihr zu sein, und er gestattet sich selbst, sich wie ein Baby zu verhalten, läßt sich von ihr halten, liebkosen und masturbieren. Die Frau jedoch sagt, sie würde ihm nur dann einen Orgasmus verschaffen, wenn er sich in ein kleines Mädchen verwandeln würde. Er stimmt zu und kommt dann zum Höhepunkt. Als kleines Mädchen trägt er ein Kleid, eine genitale Veränderung ist ihm nicht bewußt. Eine wichtige Rolle bei seiner Phantasie spielt die Tatsache, daß die Frau die ganze Verführung geplant hat, und daß sie es ist, die aus ihm ein kleines Mädchen machen will.

Herr F. empfand tiefe Scham über diese Phantasie. Er hatte keine Vorstellung davon, woher sie rührte oder was sie bedeuten könne, außer daß er sie für äußerst pervers hielt. Er erinnerte sich jetzt an bis dahin verdrängte Geschehnisse aus seiner Kindheit. Als kleiner Junge hatte er sich vorgestellt, die Wohnungsnachbarin würde ihn dazu verleiten oder zwingen, in ihre Wohnung zu kommen, um dort sexuelle Dinge mit ihm zu tun, besonders seine Genitalien manipulieren. Auch phantasierte er, Frauen würden ihn niederdrücken und sexuelle Spiele mit ihm treiben. Ein Traum aus seiner Kindheit, aus der Zeit, als er die Injektionen bekam, wurde erinnert. Eine Frau drückte sein Gesicht herunter auf eine eiserne Platte und rieb ihm Rasiercreme in den After.

Ein anderer Traum, den er mit ungefähr zehn Jahren gehabt und den er bereits erzählt hatte, wurde verständlicher. Er befindet sich in einer Art verschließbarer Kabine mit gefließtem Fußboden. Eine Ärztin hat ihn gerade kastriert, und er blickt nach unten und sieht die genähte Wunde. Er hat Durchfall. Weitere Assoziationen zu dem Traum führten zur Erinnerung, daß seine Mutter ihm einen Einlauf gemacht hatte, während er über ihrem Schoß lag und auf die Badezimmerfliesen starrte.

Als in der Analyse seine Ängste behandelt wurden, kastriert, verstümmelt und in ein Mädchen verwandelt zu werden, erinnerte er, daß er mit ungefähr 13 Jahren die Kleider seiner Mutter anprobiert habe. Er war nackt durch das Haus gelaufen, wenn er allein war, genoß das Gefühl der Luft auf seiner Haut, und zog dann die Unterwäsche und das Kleid der Mutter an. Er hatte sich im Spiegel betrachtet, wußte aber nicht mehr, was er dabei gedacht hatte. Diese Episoden waren nicht mit sexueller Erregung verbunden, und er hatte dabei nicht masturbiert.

Der Patient hatte eindeutig so großes Vertrauen zum Analytiker gefaßt, daß er ihm erzählen konnte, worüber er sich immer besonders geschämt hatte. Einhergehend mit diesem Vertrauen trat erneuter Argwohn über die Intentionen des Analytikers auf. Bis zu diesem Zeitpunkt hatte der Patient so gut wie keine Reaktion gezeigt, wenn die Behandlung durch Urlaub unterbrochen wurde oder der Analytiker eine Sitzung absagte. Nach einem Sommerurlaub kam der Patient jetzt 45 Minuten zu spät zur Sitzung, während der verbleibenden 5 Minuten sagte er, daß er den Analytiker nach der letzten Sitzung vermißt habe. Die nächste Sitzung wurde vom Leugnen des Patienten bestimmt, daß seine Gefühle bedeutsam seien, und von seiner Angst, der Analytiker habe sadistisches Vergnügen daran, den Willen des Patienten gebrochen zu haben. Während dieses Sommers hatte er einen Traum, in dem er nackt auf der Couch liegt und der Analytiker ihn masturbiert. Er hatte im Traum gedacht: »Darum also behandelt er mich.«

Der Traum bezog sich auch auf eine laufende Beziehung zu einer älteren Frau, die dazu bereit war, ihn zu streicheln und zu masturbieren, ohne Geschlechtsverkehr zu haben. Er lebte seine Phantasie also aus. Es war jedoch bedeutsam für ihn, und nicht völlig zufriedenstellend, daß sie dies, egal wieviel er auch redete, nicht aus irgendeinem versteckten Motiv heraus tat, sondern nur, weil sie gut zu ihm sein wollte. Er war schockiert über seinen Traum, weil er ihm die Frage aufnötigte, ob sein Mißtrauen, der Analytiker könne ihm etwas antun wollen, etwas mit seiner eigenen Phantasie zu tun habe. Vorher hatte er alle Überlegungen zu homosexuellen Gefühlen abgewehrt und wurde tatsächlich besonders argwöhnisch, wenn ein Freund ihm den Arm um die Schulter legte.

Im vierten und fünften Jahr der Analyse intensivierten sich

seine Projektionsabwehr, seine Affektisolierung und seine Angst, gedemütigt zu werden. Er ängstigte sich zunehmend vor seinen eigenen Aggressionen, empfand sich selbst aber nicht aggressiv, außer beim Betrachten sadistischer Filme, was ihm großes Vergnügen bereitete. Er hatte dauernd das Gefühl, das Opfer anderer zu sein.

Seine Übertragungsgefühle wurden sehr intensiv. Er war davon überzeugt, der Analytiker habe versteckte Motive, ihn zu verleiten und zu demütigen und wolle ihn dazu zwingen, klein beizugeben, seine kindlichen Bedürfnisse einzugestehen und zuzugeben, daß der Analytiker recht und er selbst unrecht habe. Dann hätte der Analytiker ihn besiegt und würde ihn schwach, klein und dumm machen. Obwohl er sich der Verbindung dieser Ängste zu seinen Masturbationsphantasien bewußt war, wollte er sich nicht eingestehen, daß der Analytiker wichtig für ihn war oder daß hier *seine* Wünsche und Bedürfnisse zum Ausdruck kamen.

Außerdem wollte er seinerseits den Analytiker besiegen und diesen sich klein und dumm fühlen lassen. Er begann Befriedigung daraus zu ziehen, wenn der Analytiker etwas nicht verstand oder nach Worten suchte, und wollte den Analytiker lächerlich machen, obwohl er dies auch wieder fürchtete. Seine Beziehungen im Krankenhaus schienen nun kurz vor dem Zusammenbruch zu stehen. Er phantasierte sich als jedermanns Feind und fürchtete, beleidigend zu werden. Er bezichtigte die behandelnden Ärzte des Sadismus und glaubte, sie wollten ihn demütigen, obwohl er sich inzwischen darüber bewußt war, daß er sich selbst mit Sadisten in gewalttätigen Filmen identifizierte.

Schließlich entwickelte er den Gedanken, daß, wenn es ihm besser gehe und er Fortschritte mache, dies ein Sieg für den Analytiker sei. Er war sich unsicher, ob er das wollen könne. Alle Deutungen wurden abgelehnt und verlacht und es trat ein lang andauerndes Patt ein. Er wollte nicht wahr haben, daß es ihm wichtiger war, den Analytiker klein und dumm zu machen, als sich selbst zu ändern und Fortschritte in der Therapie zu erreichen.

Endlich, nach mehreren Monaten, fragte der Analytiker ihn, ob er es für richtig halte, die Behandlung abzubrechen oder um eine Konsultation zu bitten. Seine erste Reaktion war die des Siegers:»Ich habe nie geglaubt, Sie das einmal sagen zu hören.« Danach begann er zu weinen und bat den Analytiker darum, die Behandlung fortzusetzen. Er bestätigte, daß sein Wunsch, den Analytiker zu demütigen, stärker sei, als sein Wunsch nach Veränderung, aber er fürchtete, seinen einzigen Freund zu verlieren, wenn die Behandlung abgebrochen würde. Er empfand daraufhin weder die furchtbare Demütigung, die er erwartet hatte, noch verdächtigte er den Analytiker aufs Neue, ihn durch die Behandlung besiegen zu wollen.

Es kam daraufhin allerdings zu keiner dramatischen Veränderung bei der analytischen Arbeit, jedoch zu einer graduellen und bedeutenden. Er begann seine leidvolle Sehnsucht, geliebt und umsorgt zu werden, einzugestehen. Zum ersten Mal verspürte er das Bedürfnis, von einer Frau gehätschelt, gestreichelt und geliebt zu werden, ohne daß er es in sie projizieren müsse. Ödipale Wünsche und Erinnerungen kamen zum Ausdruck und mit ihnen intensive Angstgefühle, von anderen Männern angegriffen zu werden. Die Kastrationsangst wurde als Strafe für sein Masturbieren erlebt.

An diesem Punkt führten eine Reihe von Träumen und Assoziationen dazu, daß der Analytiker die Depression der Mutter nach dem Tod der gerade geborenen Schwester rekonstruieren konnte. Ein wichtiges Motiv seiner erotischen Phantasie, daß eine Frau wolle, er solle sich in ein Mädchen verwandeln, war aus seinem Wunsch entstanden, das kleine Mädchen zu sein, das die Mutter verloren hatte und betrauerte. Wenn er ein Mädchen wäre, würde er ihre Depression und ihren relativen Liebesentzug ihm gegenüber ungeschehen machen.

Daraufhin erinnerte er viele Gefühle des Liebesverlustes und des Getrenntseins von seiner Mutter. Er hatte einige Träume, in denen er sich in einer ihre Gebärmutter darstellenden Höhle befand. Ein Mädchen zu sein bedeutete auch, die Trennung von der Mutter ungeschehen zu machen. Die Phantasie, von Frauen eingeschränkt zu werden, diente demselben Zweck und war auch eine Projektion seines eigenen Besitzstrebens und Kontrollbedürfnisses Frauen gegenüber.

Eine Reihe von Veränderungen trat ein. Die Angst seiner Mutter gegenüber ließ nach, und er war besser dazu in der Lage, mit ihr zusammen zu sein. Er hatte Beziehungen zu zwei Frauen, die intensiver waren. Gelegentlich war es ihm möglich, Geschlechtsverkehr zu haben, ohne seine stereotype Phantasie zu Hilfe zu nehmen. Die analytische Arbeit ging besser voran.

Trotz der Intensität seiner Gefühle war er nun in der Lage, den »als-ob«-Charakter der Übertragung zu erkennen. Der beobachtende Anteil seines Ich war vorherrschend, als er sich über seine intensiven kindlichen Bedürfnisse und Sehnsüchte und seine dagegen gerichteten Abwehrmechanismen bewußt wurde.

Als Erinnerungen an ödipale Phantasien und Kastrationsängste mehr in den Vordergrund traten, empfand er zunehmende Lust daran, als Arzt chirurgische Operationen durchzuführen. Er erkannte, daß ein Mädchen zu sein auch bedeutete, keine Kastrationsangst erleben zu müssen. Und auch, daß wenn er ein Mädchen wäre, seine aggressiven Impulse gegenüber der Mutter diese nicht schädigen könnten. Wenn er ein Mädchen wäre, hätte er keinen zerstörerischen Phallus.

Er hatte die Phantasie, sein Vater wäre gestorben und dessen zweite Frau würde ihn zum Abendessen einladen und verführen. Rivalitätsphantasien wurden nun von Schuldgefühlen und Angst vor Vergeltungsmaßnahmen begleitet. Er erkannte, daß er einen unbewußten Lustgewinn aus dem Weggang des Vaters und dem Alleinsein mit der Mutter gezogen hatte – die eigentliche Ursache seiner Depressionen und seines Versagens, aufgrund derer er die Behandlung begonnen hatte. Der Vater, das Monster seiner kindlichen Alpträume, wurde als derjenige phantasiert, der die neugeborene Schwester umgebracht hatte, obwohl ihm damals berichtet worden war, daß der Vater alles Menschenmögliche unternommen hatte, um sie zu retten. Er projizierte also seinen eigenen Wunsch, die Schwester zu töten, auf den Vater, stellte diesen aber auch gleichzeitig als den zu fürchtenden mörderischen Kastrator dar.

Schließlich begann er über seinen Bruder zu sprechen. Intensive Rivalitäts- und Neidgefühle tauchten auf und daraus folgend das Bild des Bruders als der bevorzugte Sohn. Der Patient erlebte Wut und Enttäuschung gegenüber seinen Eltern, besonders gegenüber seiner Mutter. Er träumte, er sei in einem verschlossenen Raum gefangen – dem Mittelpunkt der Erde – und hatte einen Alptraum von einem schwebenden Penis in einem mit Flüssigkeit gefüllten geschlossenen Raum. Seine Assoziation zu letzterem war eine Erinnerung an seine Mutter, die ihm ein Buch vorgelesen hatte über den im Mutterleib im Fruchtwasser schwebenden Fötus. Dieses Erlebnis hatte offenkundig während der Schwangerschaft der Mutter stattgefunden. Eine

Identifikationsphantasie mit der toten Schwester wurde sichtbar, diese schien aus Schuldgefühlen und Todeswünschen gegenüber der kleinen Schwester herzurühren und spielte eine Rolle bei seiner Angst, hereingelegt und kastriert zu werden.

Während des achten Analysejahres lernte er eine Frau kennen; ihr fühlte er sich ohne Fluchtimpulse verbunden. Dies traf mit seiner zunehmenden Fähigkeit zusammen, seine Mutter realistischer zu sehen. Die Eröffnung einer eigenen Praxis verzögerte er aus Schuldgefühlen heraus, die das Erreichen seines lebenslangen Zieles auslöste. Auch fürchtete er, andere Ärzte würden ihm seinen Erfolg verübeln. Er schützte sich selbst gegen seine Impulse, sich durchsetzen zu wollen, mit der Erklärung, er sei noch zu jung und noch nicht reif genug zum Heiraten und dazu, eine Praxis zu eröffnen.

Als die Beendigung der Analyse als realistische Möglichkeit in Aussicht kam, klammerte er sich stärker an den Analytiker und konnte sich nur schwer vorstellen, ihn zu verlassen. In dieser Phase wurde deutlicher, daß die Depression seiner Mutter und ihre Unfähigkeit, seine Bedürfnisse und Frustrationen während seines Heranwachsens zu verstehen, ihn tief geprägt hatten. Auch sein Vater hatte sein Unglück und seine Probleme ignoriert. Herr F. konnte jetzt die Wut, die er empfunden hatte und die Abwehrmechanismen, die er entwickelt hatte, um mit den durch sie hervorgerufenen Gedanken und Gefühlen umgehen zu können, besser erkennen.

Er heiratete die Frau, mit der er in jüngster Zeit zusammengelebt hatte, und war dazu in der Lage, sich eine berufliche Position in einer anderen Stadt zu begründen. Fast bis zum Ende der Behandlung hoffte er, der Analytiker würde ihm wirklich ein Vater werden – ihn lieben und sich um ihn sorgen, nicht nur als Analytiker. Dies würde ihn dessen versichern, daß seine Heirat, die Praxiseröffnung und die Beendigung der Analyse ihre analytische Beziehung nicht zerstören würde.

Die lange Analyse hatte Herrn F. erheblich verändert. Abwehrmechanismen wie Projektion, Verleugnung, Reaktionsbildung und Gefühlsisolierung waren nun weniger nötig oder wurden vom Ich auf gesündere Weise eingesetzt. Er hatte nicht nur ein Verständnis über sich selbst entwickelt, sondern war auch dazu in der Lage, sich anderen Menschen, männlichen wie weiblichen, näher zu fühlen. Das Gefühl, er habe nie jemanden geliebt, außer seinem Hund, verschwand, als er seine eigenen Haß- und Wutgefühle realisierte. Er war nicht länger depressiv, und seine sexuelle Phantasie war, wenn er sie auch gelegentlich noch hegte, nicht mehr Voraussetzung für einen Orgasmus.

Er wurde toleranter und konnte seine Sehnsüchte, Bedürfnisse und sexuellen Phantasien besser akzeptieren. Demütigungs- und Hilflosigkeitsgefühle hatten sich vermindert, und er ging angemessener mit seinen rivalisierenden Impulsen um. Das Wichtigste war vielleicht, daß seine Einschätzung anderer Menschen realistischer und weniger gefärbt war von seinen Projektionen, Ängsten und Mißdeutungen. Er hatte das Empfinden, daß seine Kindheit und Adoleszenz, die er als so unglücklich und leidvoll gesehen hatte, auch ihre guten Zeiten gehabt hatten. Außerdem war er jetzt dazu in der Lage, die Probleme seiner Eltern verständnisvoller zu betrachten.

Zusammenfassung

Herr F. wurde aufgrund der das Ich durchdringenden Psychopathologie, die sich auf fast jede seiner Funktionsebenen erstreckte, als Borderline-Patient eingestuft. Seine Pathologie war relativ stabil, ohne schwere psychotische Einbrüche. Seine Fähigkeit zur Realitätsprüfung war vermindert, besonders auf dem Gebiet der Objektbeziehungen, er erlebte Frauen als Wesen, die ihm Fallen stellen und ihn einschränken wollten. Über Jahre hinweg glaubte er, seine Mutter könne ihn tatsächlich verführen wollen. Seine Objektbeziehungen wurden von Argwohn und Mißtrauen gekennzeichnet. Er hatte nur wenige Freunde und das permanente Empfinden, Männer würden ihn demütigen und verhöhnen. In seiner Geschichte fanden sich chronische Depression, Isolation und eine Sexualität, bei der zur Erreichung des Orgasmus eine obligate Phantasie eingesetzt werden mußte.

Obwohl es keinen Durchbruch von»psychotischen Fragmenten« oder von Primärprozeßdenken gab, stellte sein beständiges Mißtrauen über die Intention seiner Mutter eine schwere Störung dar. Daneben äußerte er auch viele quasiparanoide Gefühle. Im Gegensatz zu anderen Borderline-Patienten, deren Übertragungsreaktionen als intensiv, impulsiv, stark klammernd oder offen feindselig charakterisiert werden, war die Übertragung dieses Patienten gekennzeichnet von und verborgen hinter einer rigiden, gefühllosen Fassade. Die Abwehrfunktion dieses Verhaltens wurde im Lauf der Behandlung deutlich.

Narzißtische Manifestationen traten offenkundig in den langanhaltenden Phasen des Alleinseins und des Rückzugs auf, auch die Abwehrfunktion dieses für ihn kennzeichnenden Verhaltens konnte erkannt werden. Seine Affekte waren überkontrolliert und erweckten den Eindruck einer rigiden Persönlichkeit. Es bestand eine deutliche Unfähigkeit, den »als-ob« -Charakter der Übertragung zu akzeptieren. Er versuchte, Gegenübertragungsgefühle wie Hilflosigkeit, Erfolglosigkeit und Demütigung, unter denen er als Kind gelitten hatte, beim Analytiker hervorzurufen.

Alle diese Merkmale dauerten über eine lange Behandlungsdauer hinweg an, trotzdem traten nach ausgedehnter analytischer Arbeit beträchtliche Veränderungen ein, und zwar in dem Ausmaß, daß die Bezeichnung Borderline für ihn nicht länger zuzutreffen schien, wenn man sein jetziges Verhalten mit dem verglich, das vor der Analyse sein Leben bestimmt hatte.

Fallbeispiel III

Frau K. war eine 24jährige, ledige protestantische Verlagsassistentin, die zwei Jahre, nachdem sie ihr Examen an einer geisteswissenschaftlichen Fakultät in einer kleinen Stadt des Mittelwestens gemacht hatte, in die Analyse kam. Zu Beginn der Behandlung klagte sie hauptsächlich über Depressionen mit ausgeprägtem Selbstekel (»Ich fühle mich wie ein Stück Scheiße.«), Fettleibigkeit und Phasen der Bulimie, schwere, alles beherrschende Ängste vor Krebs und Tod, Vaginismus und Frigidität und über multiple Phobien. Ihre Objektbeziehungen waren beidgeschlechtlich sadomasochistisch orientiert, wobei sie für gewöhnlich den passiven, abhängigen Part übernahm. Sie hatte so gut wie keine heterosexuellen Erfahrungen, ihre sexuellen Phantasien waren hauptsächlich homosexueller Natur.

Die Patientin war als ältere zweier Töchter in einer kleinen

Stadt im Mittelwesten während des Zweiten Weltkriegs geboren. Hier lebten die Großeltern mütterlicherseits, bei denen sie und die Mutter bis in ihr zweites Lebensjahr wohnten, während der Vater im Krieg war. Diese Zeit erinnerte sie als eine besonders glückliche, sie war von den Großeltern angebetet worden, sie hielt sie lang für ihre eigentlichen Eltern. Sie war bei ihnen die »Königin«. Ihr Vater kehrte zurück, als sie vierzehn Monate alt war, zog mit seiner Familie in eine nahegelegene Stadt, und die jüngere Schwester wurde geboren, als die Patientin 28 Monate alt war. Zu diesem Zeitpunkt wandte sie sich vollständig ihrem Vater zu, der von nun an ihr Leben dominierte.

Ihre Mutter, die während des ersten Jahres bei den Großeltern berufstätig gewesen war, verhielt sich im Haus ihrer Eltern ausgesprochen kindlich, später behielt sie dieses abhängige Verhalten auch ihrem Ehemann gegenüber bei. Sie fügte sich seinen erdrückenden Forderungen, von Frau K. wurde sie dabei als infantil, narzißtisch, selbstgefällig und kalt erlebt. Ihre Stimmungen bestimmten, auf sehr subtile Weise, sowohl das Leben der beiden Kinder als auch das des Ehemanns.

Der Vater seinerseits war ein übermächtiger Tyrann. Ein ans Psychotische grenzender, antisemitischer Kleinstadtapotheker, der beide Töchter mit seinen Wutanfällen und der ewigen Predigt, sie würden Schaden nehmen, wenn sie mit gekreuzten Beinen säßen, sich die Beine rasierten, bestimmte Nahrungsmittel äßen und weiteren unzähligen irrationalen Vorhaltungen terrorisierte. Außerdem war er sexuell distanzlos gegenüber seinen Töchtern, er lag nackt mit ihnen im Bett, als sie im Teenageralter waren, prüfte die Entwicklung ihrer Brüste und die Patientin wog er fast täglich nackt, um zu prüfen, ob sie nicht zuviel gegessen hatte. Zum Bade- und den Schlafzimmern der Töchter forderte er jederzeit freien Zugang bis in ihre Studienzeit.

Vor der Geburt der Patientin war die Mutter ungewollt schwanger gewesen, die Schwangerschaft war im Einvernehmen mit den Eltern aus »ökonomischen Gründen« illegal abgebrochen worden. Die Patientin hat hiervon seit ihrer frühen Kindheit gewußt.

Die jüngere Schwester wurde als Ebenbild der Mutter beschrieben: schlank, schön, kalt, selbstgefällig und abweisend. Tatsächlich hatte die Patientin sie jedoch aktiv gequält, sie hatte lesbische Spiele mit ihr gespielt und sie dann wieder harsch zurückgewiesen. In den Masturbationsphantasien der Patientin gab es ein kleines, dunkelhaariges Mädchen, das wie ihre Schwester »scharf« aussah.

Mit dreieinhalb Jahren hatte Frau K. eine Bruchoperation, die in der Analyse eine wichtige Rolle spielte. Sie erinnerte sich daran, nach den Ärzten im Vorbereitungsraum und im Operationssaal getreten zu haben. Ihr war erzählt worden, ihr Vater habe aus dem Operationsraum gewiesen werden müssen, in den er sich aus übergroßer Besorgnis hineingedrängt hatte. Später fühlte sie sich von ihm »mißbraucht«, als er ihr eigenhändig die Fäden zog.

Als sie vier Jahre alt war, zog die Familie, die zwischenzeitlich wieder bei den Großeltern gelebt hatte, zum zweiten Mal um in eine nahegelegene Stadt. Aller Wahrscheinlichkeit nach war die Mutter in dieser Zeit aufgrund der Trennung von den Eltern depressiv.

Das zweite Schuljahr war für Frau K. eine problematische Zeit. Ihre Schwester kam ebenfalls in die Schule und wurde nun zur Rivalin. Die Patientin reagierte damit, daß sie das Daumenlutschen aufgab und dafür begann, sich mit Essen vollzustopfen. Zu dieser Zeit wurde ihr Übergewicht zu einem Zentralthema ihres Lebens und blieb es auch bis zum Analysebeginn. Ihre Eltern reagierten auf ihr Übessen mit Strafdrohungen, bewachten jeden ihrer Bissen und wogen sie täglich. Gewichtszunahmen während der Latenzphase und Adoleszenz quittierten sie mit Schlägen, Beschimpfungen, Entzug von Süßigkeiten und Kartoffeln und der Androhung physischer Krankheit, schließlich auch mit der Vorhaltung, daß sie als alte Jungfer enden werde.

Schlankheit wurde gleichgesetzt mit Glück. Die Patientin war sich jedoch darüber klar, daß sie hinter dem Thema Übergewicht alle ihre Schuldgefühle, besonders diejenigen über die lesbischen und sadistischen Spiele mit ihrer Schwester verbarg.

Sie wurde eine hervorragende Schülerin, die Schule bot ihr eine willkommene Ablenkung von den häuslichen Ängsten. Sie verliebte sich in einige ihrer Lehrerinnen, die positiv auf ihre Gefühle reagierten. Gleichzeitig war sie angefüllt mit heterosexuellen Phantasien um Lehrer und andere Männer. Eine spezifische Phantasie, daß ein Einbrecher in die Schule eindringt, sie aus allen Mädchen auswählt und dann mit ihr niedersinkt, kam in der Analyse zur Sprache; wir werden sie noch diskutieren. Viele ihrer Phantasien während der Latenzphase reflektierten ihre zahlreichen Ängste. Sie drückten Tunnel- und Brückenphobien aus, Angst, erschossen zu werden, Angst vor Bomben, Angst vor Krankheit und wiederholte Todesängste, sie selbst und die Eltern betreffend. Starke Angstgefühle vor einem Verlust der Mutter traten nach dem Tod der Lieblingslehrerin in der 4. Klasse auf. Sie erinnerte, Gott gebeten zu haben, die Mutter am Leben zu erhalten, damit sie nicht mit dem Vater allein zurückbleibe. Aus dieser Zeit hatte sie eine Deckerinnerung, daß der Vater die Mutter nachts würgt und dann ins Badezimmer trägt.

Während der Latenzphase und in der Adoleszenz war sie neidisch auf die Erfolge der Schwester, die als schlanker und hübscher galt und mit ihren Launen die Eltern manipulieren konnte. Die Schwester war von den Mädchen und Jungen der Schule anerkannt, eine gute Tänzerin und Sportlerin.

Als die Patientin in die Oberstufe kam, hatte sie ihr erstes Rendezvous. Ihre Eltern lehnten den jungen Mann ab, mit dem sie die einzigen sexuellen Erfahrungen vor ihrer Collegezeit machte. Er machte Petting bei ihr, was ihr einen schnellen Orgasmus verschaffte. Sie war dabei nur mit ihrer eigenen sexuellen Erregung beschäftigt, hatte Angst davor, entjungfert zu werden, dem jungen Mann gegenüber hatte sie dabei geringe oder gar keine Gefühle. Ihre einzige wahre »Liebe« während dieser Jahre war die zu einer Lehrerin. Sie dachte unaufhörlich an sie, bewunderte jede ihrer Äußerungen, oft fuhr sie an ihrem Haus vorbei, in der Hoffnung, sie zu sehen. Ihre glühenden Berichte über diese Lehrerin machten ihre Eltern so eifersüchtig, daß sie ihr den weiteren Kontakt verbieten wollten.

Als sie das Elternhaus verließ, um aufs College zu gehen, stellten sich Anzeichen schwerer Störungen ein. Obwohl sie bei den Kommilitonen beliebt war, wurde sie depressiv und nahm vierzig Pfund zu. Für ihr ganzes Unglück machte sie den Ablauf des Universitätsalltags verantwortlich. Im nächsten Jahr wechselte sie zu einem kleineren College in der Nähe der Heimatstadt. Dort setzte sie ihr Studium erfolgreich fort, und dabei verliebte sie sich zum ersten Mal in einen männlichen Lehrer. Als er sich ihr allerdings sexuell näherte, wies sie ihn ab und ermutigte ihn, sich einer ihrer Freundinnen zuzuwenden. Als er dies auch tat, wurde sie depressiv, nahm aber vierzig Pfund ab, um »für ihn schön zu werden.« Er reagierte aber nicht mehr auf sie und sie floh von ihm zu zwei jungen Frauen, von denen die eine außerordentlich freundlich, warm und liebevoll und die andere launisch, hart und äußerst herzlos mit der Patientin umgingen.

Während dieser Zeit begann sie eine Psychotherapie bei einer weiblichen Therapeutin. Diese wurde als freundlich und liebevoll erlebt. Die Patientin weinte während vieler Sitzungen und empfand Erleichterung darüber, daß sie das erste Mal jemandem über ihr Unglück berichten konnte. Als die Therapeutin fortzog, war sie so besorgt über Frau K.s Depression und mögliche Suizidneigung, daß sie sie an einen Psychiater in einer nahegelegenen Stadt empfahl. Diesen suchte die Patientin ein Jahr lang im Rahmen einer einmal wöchentlich stattfindenden Psychotherapie auf. Der Arzt erinnerte sie so stark an den Vater, daß sie nur weinen und sich dabei selbst herabsetzen konnte. Die Wutgefühle ihm gegenüber verleugnete sie. Nach ihrem Examen kam sie nach New York, um hier eine Stelle zu suchen und begann auf Anraten ihres Psychiaters eine Psychoanalyse.

Analyseverlauf

Die Patientin war eine hochgewachsene, aschblonde, attraktive, leicht übergewichtige junge Frau, die sich sportlich kleidete und während der ersten Gespräche viel lächelte und sich gefällig verhielt. Sie sprach flüssig und affektbetont, zum Analytiker stellte sie gleich eine gute Verbindung her. Als sie sich auf die Couch legte, empfand sie den Druck, sich völlig offenbaren zu müssen ohne eine Rückzugsmöglichkeit. Blähungen und Toilettenszenen tauchten häufig in ihren Gedanken auf, sie kämpfte mit ihrer Verstörung und der Scham, dieses Material offenzulegen. Die Übertragung war sofort intensiv. Der Analytiker wurde als mächtiger, gottgleicher Doktor gesehen, der sie vor ihrem verrückten Vater retten würde. Andererseits phantasierte sie während der ersten Sitzung auf der Couch, daß er sie auslachen könnte. Seine Ruhe wurde als kalt und kritisch empfunden, und seine Deutungen bestätigten nur ihre schlimmsten Ängste, daß sie eine »Schwindlerin« und alles, was sie bisher gesagt hatte, »wertlos« sei. Oft gab sie dem Empfinden Ausdruck, der Analytiker sei von einer perversen Neugier geleitet. In einem Moment konnte sie Lobgesänge auf ihn anstimmen, um ihn im nächsten als schwach und untauglich anzusehen, wie einen Hund, den sie dazu nötigte, an ihren Genitalien zu schnüffeln. Die widersprüchlichen Einschätzungen ihrer selbst und des Analytikers, einmal verherrlicht und dann wieder abgewertet, konnten schlagartig innerhalb einer Sitzung wechseln. Das blieb über die meiste Zeit der Analyse bestehen. Trotzdem war sie durchgängig dazu in der Lage, relevantes Material und Träume einzubringen. Daran konnte gearbeitet werden, wenn die Übertragungsgefühle es erlaubten. Angenehme Erinnerungen an ihren Vater, als sie vier Jahre alt gewesen war, tauchten auf, wie auch die angenehme Phantasie, vom Einbrecher in der Schule erwählt zu werden. Sie war während dieser frühen Behandlungsphase in der Lage, Verabredungen mit Männern zu treffen, hielt daneben aber ihre intensive Beziehung zu ihren beiden Collegefreundinnen aufrecht, die ebenfalls jetzt in New York wohnten.

Später in diesem Jahr nahm die Übertragung jedoch eine sich fortwährend steigernde sadomasochistische Intensität an, so daß dies fast das einzige Thema der analytischen Arbeit wurde. Sie hielt vorsätzlich und trotzig Material zurück, darauf hoffend und sich davor fürchtend, daß der Analytiker sie anschreien, die Kontrolle über sich verlieren und sie schlagen würde. Er war ihr Nazi-Aufseher, und sie war sein jüdisches Opfer. Dann kehrten sich die Rollen um. Sie fragte nach Rat für alle möglichen Lebensbereiche und empfand dann den Analytiker als äußerst verschlossen und verweigernd. Von einem Moment auf den anderen verfiel sie in ein lockendes Verhalten, sprach von Liebe und Heirat, erzählte Witze, deklarierte Gedichte und erwartete vom Analytiker, daß er auf sie einging. Dann wieder fiel sie in ihre sadistische Stimmung zurück. Ihre Wut konnte sich innerhalb einer Sitzung steigern, weil es »wie ein Hamburger ist, du beißt einmal hinein, und dann merkst du, daß nichts übrigbleibt.« Deutungen zielten auf die Wiederholung der Beziehung zu ihrem Vater, die sowohl Idealisierung wie Wut umschloß, sie mißtraute den Interpretationen des Analytikers jedoch, da ja vielleicht auch er, wie ihr Vater, etwas ruhig und rational mit ihr besprechen könne, nur um im nächsten Moment einen Wutanfall zu bekommen. Abwertung und Verhöhnung ihrer selbst und des Analytikers kamen in jeder Sitzung vor, oft abwechselnd mit Gefühlen gegenseitiger Liebe und Anerkennung. Nächtliche Telefonanrufe, um Fragen beantwortet zu bekommen oder eine Panik zu überwinden, waren häufig. Drohungen, die Behandlung abzubrechen oder den Analytiker zu wechseln, waren Routine. Wut darüber, daß der Analytiker nicht allwissend war, trug zu den Schwierigkeiten bei.

Die einzige durchdringende Erkenntnis während dieser Phase war die, daß sie den Analytiker auf eine Weise peinigte und quälte, wie es ihr Vater mit ihr getan hatte. Obwohl diese Tatsache Schuldgefühle und Wut hervorrief, löste sie bei ihr die Einschätzung aus, selbst eine Sadistin zu sein und nicht nur das Opfer ihres sadistischen Analytikers/Vaters.

Wenn die Analyse einmal kurz unterbrochen wurde, leugnete sie jedes Verlustgefühl, empfand sich selbst aber als »innerlich trocken und staubig«, im Gegensatz zu dem warmen Wohlgefühl, »mit Keksen oder Münzen in der Hand in Großmutters Bett zu liegen«, das sie im Zusammensein mit dem Analytiker spürte. Sowohl vor als auch nach den Unterbrechungen war sie äußerst zurückgezogen und trotzig.

Im zweiten Analysejahr wurde die ganze analytische Arbeit gegen den Schatten der sadomasochistischen väterlichen Übertragung mobilisiert, die sich nun auf ihre Wut über genitale Unterschiede verschob. Ihre Träume gingen um weibliche Männer und männliche Mädchen, darum, daß ihr eine »Pfingstrose« aus der Vagina wuchs, um Zwillingsmädchen mit häßlichem Hautausschlag an den Genitalien; sich selbst träumte sie als phallischen Dracula, der den Wellen entsteigt. Ein Großteil ihrer Wut war mit ihrer Bruchoperation verbunden, die als eine Kastration angesehen wurde, die der Vater gebilligt hatte. Ihr Übergewicht bekam in diesem Zusammenhang eine neue Bedeutung. Dicke Frauen können sexuell frei und mit ihrem Mund und der Vagina offen sein. Andererseits kann eine dicke Frau maskulin sein, weil ein dickes»Fettpolster sie ganz umschließt«. Dünne Frauen können von Männern durchdrungen und verletzt werden, oder sie können kalt, narzißtisch, hart und phallisch sein.

Im Umgang mit diesem Konflikt verschlimmerte sich ihr Verhalten in der Analyse weiter, sie empfand zunehmendes Vergnügen daran, mürrisch zu schweigen oder zu drohen, sich aufzusetzen oder hinauszugehen. Sie setzte den Analytiker unaufhörlich herab, und ihre vielen Telefonanrufe dienten eindeutig dazu, ihn zu verärgern. Versuche, ihr Verhalten zu deuten, schlugen fehl. Die Anrufe mußten schließlich untersagt werden. Ihre Spontanreaktion darauf war das Gefühl, »geschlachtet« und »kastriert« zu werden, und sie assoziierte von neuem Erinnerungen an ihre Operation. Vor dem Einsetzen ihrer Menstruationen waren ihre Gefühle besonders ausgeprägt. Ein Traum, der den Konflikt deutlich darstellte, hatte folgenden Inhalt: Sie fuhr im Bus mit einem Mann, fühlte sich aber mehr von dem Mann hinter ihr angezogen. Sie hob ihren Rock hoch und furzte ihm ins Gesicht.

Auch im dritten Jahr ging ihr Kampf weiter. Romantische und sexuelle Gefühle gingen mit Wut und Angst einher. Wenn sich während einer Sitzung sexuelle Erregung bei ihr zeigte, ging sie ihr aus dem Weg, dafür setzte sie eine Phantasie ein: Ein Bandit bricht in das Analysezimmer ein und droht, den Analytiker zu erschießen. Sie umgarnt ihn mit der Geschichte, daß der Analytiker furchtbar sei, und sie nur zu ihm gehe, weil ihr Vater sie dazu zwinge. Der Bandit fällt auf ihren Trick herein. Sie tritt ihm in die Hoden und der Analytiker bewundert sie dafür. Einige Tage später wurde sie wütend auf den Analytiker und phantasierte, ihm in die Hoden zu schießen und dabei zu sagen »Nun lach, wenn du kannst.« Als sie einige ihrer romantischen und sexuellen Gefühle beschrieb, stand sie von der Couch auf und sagte, sie habe den nächsten Patienten klopfen hören. Das Klopfen war nur in ihrer Einbildung.

In diesem Jahr trat eine fortdauernde Verwirrung über die Geschlechter zutage im Zusammenhang mit Assoziationen zu Urszenenmaterial: Ein alter Bauer verliebt sich in sie, aber seine Frau taucht auf. Sie will ihn zurückgewinnen, darum zeigt sie ihm ihre schönen Brüste. Sie hat Haare im Gesicht wie ein Bart und ihre Schenkel und Beine sind dünn, wie die Beine des Vaters der Patientin.

Trotz der heftigen Ambivalenz gegenüber Männern und ihrer eigenen Verwirrung über ihre sexuelle Identität war sie in der Lage, sich mit Männern zu verabreden, zum ersten Mal einen Mann innig zu streicheln und sie konnte sich zum ersten Mal genügend entspannen, um bei ihrer Menstruation Tampons zu benutzen.

Während dieser Zeit wurde ihre gute, liebevolle Freundin

aus dem College schwanger und bekam eine Tochter. Die Patientin war außerordentlich besitzergreifend gegenüber ihrer Freundin und auf den Säugling extrem eifersüchtig. Wenn sie der Freundin beim Stillen zusah, hatte sie das Empfinden, ihr Gesicht sei mit Schleim bedeckt und ertappte sich dabei, mit den Lippen saugende Bewegungen zu machen. Auch auf den Ehemann der Freundin war sie sehr wütend und eifersüchtig. Wehmütige Erinnerungen an den Krankenhausaufenthalt der Mutter anläßlich der Geburt der kleinen Schwester tauchten auf.

Diese Ereignisse lieferten auch weiteres Urszenenmaterial. Sie begann über Geräusche im Elternschlafzimmer zu erzählen, die sie gehört hatte und die ihr gezeigt hatten, daß die Mutter den Vater mehr liebe als sie. Die alte Deckerinnerung kam wieder auf, daß der Vater die Mutter ins Badezimmer trägt und sie würgt. In einer anderen, ihr irreal erscheinenden Erinnerung stand sie an einem Strand auf der Uferpromenade, nahe einer Rutschbahn; nun aber war sie davon überzeugt, daß das Geländer der Uferpromenade die Stäbe ihres Kinderbettes waren. Die Rutschbahn, die auch schon früher in der Räuber-Phantasie vorgekommen war, stellte die Position ihrer Eltern beim Cunnilingus dar, höchstwahrscheinlich mit dem in die Luft gereckten Gesäß des Vaters. Als diese Phantasie/Erinnerung auftauchte, begann die Patientin zu weinen; sie hatte dabei das Gefühl, daß sie gleich auf die Couch urinieren würde.

Zu diesem Zeitpunkt kündigte ihre Freundin, die das Baby bekommen hatte, an, von New York fortziehen und ihren Mann verlassen zu wollen. Die Patientin war wütend auf ihre Freundin, ihre Kindheitsängste, die Mutter würde sie verlassen oder sterben können, lebten wieder auf. Sie fing an, ihre erotischen Phantasien mit dem Ehemann der Freundin zu verknüpfen. Dabei war sie zornig auf den Analytiker, daß dieser dies alles geschehen ließ. Trotz aller regressiven Gefühle, die in der Analyse zum Tragen kamen, wurde ihr Leben außerhalb der Analyse gefestigter. Sie zog in eine eigene Wohnung, kochte selbst und wusch ihre Wäsche. Sie war dazu in der Lage, neben ihrer Berufstätigkeit ihre Promotion in Angriff zu nehmen. Viele Absagen nahm sie hin, als sie sich um eine neue Stelle bemühte, und als sie schließlich eine entsprechende Anstellung fand, war sie dort sehr erfolgreich. Sie traf sich häufiger mit Männern; mit einem hatte sie eine kurze Affäre.

Ihre Übertragungsneurose wurde jedoch noch schwerer und negativistischer, nachdem ihre Freundin mit der Tochter weggezogen war. Der Analytiker war der böse Vater, der nichts dagegen unternahm, daß die Mutter fortging und starb. Ihre Wut und ihr Leid waren intensiv, oft weigerte sie sich, auf der Couch zu bleiben oder zu sprechen, sie verließ einige Male den Raum. Dafür rief sie dann in der Nacht an, nur um den Analytiker zu beschimpfen und der Freundin nachzuweinen. Ihre bittere Isolation war durch keine Intervention zu durchbrechen, sie drohte permanent, den Analytiker zu wechseln. Nach monatelangem Stillstand ging der Analytiker entspannter auf ihre Forderung ein. Er stellte zur Debatte, einen anderen Analytiker zu konsultieren. Die Patientin reagierte überrascht, ungläubig darüber, daß der Analytiker sie aufgeben und aufhören könnte, sie »kontrollieren« zu wollen. Diese Übertragungsphantasie war deutlich mit ihrem Vater verbunden, der die einzige omnipotente, kontrollierende Macht in ihrem Leben gewesen war.

Die Gegenübertragungsgefühle des Analytikers wurden während dieser Zeit äußerst intensiv, was sicherlich dazu beitrug, eine Konsultation vorzuschlagen. Von Beginn der Analyse an hatte er sich durch ihre wechselnden Stimmungen tyrannisiert und herumgestoßen gefühlt. Ihr Negativismus und ihre Verweigerung provozierten ihn zu Wut und Ärger, gleich darauf hatte sie jedoch immer versucht, die Wogen zu glätten und ein paar kleine Fortschritte zu zeigen, um die Stimmung wieder zu heben. Zu ihren Stimmungsschwankungen kamen die Schuldgefühle des Analytikers über seinen Ärger, auf die er mit Rettungsphantasien reagierte, und mit dem festen Entschluß, die Analyse bis zum Ende durchzuführen. Dann wurde er aufs neue angegriffen oder enttäuscht und reagierte wieder mit feindseligen Phantasien. Es stand außer Frage, daß der Analytiker das erlebte, was die Patientin unter ihrem tyrannischen Vater erlebt hatte. Alle diese Gefühle erreichten ihren Höhepunkt, nachdem ihre Freundin und Ersatzmutter sie verlassen hatte.

Diese Übertragungskrise schwächte sich ab, zum ersten Mal in ihrer Analyse tauchten daraufhin Übertragungsgefühle auf, die mit den belastenden Verhaltensweisen ihrer Mutter assoziiert waren. Sie drückte das Empfinden aus, der Analytiker habe sie während der ganzen Behandlungsdauer nicht gemocht. Er sei selbstzufrieden, kalt, kritisch und würde über die meisten ihrer

Wesenszüge die Nase rümpfen. Ihr Benehmen, ihr Gang und ihre Sprache seien plump und sie sei überhaupt schwerfällig und fett. Sie betrachtete befangen ihre Hände und entwickelte starke Schuldgefühle über ihre sexuellen Erlebnisse. Sie war sich sicher, daß ihre Mutter sexuell prüde gewesen sei. Während dieser Analysephase rannte sie, wenn sie ein sexuelles Erlebnis gehabt hatte, zum Zahnarzt, fest davon überzeugt, daß ihre Zähne nun verrotten müßten, und war jedesmal wieder erschüttert darüber, daß der Zahnarzt nichts feststellte.

Zu diesem Zeitpunkt wurden weitere Einzelheiten ihrer Urszenenphantasie deutlich. Wieder tauchte die Badezimmerphantasie auf, in der die Mutter gewürgt wird, jetzt träumte sie von männlichen Genitalen, von einem männlich steifen, anschwellenden Glied. Eines Tages kam sie in den Warteraum vor dem Analysezimmer und sah dort eine neue, attraktive, blonde Patientin sitzen. Sie wurde eifersüchtig und böse auf den Analytiker, weil er hübsche junge Frauen sammle, auch solche, die sich die Haare bleichten. Das sah sie an den »dunklen Haarwurzeln«. Nach Tagen der Wut begann sie in Erwägung zu ziehen, daß die »dunklen Wurzeln« vielleicht nur eine Phantasie seien. Daraufhin träumte sie, sie sei im Haus der Großeltern. Eine Bombe fiel, sie sah den Lichtblitz – den sie assoziierte mit der Sonne, die auf das Bett ihrer Eltern gegenüber ihrem Kinderbett geschienen hatte. Ein Traum folgte, in dem sie bei einem sterbenden Mann mit einer schlauchförmigen Maschine, die unten einen Wulst heraushängen hat, Mund-zu-Mund-Beatmung macht. Während dieser Zeit aß und kaute sie viel. Schließlich hatte sie ein Bild vor Augen, von ihres Vaters hellem, sandfarbenen Haar neben dem dunklen samtigen Haar der Mutter, sein Hinterteil in der Stellung der Rutschbahn, was ihre frühere Erinnerung verfestigte. Ihr wurde bewußt, daß diese Szene zu ihrer Bombenphobie beigetragen hatte. Sie war davon überzeugt gewesen, daß die Mutter gebissen oder verletzt worden sei, nun begann sie sich zu überlegen, daß die Mutter Lust empfunden haben könnte. Sie wurde eifersüchtig und träumte: »Mutter war tot umgefallen, oder sie war von einem Gewehr oder Blasrohr erschossen worden. Vater, meine Schwester und ich sitzen in der Küche, und Mutters Geist erscheint. Ich bitte den Geist, mit dem Vater zu schlafen, weil er so einsam ist, aber der Geist kann nicht und bittet mich, mit Vater zu schlafen.« Sie wachte verängstigt auf. In einem anderen Traum hat sie Geschlechtsverkehr mit einem Mann, was vom Vater gebilligt wird. Sie denkt, ihre Mutter sei tot, aber die Mutter erscheint schlank und schön.

Mit der Bearbeitung des ödipalen Materials änderte sich ihr Leben weiter. Ihre lesbischen Masturbationsphantasien waren weiterhin präsent, aber jetzt war sie der Meinung, sie würde sich nur deshalb damit abgeben, weil sie angstfrei seien. Zu diesem Zeitpunkt ging sie eine ernsthafte Beziehung mit einem verhältnismäßig passiven jungen Mann ein, bei dem sie zum Orgasmus gelangte, wenn sie auf ihm saß und sich an seinen Schenkeln rieb; sie fing aber auch an, vaginale Empfindungen zu spüren. Beim ersten Geschlechtsverkehr war sie jedoch so ängstlich, daß sie dabei das Telefon läuten hörte, überzeugt davon, ihre Eltern würden sie anrufen. Als sie aus dem Fenster sah, erblickte sie tatsächlich das Auto der Eltern und den Vater unten am Eingang des Hauses. Nachdem sie sich beruhigt hatte, realisierte sie, daß das Telefon in der Nebenwohnung geläutet hatte, daß ein anderes Auto auf der Straße stand, und der Mann vor der Tür entpuppte sich als der Pförtner.

Mit Beginn des fünften Analysejahres wurde die Behandlung deutlich besser durchführbar, sie näherte sich mehr der von neurotischen Patienten an. In ihren Klagen über den Analytiker kamen Phantasien zum Vorschein, daß seine Frau sterben würde und die Patientin dann ihn und seine zwei Töchter versorgen müsse. Sie begann, sich gefälliger zu verhalten und setzte ihre Intelligenz und ihren Humor beständiger ein, ohne gleich wieder hinter einen Schutzwall aus Negativismus und Analität zu flüchten.

Trotz der positiven Veränderung blieb die zwanghafte Note in ihren Beiträgen, sie gestand dem Analytiker schließlich, daß sie ihn noch immer fürchtete, egal wieviel sie auch hatte offenbaren können. Sie war schon immer davon überzeugt gewesen, daß ihre Eltern tatsächlich wahnsinnig seien, und sie hatte nach wie vor das Empfinden, daß dies auch bei dem Analytiker so sein könnte. Nie konnte sie sagen, was er gerade dachte. Vorstellbar wäre es, daß er ein Geisteskranker sei, der sie ermorden könnte, auch wenn alles dagegen sprach, und dabei dürfe sie es nie wagen, ihn zu verlassen. Auch an diesem Punkt, während einer sehr ruhigen Sitzung, empfand sie seine Kommentare wieder kritisch und verurteilend. Nun begann der Analytiker ihr die Gedanken, die seine Interventionen leiteten, ausführlicher zu erklären: Wenn er ihre homosexuellen Phantasien oder ihr übermäßiges Essen deutete, gehe es ihm nicht darum, sie zu verurteilen. Diese Erklärung schien ihr Sicherheit zu geben, und sie begann, detaillierter über den Wahnsinn ihrer Eltern zu sprechen, vor allem die Wutanfälle des Vaters. Bei der Schilderung dieser Details war sie außerordentlich furchtsam, sie hatte das Gefühl, den Boden unter den Füßen zu verlieren. Der Vater erschien ihr nun als mörderisch. Er hatte sie an den Haaren gerissen und sie ins Gesicht geschlagen. Er hatte ihr gedroht, ihre Zähne würden verrotten, wenn sie Sodawasser tränke; ihre Beine würden von Krebs befallen, wenn sie sie rasierte; jede Art von Medizin würde ihr Leben zerstören; sich hinzuhocken würde ihre Wirbelsäule verbiegen; sitzen mit übergeschlagenen Beinen würde sie zum Krüppel machen. Als sie einundzwanzig Jahre alt war, hatte er sie mit einem Riemen geschlagen und als Hure beschimpft, weil sie einen knappen Slip getragen hatte. Ihre Schwester war geschlagen und Hure genannt worden, weil sie Make-up ausprobiert hatte. Die Mutter hatte dem allen tatenlos zugesehen, vielleicht genoß sie dabei den stellvertretenden Sadismus des Vaters.

Mit der Bearbeitung der Befürchtung, daß ihre Eltern und ihr Analytiker wahnsinnig sein könnten, gingen zunehmende Fortschritte in ihrem Leben außerhalb der Behandlung einher. Sie traf sich mit verschiedenen Männern, sexuell war sie entspannter. Zu diesem Zeitpunkt entschied sie sich, ihren passiven, aber liebevollen Freund zu heiraten, obwohl diese Entscheidung sie auch ängstlich machte und sie um ihre ambivalenten Gefühle ihm gegenüber wußte. Sie hatte das Empfinden, sich ihren starken konkurrierenden Gefühlen bei einem stärkeren, aggressiveren Partner nicht stellen zu können. Die Entscheidung zu heiraten löste Gefühle aus, den Freund, die Mutter und den Analytiker auf phallische Weise besiegt zu haben. »Ich hätte keine Probleme, wenn ich ein Mann wäre. Sogar mein Gewicht wäre in Ordnung.« »Ich würde direkt auf Sie zugehen und Ihnen meine Brust in den Mund schieben wie einen Penis.« Sie wollte den Analytiker hätscheln und ihm zwei große Dosen voller Eiscreme schenken. Ihre negativen ödipalen Wünsche und ihre eigenen oralen Bedürfnisse gegenüber der Mutter verbanden sich mit warmen, gebenden Bildern von den Großeltern. In dieser Phase der Behandlung hatte sie zum ersten Mal einen Orgasmus während des Geschlechtsverkehrs.

Ihre Haltung gegenüber Männern wurde zunehmend sanfter, und sie hatte unambivalent romantische Gefühle gegenüber ihrem Analytiker, ihrem Vater und ihrem Universitätsprofessor. Die Frau des Analytikers, ihre eigene Mutter und sogar ihre geliebte Freundin erschienen ihr auf einmal häßlich, alt und abgenutzt. Zum ersten Mal erzählte sie von dem dicken Hängebauch, den die Mutter schon seit Jahren habe. Sie erinnerte sich daran, daß sie sich zu Beginn der Adoleszenz schlanker und attraktiver gefühlt hatte als die Mutter. Ihr Selbstbild, häßlich und dick zu sein, war der Ausdruck von Schuldgefühlen und defensivem Selbstekel, den sie vom Körper der Mutter auf sich selbst herüberzog. In diesem Kontext wurde ihre Masturbationsphantasie, eine dunkelhaarige Frau/Schwester/Mutter zu verführen, als Verleugnung ihrer feindseligen und rivalisierenden Gefühle gegenüber diesen Konkurrentinnen erkannt.

Die Intensität ihrer sexuellen und rivalisierenden Empfindungen ängstigte sie jedoch nach wie vor. Sie begann, sich auf der Couch aufzusetzen, um zu prüfen, ob der Analytiker »wütend« auf sie oder »völlig angewidert« von ihr sei. Gegen Ende des vierten Jahres hin bestand sie darauf, »aufrecht zu sitzen«, angeblich um die Reaktionen des Analytikers zu prüfen und um zu entscheiden, ob sie ihm glauben könne. Dem zugrunde lag das Verlangen, den Analytiker/Vater zu bezwingen und die Rollen zu tauschen. In einem Traum »pumpt eine Maschine Gas ins Haus und Vater bekommt keine Luft und sieht aus wie wenn er stirbt.« Ihre Assoziationen zu diesem Traum verdeutlichten die Umkehrung der Urszenenphantasie, in der die Mutter nach Luft ringt. Wenige Tage nach diesem Traum machte sie bei ihrem Partner Fellatio, was bei ihr nur sehr selten vorkam. Sie hatte dabei das Gefühl, ihre Zähne würden faulen. Dann hatte sie aber auch die Vorstellung, sie sei ein weiblicher Dracula, der den Männern den Lebenssaft aussaugt.

Als das Durcharbeiten dieser Konflikte voranschritt, war sie dem Analytiker gegenüber zu einem Verhalten in der Lage, das weniger von ihren bisexuellen und sadomasochistischen Impulsen beeinflußt war. Die Beendigung der Behandlung wurde ins Auge gefaßt, die Patientin war fähig, die Analyse, wenn auch mit gemischten Gefühlen, abzuschließen. Sie war dazu in der Lage, den passiven jungen Mann, mit dem sie gelebt hatte, zu heiraten. Die Beziehung war stabil, und sie hatte nicht länger das Gefühl, ein Opfer zu sein. Dabei fühlte sie sich aber schuldig, weil sie ihn zu sehr unterdrückte – das schien tatsächlich der Realität zu entsprechen. Ihre sexuelle Beziehung war trotz allem befriedigend, sie erlebte häufig einen Orgasmus.

Das abschließende klinische Ergebnis war, daß sie beträchtliche Fortschritte gemacht hatte. Sie hatte keine depressiven Phasen mehr und auch keinen ausgeprägten Selbstekel. Ihre Fähigkeit, echte Lust zu empfinden, hatte sich erheblich verbessert. Sie nahm ab und hielt ihr Gewicht, wenn auch mit Schwierigkeiten und mit Hilfe wiederholter Diäten und regelmäßiger Gymnastik – Verhaltensweisen, die sie vor der Analyse nie hatte durchhalten können.

Ihre Ängstlichkeit war fast vollkommen verschwunden, genauso wie ihre Furcht vor Krebs und Tod. Im Beruf stieg sie auf, konnte ihren Doktor machen und war auch zu kreativer Arbeit fähig. Auch konnte sie sowohl zu Frauen als auch zu Männern tiefere Beziehungen eingehen und war zu einer feinfühligen, verläßlichen Freundin geworden.

Zusammenfassung

Diese Patientin haben wir aus folgenden Gründen als Borderline-Struktur eingestuft: Sie äußerte die verschiedensten Symptome, die ihre Lebensabläufe stark beeinträchtigten, einschließlich starker, durchdringender Angst, die an Panik heranreichte, schwere depressive Störungen mit Selbstekel, verschiedenste Phobien, Hypochondrie, Übergewicht mit Phasen von Bulimie, Lese- und Schreibstörungen, schwere sexuelle Störungen mit Vaginismus und Frigidität und übermächtige homosexuelle Phantasien.

In ihren Stimmungen war sie äußerst labil gewesen. *Agieren* war oft zur Spannungsminderung nötig. Projektionsmechanismen waren maßgeblich und paranoide Ideen häufig. Sie zeigte ein erhebliches Ausmaß an Regression, einschließlich Primärprozessen und halluzinatorischem Material, das intermittierend in extremen Streßsituationen auftrat. Schließlich zeigte sie spontane und ungewöhnlich intensive Übertragungsreaktionen, die trotz der Deutungsversuche des Analytikers bestehen blieben.

Fallbeispiel IV

Frau M. kam mit Mitte zwanzig in die Analyse, kurz nachdem sie ihr Examen gemacht hatte. Sie war auf der Suche nach einer Stelle nach New York gekommen – und um eine Analyse zu beginnen. Das letztere war ihr von einem Psychiater in ihrer Heimatstadt empfohlen worden, den sie während der Semesterferien aufgesucht hatte, als sie unter starken Depressionen litt. In den ersten Gesprächen klagte sie hauptsächlich über Depression, Beziehungsunfähigkeit gegenüber Männern, Überessen mit periodischer Freßsucht und über die Zwanghaftigkeit, mit dem Zeigefinger an ihre Schläfe zu klopfen, wann immer sie meinte, einem Familienmitglied würde Leid geschehen.

Sie war das älteste von drei Kindern, die einzige Tochter, aus einer Stadt in der Nähe von New York. Ihr Vater war Zahnarzt, hatte seinen Beruf jedoch nie ausgeübt, sondern leitete das familieneigene Kaufhaus. Er war ein verbitterter und beleidigter Mann, der sich vom Leben betrogen fühlte, weil er das Familienunternehmen hatte übernehmen müssen, während seine jüngeren Brüder Karriere machen konnten. Er ließ seine Frustration an seiner passiven, etwas dümmlichen Frau aus, die eine»südliche Schönheit« war und stark gebunden an ihre eigene Mutter. Seine sarkastischen und gemeinen Demütigungen seiner Frau waren täglicher Bestandteil der Kindheit der Patientin, und diese Szenen wurden während ihrer Spätadoleszenz und frühen Teenagerjahre nur häufiger. Ihre Eltern trennten sich, während sie studierte, ihr Vater starb schließlich während ihrer Analyse.

Frau M. schien der Liebling des Vaters gewesen zu sein, eine zweischneidige Rolle. Der Mutter gegenüber stellte er ihre Vorzüge heraus und schmeichelte seiner Tochter, aber oft war er auch wütend auf sie und demütigte sie. Während ihrer Latenzphase zog er ihr unter Aufregung und Schmerzen die wackeligen Milchzähne, aber er überwachte auch ihre Hausaufgaben, wobei er ständig schrie und sie dann weinte. Als sie mitten im

Teenageralter war und er auf eine Geschäftsreise gehen mußte, umarmte er sie und küßte sie leidenschaftlich auf den Mund. Zu jener Zeit war er bereits ein schwerer Trinker geworden, depressiv und paranoid.

Als die Patientin dreieinhalb Jahre alt war, war die Mutter erkrankt an »Flecken auf ihrer Haut«. Sie wurde von der Familie zur Abklärung und Behandlung in ein bekanntes Medizinzentrum gebracht. Die Patientin wurde während des Monats, in dem die Mutter sich einer Milzoperation unterziehen mußte, von einer Haushälterin betreut, die sie kaum kannte. Während der Abwesenheit der Mutter entwickelte Frau M. eine starke Bindung an den Vater.

Als sie viereinhalb Jahre alt war und die Mutter mit dem ersten der kleineren Brüder schwanger war, wurde der Vater in die Armee eingezogen und an die Westküste abkommandiert. Beide Eltern fürchteten, er könnte in Korea eingesetzt werden. Die Patientin war verstörte Zeugin der fast täglichen, angstgeladenen Telefongespräche ihrer Eltern. Der Vater wurde nicht nach Korea geschickt, kam zur Geburt des Bruders für einen Tag nach Hause, fünf Monate später war er sogar wieder ganz daheim. Nach der Geburt des Bruders begann Frau M., ihre Puppen zu schlagen, das Brüderchen brachte sie häufig zum Weinen, wenn die Eltern das Haus verlassen wollten, so daß diese ihren Aufbruch verschieben und sich um die Kinder kümmern mußten. Kurz danach entwickelte sie sich jedoch zu einer »kleinen Mutter«. Während dieser Zeit begann sie, sich an die Mutter zu klammern, litt unter Zwangsvorstellungen, der Mutter könne etwas zustoßen, und unter Angstzuständen, wenn die Eltern ausgingen. Zur gleichen Zeit hatte sie das deutliche Empfinden, »Papas Mädchen« zu sein.

Die Pubertät setzte ein, als sie zwölf Jahre alt war; der jüngste Bruder wurde geboren, als sie dreizehn Jahre alt war. Sie erinnerte Gefühle, stärker ausgeprägt als bei dem ersten Bruder, daß dieses Kind »ihr Baby« sei. Sie aß viel in dieser Zeit, nahm zu und fühlte sich »voll«. Sie begann fast täglich zu masturbieren, wobei sie den Druck ihrer Schenkel benutzte, aber keine bewußten Phantasien hatte. In dieser Zeit wurde ihr auch die ausgeprägte Sorge des Vaters um ihre Gesundheit deutlich. Als sie sich einer Operation am Mund unterziehen mußte, war er hinterher im Aufwachraum, und sie bemerkte einen Ausdruck von Panik auf seinem Gesicht. Als sie Schmerzen in der Brust hatte, untersuchte er sie und sie durfte ihm ihre wachsenden Brüste zeigen.

Während der Oberschule waren ihr gesellschaftlicher Umgang und ihre Kontakte äußerst eingeschränkt. Sie hatte kaum Verabredungen, eher nahm sie als Zuschauerin am sozialen Leben ihrer Freundinnen teil. Sie entwickelte romantische Schwärmereien für Präsident Kennedy und spielte nur deshalb Hockey, weil die Mannschaft nach Washington fahren sollte und sie hoffte, Kennedy dort zu sehen. Außerdem verschlang sie alles, was über ihn und seine Familie geschrieben wurde. Ihre zwanghafte Geste, mit dem Zeigefinger an die Schläfe zu pochen, stand möglicherweise in Verbindung mit seiner Ermordung.

Als sie auf die Universität ging, verabredete sie sich regelmäßig mit jungen Männern. Beim ersten Treffen mit einem Mann verhielt sie sich äußerst verführerisch. Dies Verhalten wurde schnell von extremem Klammern abgelöst. Zwischen ihrem zweiten und dritten Jahr an der Universität, als sie eine auswärtige Sommerschule besuchte, hatte sie eine mäßig schwere depressive Phase, während der ihre Freßsucht begann. Im letzten Studienjahr machte sie mit gegenseitigen orogenitalen Praktiken ihre erste intensive sexuelle Erfahrung. Danach war sie davon überzeugt, schwanger zu sein und war darüber so bestürzt, daß es ihr sogar gelang, auch den jungen Mann mit dieser Möglichkeit zu ängstigen.

Analyseverlauf

Die Patientin war eine kleine, plumpe, modisch gekleidete, jungenhafte Frau, die während der ersten Gespräche schüchtern und zurückhaltend war. Sie verhielt sich vorsichtig und ausweichend und lieferte faktisch kein Material. Sofort danach begann sie höchst dramatisch und emotionsgeladen, meist mit Angst und Wut gemischt, über ihre Probleme zu sprechen. Sie rief ihren Freund, der in einer anderen Stadt wohnte, in kürzester Zeit fünf- oder sechsmal nacheinander an. Sie konnte keinen Grund für diese Anrufe nennen, außer daß sie »Rückversi-

94

cherung« brauche. Oft fühlte sie sich so kraft- und trostlos, daß sie Freunde bat, für sie zu wählen, nur um dann selbst den Hörer einzuhängen. Sie hatte Geschlechtsverkehr mit ihrem Freund und jeden Monat war sie aufs neue überzeugt, schwanger zu sein, obwohl sie wirksame Verhütungsmittel benutzte. Ihr war übel, sie hatte das Empfinden, ihre Brüste würden wachsen und sie empfand ein Völlegefühl im Unterleib. Sie hatte immer wieder Schwangerschaftstests durchgeführt. Auch hatte sie die Zwangsvorstellung, sie würde Krebs bekommen, vornehmlich Brustkrebs, hervorgerufen von der Anti-Baby-Pille, und Leukämie, verursacht von Röntgenstrahlen; sie fürchtete Infektionen und Allergien und war dauernd in Sorge um ihr Gewicht, suchte viele Diätärzte auf, die ihr Tabletten verschrieben, welche sie aber nicht nahm, da sie die Ärzte für »Scharlatane« hielt.

Kurz nach Beginn der Behandlung trennte sich ihr erster Freund von ihr. Fast sofort suchte sie sich einen anderen passiven jungen Mann und verhielt sich nach demselben Muster wie bei dem ersten Freund. Sie hatten einmal wöchentlich Geschlechtsverkehr. Ihr zwanghaftes Anrufen setzte wieder ein, obwohl sie sich darüber bewußt war, daß sie sich nicht sonderlich für ihren Freund interessierte. Jeden Monat wieder beherrschten die Schwangerschaftsängste all ihre Gedanken.

Ihre Übertragungsgefühle waren von Anfang an intensiv. Sie meinte, der Analytiker sei nicht genügend daran interessiert, ihr zu helfen, und nehme ihre Sorgen, schwanger zu sein, ihre körperlichen Krankheiten oder ihre Gewichtsprobleme nicht ernst genug. Sie rief den Analytiker nach demselben Muster an wie ihren Freund. Sie hielt ihm ihre Diätpillen von den »Scharlatanen« entgegen und machte ihm zum Vorwurf, sie nicht genügend vor solchen Ärzten zu schützen. Jeder Deutungsversuch wurde als Anklage empfunden, auf die sie antwortete: »Was ist denn falsch daran?«. Gleichzeitig fürchtete sie, der Analytiker würde sie aufgrund ihrer Provokationen »fallenlassen«, sie versuchte darum häufig, ihm Geschenke zu machen, um ihn zu versöhnen.

Am Ende des ersten Analysejahres steigerte sie sich in eine Krise um eine mögliche Schwangerschaft. Dies traf mit dem bevorstehenden Urlaub des Analytikers zusammen, sie reagierte damit, daß sie ihren Freund von einem Arzt zum anderen schleppte, überzeugt davon, sie sei schwanger. Obwohl alle Tests negativ waren, überredete sie schließlich einen der Ärzte, ihr Tabletten zum Auslösen ihrer Periode zu geben. Als diese darauf einsetzte, war sie sicher, eine Fehlgeburt zu haben.

Jedem Deutungs- oder Rekonstruktionsversuch, ihre Schwangerschaftsängste mit dem unbewußten Wunsch, schwanger zu sein, in Verbindung zu setzen oder diese auf die Trennung von der Mutter während der Milzoperation oder auf die Schwangerschaft der Mutter während der Armeezeit des Vaters zu beziehen, wurde mit Desinteresse und Wut darüber begegnet, daß der Analytiker ihre »wahren« Probleme verleugne. Trotz dieser manifesten Reaktionen waren zu Beginn des zweiten Analysejahres bestimmte Konflikte deutlicher geworden. Ihr wurde bewußt, daß ihre eigene Wut sich in ihren manischen Telefonanrufen niederschlug, die ausgelöst wurden von ihrer Angst, das Wohlergehen des Freundes würde von der Intensität ihrer Gefühle gefährdet. Auch realisierte sie, daß sie oft aß, um ihren Ärger »hinunterzustopfen«. Diese Einsichten führten zum Verschwinden der »Finger an die Schläfe« – Geste, die sie nun als den Versuch verstand, »die Gedanken aus dem Kopf zu klopfen« und als Selbstbestrafung. Ihre Angst vor dem Verlassenwerden und die Tatsache, daß sie am Arbeitsplatz ständig Katastrophen produzierte, wurden ebenfalls als Selbstbestrafungsmechanismen verstanden.

Sie wurde während dieser Zeit zunehmend depressiv und traurig und wollte, daß der Analytiker sie verspottete und demütigte, wie der Vater es mit der Mutter und ihr selbst getan hatte. Sie fürchtete sich davor, immer mehr in die Analyse hineingezogen zu werden, gönnte dem Analytiker die »Genugtuung« nicht und hatte Angst davor, so depressiv zu werden, wie sie es während jenes Semesters in der Sommerschule gewesen war. Ihre Phantasien wurden analer und sadomasochistischer. Einmal warf sie ihren Ring auf den Boden, als sie auf der Couch lag, sagte, sie würde ihn nicht suchen, und bestand darauf, daß der Analytiker ihn für sie aufheben solle. Später erklärte sie, daß sie wünsche/fürchte, ihm ihren Hintern zu zeigen, was verbunden war mit dem Impuls, ihm ins Gesicht zu furzen. Dieser Impuls wurde einmal symbolisch ausgelebt, als sie das Honorar bezahlte. Sie stürmte ins Büro und wedelte mit einem Bündel schmutziger Geldscheine vor seiner Nase herum.

Während dieses zweiten Analysejahrs hielten ihre Telefonwut, ihr Überfressen, die monatlichen Schwangerschaftsängste und die Furcht vor Nebenwirkungen ihrer Verhütungspillen unvermindert an. Alle diese Störungen wurden als Abwehroperationen gegen die Gefühle interpretiert, die die Analyse bei ihr auslöste, wie auch als Selbstbestrafung für ihre Wut gegenüber dem Analytiker, die sich in somatischen Ängsten äußerte. Diese Interpretation wurde in Verbindung gebracht mit dem Verlassensein von der Mutter während deren Milzoperation und vom Vater während der Armeezeit. In diesem Jahr stellte sich heraus, daß sie mit der Mutter drei- bis viermal wöchentlich Ferngespräche führte, die weit mehr kosteten, als sie sich leisten konnte. Dieser ständige Kontakt mit der Mutter blieb während der ganzen Analyse bestehen.

Ebenfalls in dieser Zeit starb die Mutter ihres Freundes. Sie wurde daraufhin so unangemessen fordernd und klammernd, daß auch dieser Freund, ein eigentlich duldsamer Mann, die Beziehung beendete. Sie reagierte darauf, indem sie eine teure Partnervermittlungsagentur aufsuchte, und sie fing an, zu den Sitzungen offenherzig gekleidet »wie eine Hure« zu erscheinen, um dem Analytiker vorzuführen, was sie wirklich sei. Sie lud ihren früheren Freund dazu ein, sie in ihrer Wohnung zu besuchen und mit ihr auf eine Weise Geschlechtsverkehr auszuüben, die sie als »unzüchtig und demütigend« erlebte, und bei der sie keine Lust verspürte. Danach suchte sie nach einem Vorwand, Geld von ihm zu bekommen. Oft fanden diese »Prostitutionsphantasien« vor der Sitzung statt und führten dazu, daß die Analyse über einige Sitzungen hinweg stagnierte. Diese Episoden ersetzten das zwanghafte Telefonieren, ausgenommen die Anrufe bei ihrer Mutter. Gleichzeitig mit der »Prostitutionsphantasie« trat ihre offenkundig kastrierende und verächtliche Haltung gegenüber Männern zutage. »Ich will seine Hoden zerschlagen« war ein geläufiger Ausdruck. In der Übertragungssituation wurde sie sich darüber bewußt, daß ihr Verhalten unbewußt darauf zielte, den Analytiker zu kastrieren, indem sie ihn impotent machte. Sie flehte ihn aufgrund ihrer Schuldgefühle an, sie »hinauszuwerfen«, zu anderen Zeiten dagegen stellte sie sich vor, den Analytiker zu verführen und ihn in den Selbstmord zu treiben, weil er sie nicht beherrschen könne. Danach würde sie sich selbst umbringen, weil sie sich schuldig fühle. Bei den Verabredungen, die sie während dieser Zeit traf, zeigte sie das gleiche Verhalten. Sie empfand dieselbe intensive Wut auf ihre Begleiter und führte dann Situationen herbei, die ihr ermöglichten, sich am Ende des Abends entwürdigt und gedemütigt zu fühlen.

Zu Beginn des dritten Analysejahres tauchten in der Übertragung liebevolle und zärtliche sexuelle Gefühle auf. Sie vermißte den Analytiker während der Sommerpause und litt darunter, so unkooperativ zu sein. Diese Empfindungen wurden jedoch von der Angst begleitet, sich »beschissen zu fühlen«. Wenn sie sich betont geschmackvoll oder »sexy« oder »hauteng« kleidete, empfand sie den Gang zur Couch und nach der Sitzung zur Tür als unangenehm, weil sie fürchtete, der Analytiker könne sie attraktiv finden. Eine produktive »gute Stunde« löste Angst bei ihr aus, und oft versuchte sie, den Erfolg im Nachhinein abzuwerten. Sie war in der Lage, die defensive und sie eigentlich erfüllende Struktur dieses Kampfes als eine Wiederholung der Kämpfe zu erkennen, die sie während der Adoleszenz mit ihrem Vater erlebt hatte. Um ihre wachsende Anspannung zu kontrollieren, sagte sie:»Lassen sie es uns gerade heraus machen. Ich hasse Sie; Sie hassen mich. Lassen wir es dabei.« Einmal lächelte der Analytiker über ihre abschließende Bemerkung, am nächsten Tag verlor sie ihre Geldbörse in der Untergrundbahn. Sie wurde sich darüber bewußt, daß ihre Mutter es gebilligt hatte, daß zwischen Vater und Tochter eine zu enge Bindung bestand. Diese ängstigenden Erkenntnisse gingen einher mit zunehmend aufdringlichen sexuellen Phantasien über den Analytiker.

Während des Erntedankfestes, das sie zu Hause verbrachte, erlitt der Vater einen Herzinfarkt, er starb zwölf Stunden später. Sie litt darunter, daß sie ihm nicht noch hatte sagen können, wie sehr sie ihn liebte. Sie weinte eine Woche lang und versuchte dann, über seinen Tod hinwegzukommen, indem sie sich verstärkt Geldsorgen machte, sich bewußter ein Kind wünschte und sich verstärkt an den Analytiker und jede andere Vaterfigur klammerte.

Das Geld, das der Vater ihr hinterlassen hatte, war nach ihrer Überzeugung alles, was ihr noch von ihm geblieben war. Es wurde deutlich, daß diese Vorstellung damit zusammenhing, wie ihr, als sie fünf Jahre alt war, der Vater nach der Geburt des

Bruders entglitten war. In den Monaten nach seinem Tod träumte sie von einer »Elritze«, die ihr in der Nase steckte und herausgezogen werden mußte. Assoziationen führten zu der Erinnerung, daß der Vater ihr den Laich in einem Fischbauch gezeigt hatte. Kurz darauf träumte sie, sie sei viereinhalb Monate lang schwanger und hätte Lust daran. Deutungen zu ihren Schwangerschaftswünschen begegnete sie nicht mehr mit Ablehnung.

Ihre unverhüllten liebevollen und sexuellen Gefühle gegenüber dem Analytiker lösten noch intensivere Wut- und Angstgefühle bei ihr aus, als er in den Winterurlaub fuhr. Aus diesem Impuls heraus traf sie Vorkehrungen, im nächsten Jahr in ihre Heimatstadt zurückzuziehen, war dann aber so überglücklich über seine »gesunde« Rückkehr, daß sie diese Pläne rückgängig machte. Sie zog sogar in die Nähe der Praxis des Analytikers und sagte, daß er nun der »Mittelpunkt ihres Lebens sei«. Sie entwickelte die Überzeugung, daß der Analytiker im Sommer nicht in Urlaub fahren würde, weil sie ihn brauche. Der Analytiker interpretierte dieses Verhalten als Wiedererleben des Weggangs des Vaters zum Militär, das durch dessen kürzlichen Tod aktualisiert worden war. Obwohl sie mit Tränen und Anzeichen der Verzweiflung reagierte, spielte sie diesen Konflikt weiterhin mit den Männern durch, mit denen sie sich traf. Nach dem sexuellen Kontakt tat sie dann alles dafür, gedemütigt zu werden, und reagierte dann mit Wut und Vorwürfen. Der Analytiker interpretierte, daß sie, indem sie dieses Szenario arrangierte, mehr »Kontrolle« über das habe, was ihr geschehe, als sie diese damals gehabt hatte, als der Vater sie verlassen hatte. Eine stärkere Kontrolle auch, als sie sie nun alltags als Erwachsene hatte und auch, als sie gegenüber dem Analytiker in der Behandlung einsetzen konnte. Sie akzeptierte diese Deutung nicht völlig; der Glaube an ihre Fähigkeit, durch magische Mittel Kontrolle auszuüben, wurde jedoch deutlich. Optimistische Gedanken müssen vor den Göttern verborgen werden. Angst und Pessimismus verhüten Unglück. Noch als Erwachsene »überwachte« sie die Flugreisen der Brüder, wie sie während der Latenzphase die Schritte der Mutter mit ihrem inneren Auge verfolgt hatte.

Vor dem Sommerurlaub des Analytikers las sie eine Novelle über eine Frau, deren Mann im Sterben liegt und die beim Arzt Fellatio macht und dessen Samen schluckt. Assoziationen tauchten auf, daß der Vater sein farbenblindes Gen und seinen schlechten Charakter an die Kinder weitergibt, und dann daran, daß der Analytiker ihr ein Geschenk mache. Sie hatte den Wunsch, ein Kind von ihrem Analytiker zu haben. In diesem Sommer, auf einer Auslandsreise, begann sie eine heftige Affäre mit einem verheirateten Don Juan. Sie liebte und haßte ihn; zum ersten Mal kam sie bei ihm während des Geschlechtsverkehrs zum Orgasmus. Er kehrte jedoch nach seiner Reise zu seiner Familie zurück und meldete sich nicht mehr bei ihr. Sie konnte ihn nicht ausfindig machen, telefonierte überall nach ihm herum, wobei sie die verzweifelte Sehnsucht nach ihrem Vater nach dessen Tod wieder aufleben ließ, die sie auch schon während seiner Armeezeit empfunden hatte. Sie suchte verzweifelt nach ihrem Liebhaber. Ein Traum bestätigte seine Rolle als Vatersymbol, darin machte sie ihn schließlich in jener Stadt ausfindig, in der ein Bruder ihres Vaters lebte und wo ihr Vater seine erste Koronarthrombose erlitten hatte.

In dem ersten Jahr nach ihres Vaters Tod spiegelten sich ihre Liebe/Haß-Gefühle gegenüber ihm und dem neuen Liebhaber, der sie verlassen hatte, in intensiven Liebe/Haß-Übertragungen wider. Jede eingebildete Geringschätzung löste wochenlange Reizbarkeit und Wut aus, gefolgt von der alten Furcht, der Analytiker könne sie fallenlassen, aber nun auch von der Angst, daß ihre Wut ihn töten könne. Einmal rief sie den Analytiker zu Hause an und eine Frau war am Apparat. Sie wurde wütend und sagte durchaus ernsthaft: »Ich dachte, ich wäre die einzige in seinem Leben.«

Wenn sie besonders aufgebracht war, kleidete sie sich manchmal wie eine Prostituierte und sagte zum Analytiker, die Worte eines Callgirls aus einem Buch imitierend: »Liebling, du hast mich noch nicht einmal berührt.« Gleichzeitig mit ihren Prostitutionsphantasien stand der Wunsch nach Schwangerschaft und einem Kind im Vordergrund. Die Schwangerschaftswünsche schlossen jedoch, um schwanger werden zu können, die orale Kastration des Partners mit ein. In dieser Zeit trat auch ihre Freßsucht verstärkt auf, sie fühlte sich »angenehm voll«. Sie war begeistert, als sie hörte, daß eine Freundin ihrer Tochter raten wolle, sie solle jedem Mann, der sie belästige, die Eichel abbeißen. Zur gleichen Zeit drohte sie, eine Zeitschrift aus dem Wartezimmer zu stehlen, die Fotos über die embryonale Entwicklung des Menschen enthielt. Mit dem zunehmenden Bewußtsein über ihre Schwangerschaftswünsche und -phantasien verschwanden kurz nacheinander ihre Ängste vor Krebs, Leukämie und Infektionen. Ihre Schwangerschafts-»Ängste« hörten ebenfalls auf, aber jetzt war sie jeden Monat darüber enttäuscht, nicht schwanger geworden zu sein.

Um diese Zeit herum begann sie eine sexuelle Beziehung mit einem anderen, liebevollen und zugewandten Mann. Sie genoß es, passiv und feminin zu sein, ertappte sich aber bei ihrem alten Muster, ihn durch Anrufe, Einfordern seiner Präsenz und Wutanfällen bei den geringsten Anlässen kontrollieren zu wollen. Beim Geschlechtsverkehr zeigte sie ein ähnliches Verhalten. Sie umklammerte ihn so fest mit ihren Schenkeln, daß er es unangenehm und beängstigend empfand. Auf die Frage des Analytikers hin sagte sie, daß ihre Masturbationspraktiken und -phantasien sich während der Analyse verändert hätten. Nun steckte sie zwei Finger in ihre Scheide und preßte ihre Schenkel mit starkem Druck um ihre Hand, wobei sie phantasierte, ein Mann würde Cunilingus bei ihr machen und sie würde ihn dabei ersticken. Sie entwickelte eine Phantasie, in der sie den Analytiker/ihr Baby in sich hineinziehen und dabei zerquetschen könne und sich selbst dabei bestrafen. Hauptsächlich züchtigte sie sich dann durch Freßanfälle und durch leichtsinnigen Umgang mit ihrem Geld, so daß sie wenig für sich selbst übrig behielt und mit dem Honorar immer im Rückstand war.

In den darauffolgenden Monaten trat unmittelbar sexueller Masochismus in den Vordergrund. Das wurde von einem Traum angekündigt, in dem ein Mann sie verfolgte, um ihr einen losen Zahn zu ziehen. Erinnerungen an ihren Vater tauchten wieder auf, wie er ihr die Milchzähne gezogen hatte, wie auch die Erinnerungen an ihre Kämpfe um die Hausaufgaben. Sie war sich nun völlig bewußt darüber, wie sehr sie das sexuell erregt hatte. Auch erinnerte sie sich daran, daß sie ihren Klavierlehrer während der Adoleszenz dazu provoziert hatte, ihr mit einem Lineal auf die Finger zu schlagen. Kurz vor dem Urlaub des Analytikers machte sie ihren früheren Liebhaber, den Don Juan, ausfindig. Sie flog zu ihm und fand ihn alleinlebend, psychotisch und von Größenwahn verfolgt. Trotzdem provozierte sie ihn dazu, sie zu vergewaltigen. Sie empfand starke Erregung darüber. In die Analyse kehrte sie zurück mit dem Beschluß, diesen

Mann zu heiraten, beruhigte sich jedoch während der folgenden Wochen und sah ihn dann nicht wieder.

Kurz vor dem Sommer trat sie eine neue Stelle an bei einem Geschäftspartner ihres Onkels, des Bruders ihres Vaters. Sie wurde seine »kleine tüchtige Assistentin«, eine Rolle, die sie auch bei ihrem Vater innegehabt hatte. Unter dem Einfluß der dabei ausgelösten Empfindungen beschloß sie, für diesen Mann abzunehmen. Sie bezwang ihre Freßsucht. Dieses Symptom wurde durch eine Phase sexueller Promiskuität abgelöst, sie haßte dabei sowohl ihre Eltern wie auch sich selbst. Auch setzte eine »Telefoniersucht« ein, sie rief bei allen ihren früheren Liebhabern an und hängte ein, wenn diese abhoben. In dieser Zeit wurde ihrem vergötterten Vorgesetzten gekündigt, sie wurde darauf depressiv und lethargisch in ihrem Job und beim Studium. Ohne an einen Chef/Vater gebunden zu sein, hatte sie keinen Antrieb mehr.

Nachdem dieses Verhalten über einige Monate hinweg angehalten hatte, ließ das Agieren nach, und sie berichtete dem Analytiker von der neuen Beziehung zu einem jungen Mann, der sie mit Achtung und Aufmerksamkeit behandle und sie gern habe. Bei ihm gab sie sich schüchtern und sexuell scheu. Monate vergingen vor dem ersten Geschlechtsverkehr. Beide genossen schließlich den Coitus. Sie verspürte keinen Impuls, ihn anzurufen, den Kontakt zu ihm beschränkte sie auf das »Wesentliche«. Sie konnte nicht glauben, daß ihm tatsächlich etwas an ihr lag. Sah er denn nicht, was alle anderen wußten, daß sie es nicht wert war, daß er sich mit ihr beschäftigte? An diesem Punkt grub sie einen ihrer früheren Liebhaber wieder aus und spielte im Kopf einen Mann gegen den anderen aus. Ihren Freund erlebte sie als freundlich und zärtlich und wollte ihn heiraten und mit ihm ein Heim und Kinder haben. Wenn sie mit dem anderen Mann zusammen war, wurde er als mies, böse und gemein erlebt, als derjenige, der ihr das lustvolle Leid bereiten konnte, das sie brauchte. Als sie jedoch ihre alte Prostitutionsphantasie wieder ins Spiel brachte, war diese nicht länger erregend. Ihr neuer Freund legte ein liebevolles, energisches Verhalten an den Tag, das sie als sehr »männlich« empfand, es erinnerte sie an ihren Vater. Während einer längeren Abwesenheit des Analytikers entschied sie sich, mit ihrem Freund zusammenzuziehen; nach der Rückkehr des Analytikers teilte sie diesem mit, daß sie ihren

Freund in wenigen Monaten heiraten würde. Sie schwankte freilich noch in diesem Entschluß. Äußeren Ausdruck gab sie diesem Hin- und Hergerissensein, indem sie eine Polarisierung zwischen dem Analytiker und ihrem Freund schuf, und zwar mit dem Thema Bezahlung des Honorars. Sie wollte eine Honorarabrechnung bis nach der Hochzeit zurückhalten, viele Träume und Phantasien kreisten dabei um anales Bewahren eines Babys (Penis des Analytikers), verbunden mit Assoziationen mit dem Geld, das der Vater ihr hinterlassen hatte, und mit ihrem Wunsch, ein Kind vom Vater zu haben, als dieser zur Armee gegangen war. Tatsächlich heiratete sie und schwankte dann nach der Hochzeitsreise zwischen der Wut auf den Analytiker wegen ihres Honorars und der Wut auf ihren Mann, weil er ihr kein Kind machte. Als die Sommerpause bevorstand, beschloß sie, die Analyse abzubrechen, wobei sie sich darüber bewußt war, daß noch mehr analytische Arbeit nötig war. Mit ihren Zukunftsplänen, ein Heim und ein Kind zu haben, war sie glücklich.

In der Retrospektive erkannte der Analytiker zwei in der Behandlung nicht bearbeitete wichtige Elemente. Ihr Telephonieren und das »Überwachen« ihrer Mutter hatten sich während der Analyse fortgesetzt; und es schien aufgrund der starken väterlichen Übertragung unmöglich, ihr Augenmerk auf die Mutter zu lenken. Des weiteren schien deutlich, daß jeder Fortschritt und jede Einsicht nur unter großem Leid erreicht werden konnte. Diese masochistische Tendenz wurde während ihrer Analyse nie direkt bearbeitet, obwohl aus einigen Träumen erkennbar schien, daß ihre Schuldgefühle aus der Wut über die Mutter und den Tötungswünschen für ihre Geschwister herrührten.

Zusammenfassung

Bei Frau M. wurde aus einer Reihe von Gründen eine Borderline-Struktur diagnostiziert. Sie zeigte vielfältige Symptome: Depression, schwere Angstzustände, Freßsucht, Hypochondrie und sexuelle Reaktionsunfähigkeit. Ihr soziales Leben war stark eingeschränkt, und sie lebte größtenteils in einer Phantasiewelt oder stellvertretend durch andere. Freunde, die ihr näher kamen, wurden dazu benutzt, ihre Phantasien und Ängste vor Schwangerschaft und Verlassenwerden auszuleben. Die Männer, die in ihr Leben traten, waren austauschbar und wurden als Partner bei ihren sadomasochistischen Phantasien benutzt. Ihre masochistische Identifikation mit der Mutter war offensichtlich, in der Übertragung identifizierte sie sich jedoch auch mit ihrem sadistischen Vater. Sie reagierte auf Trennung und Verlust äußerst empfindlich, ihr symptomatisches Verhalten korrespondierte oftmals mit einer bevorstehenden oder tatsächlichen Trennung von ihrem Analytiker.

Die Übertragung war unmittelbar und intensiv. Oft schien sie den Sinn eines analytischen Prozesses nicht zu begreifen, so verlangte sie vom Analytiker aktive Teilnahme an ihren Schwangerschaftsängsten und Gewichtsproblemen. Während der Behandlung zog sie in eine Wohnung nahe der Praxis des Analytikers, da er »der Mittelpunkt ihres Lebens« sei. Sie reagierte verletzt und verstört, als eine Frau in seiner Wohnung ans Telefon ging.

Oftmals während der Behandlung fühlte sich der Analytiker durch ihre Provokationen verärgert, was seinerseits sowohl sadistische Impulse wie Überlegungen auslöste, die Behandlung abzubrechen, gleichzeitig verbunden mit Rettungsphantasien und Schuldgefühlen.

Die Realitätsprüfung war auf mehreren Gebieten schwer gestört. Am gravierendsten war hier ihre zwanghafte Schwangerschaftsangst, die eine solche Intensität annahm, daß sie von Arzt zu Arzt laufen konnte, um diese von ihrer eingebildeten Schwangerschaft zu überzeugen. Mehr als einmal gelang es ihr, einen nicht an eine Schwangerschaft glaubenden Sexualpartner davon zu überzeugen, daß ihre Ängste berechtigt seien. In der Übertragung war ihre Realitätsprüfung über einen ungewöhnlich langen Zeitraum hinweg gestört. Sie war sich bis fast zum Ende der Behandlung sicher, daß der Analytiker sie quälen wolle, daß er der Mittelpunkt ihres Lebens sei und daß sie ihn verführen könne. Sie glaubte fest an ihre hypochondrischen Zwangsvorstellungen, bis diese schließlich als selbstbestrafende Reaktionen auf ihre Wut und ihre Kastrationsimpulse erkannt wurden.

IV. Objektbeziehungen

Jede sorgfältige Einschätzung eines Patienten verlangt auch eine umfassende Erforschung der sowohl vergangenen wie gegenwärtigen Beziehungen des Patienten zu anderen Menschen. Unsere Forschungsgruppe verwandte viel Zeit auf Diskussionen über die Objektbeziehungen unserer Patienten, um die bei Borderline-Patienten typischen oder vorherrschenden Merkmale und Qualitäten zu umreißen und zu beschreiben. Wir versuchten gemeinsame Merkmale zu finden, um diese Patientengruppe von psychoneurotischen Patienten einerseits und psychotischen andererseits zu unterscheiden.

In den vergangenen Jahren ist das Interesse an der *Objektbeziehungstheorie*, besonders auf Borderline- und psychotische Patienten angewandt, sehr gestiegen. Die Objektbeziehungstheorie wird manchmal der Familienstrukturtheorie gegenübergestellt, sie scheint für das Verständnis der Psychopathogenese bei gestörten Patienten von größerem Nutzen zu sein. Ein Thema dieses Kapitels wird daher die Behandlung dieses komplexen Aspektes sein. Unser Hauptziel wird hier jedoch darin bestehen, die Objektbeziehungen unserer vier analysierten Borderline-Patienten herauszuarbeiten und zu beschreiben, und in dem Versuch, die Entwicklung dieser Objektbeziehungen von der Kindheit bis ins Erwachsenenalter nachzuvollziehen. Wir werden dann unsere Ergebnisse denen von KERNBERG gegenüberstellen, dessen Arbeiten die Bedeutung der psychoanalytischen Objektbeziehungstheorie für Borderline-Patienten herausgestellt haben.

Verschiedene auf Borderline-Patienten angewandte Objektbeziehungskonzepte

In den Diskussionen der Forschungsgruppe wurde deutlich, daß viele Analytiker unterschiedliche Begriffe und Konzepte aus verschiedenen Objektbeziehungstheorien benutzen und auf Borderline-Patienten anwenden. Einige orientieren sich an der von MAHLER und Mitarbeitern erarbeiteten Entwicklungstheorie (1975), nach der bei Borderline-Patienten eine Störung in der Bewältigung der Separations-Individuations-Phase vorliegt. Andere legen die Betonung auf die bei diesen Patienten nicht erfolgte eindeutige Trennung von Selbst- und Objektrepräsentanzen, wobei sie sich an das von EDITH JACOBSON (1964) in »Das Selbst und die Welt der Objekte« entwickelte Konzept anschließen. Jene Analytiker, denen vor allem die narzißtische Komponente dieser Patienten wichtig erscheint, heben auf das Einsetzen anderer Menschen als »Selbstobjekte« ab, ein von HEINZ KOHUT (1971) für narzißtische Patienten geprägter Begriff – KOHUT selbst grenzte die narzißtischen Patienten jedoch schon frühzeitig von Borderline-Patienten ab.

Wieder andere orientieren sich stark an der Arbeit und den Theorien von MELANIE KLEIN (1946), nach denen die Bildung von inneren Objektbeziehungen beim Kind schon frühzeitig einsetzt und zu einer spezifischen Identifizierung aufgrund projektiv-introjektiver Prozesse führt. Die am besten auf die Untersuchung von Borderline-Patienten anzuwendende Objektbeziehungstheorie wird jedoch nach Meinung der meisten Analytiker von KERNBERG (1975, 1976) entwickelt. Er stellt fest, daß diese Patienten an einer spezifischen Form der »pathologisch internalisierten Objektbeziehungen« leiden, die aus einer Spaltung nur guter und nur böser Selbst- und Objektrepräsentanzen herrühren.

Wir werden hier nun einen kurzen Überblick über die Forschungen verschiedener Autoren und Theoretiker geben, um die Anwendungsmöglichkeit ihrer Theorien auf Borderline-Patienten zu prüfen.

MAHLERS Formulierung einer Separations-Individuations-Phase in der kindlichen Entwicklung, die einen Übergang bildet zwischen einem frühen autistischen und symbiotischen Zustand und der später integrierten Fähigkeit zur Objektkonstanz und Selbst- und Objektdifferenzierung wird heute weitgehend von Analytikern anerkannt. Ihre beobachtenden Studien über die kindliche Entwicklung lassen sie diesen Separations-Individuations-Prozeß in vier Unterprozesse gliedern: Differenzierung, Ausprobieren, Wiederannäherung, Individuationskonsolidierung. Sie geht von einer Entwicklungstheorie aus und macht die Bedeutung sowohl der angeborenen Anlagen deutlich wie auch die Fähigkeit der Mutterfigur, auf die vielfältigen Bedürfnisse des Säuglings und Kleinkindes einzugehen. Durch mangelnde Fähigkeit der Mutter, angemessen auf die Bedürnisse des Kindes zu reagieren, kann es zu schweren Beeinträchtigungen der kindlichen Fähigkeit kommen, die phasenspezifischen Aufgaben, unter dem Begriff Separation-Individuation zusammengefaßt, zu bewältigen.

In einer späteren Arbeit hebt MAHLER hervor, daß eine besonders schwierige Entwicklungsphase im Alter von ungefähr achtzehn Monaten während der »Wiederannäherungskrise« stattfindet. Aufgrund der Störungen im Individuations-Separations-Prozeß, wie auch aufgrund des von ihr beobachteten Ausbruchs einer starken Ambivalenz oder einer »Spaltung«, die in dieser Zeit stattfinden können, hat sie darauf geschlossen, daß viele der pathologischen Manifestationen, die bei Borderline-Patienten auftreten, eine Regression oder eine Fixierung auf diese Entwicklungsstufe sein könnten (1971). In derselben Arbeit weist sie jedoch darauf hin: »Es war meine Absicht, die genannten Hauptthemen möglichst exakt mit spezifischen Aspekten von Borderline-Phänomenen zu verknüpfen, die bei kindlichen und erwachsenen Patienten in der psychoanalytischen Situation auftreten. Aber ich bin mehr und mehr zu der Überzeugung gelangt, daß keine ›direkte Linie‹ von der deduktiven Verwendung von Borderline-Phänomenen zum einen oder anderen Ergebnis führt, das auf beobachtender Forschung beruht.« (1971, S. 1089).

JACOBSON (1954/1964) hebt die Bedeutung der graduellen Differenzierung von Selbst- und Objektrepräsentanzen hervor. Ihrer Meinung nach erlebt das kleine Kind seine mentalen Eindrücke noch als »undifferenziert«. In dieser Phase gibt es keine eindeutige Unterscheidung zwischen ihm als eigenständigem Individuum und der Außenwelt. Es ist sich noch nicht dessen bewußt, daß die Spannungszustände, die es empfindet, von seinem eigenen Körper ausgelöst werden oder daß Befriedigung und Minderung psychischer Spannung von jemand anderem herbeigeführt werden als ihm selbst. Nach und nach entwickelt sich jedoch die psychische Vorstellung vom Selbst und der Außenwelt, einhergehend mit Sinneswahrnehmungen über das Selbst und die anderen. Auf dieser späteren Entwicklungsstufe können jedoch die Selbst- und Objektrepräsentanzen leicht aufgrund projektiver und introjektiver Mechanismen verzerrt werden.

Jene Analytiker, die die Bedeutung dieser Mechanismen bei der Borderline-Struktur hervorheben, vermuten eine Fixierung auf die Entwicklungsstufe der von JACOBSON beschriebenen Selbst-Objekt-Differenzierung. JACOBSON weist darauf hin, daß diese Differenzierung nicht nur innerhalb einer Phase von wenigen Monaten der kindlichen Entwicklung erfolgt, sondern daß sie graduell bis zum dritten Lebensjahr stattfindet. Sie betont, daß Verschmelzungswünsche mit dem Objekt eine mangelnde Selbst-Objekt-Differenzierung fördern oder zur Folge haben können. In ihrer Arbeit »Contribution to the metapsychology of psychotic identifications« (1954) schreibt sie, daß bei schizophrener Regression der Patient auf die Stufe der »undifferenzierten« Selbst- und Objektrepräsentanzen zurückkehrt, wohingegen Patienten mit psychotischer Depression auf eine Stufe regredieren, auf der die Selbst- und Objektrepräsentanzen, obwohl schon voneinander differenziert, noch leicht introjiziert und projiziert werden können, was zu einer erheblichen Verzerrung der Objektbeziehungen führt. Wo JACOBSON allerdings ein regressives Wiederaufleben dieser Entwicklungsphase vermutet, glaubt KERNBERG, der sich stark an ihrem Konzept orientiert, an eine Fixierung an diese Stufe der unintegrierten oder »gespaltenen« Selbst- und Objektrepräsentanzen.

JACOBSON stellt weiterhin fest, daß während der Regressionsphasen bei schizophrenen und psychotisch depressiven, wie auch bei Borderline-Patienten, ein Zusammenbruch der Identifikationen erfolgt. Die Identifikationen von Borderline-Patienten und solchen mit psychotischer Depression regredieren auf die Entwicklungsstufe, in der »vollständige« oder »magische« Identifikationen stattfinden. Imitation, eher als echte Identifikation, tritt in den Vordergrund. Nach JACOBSON werden Borderline-Patienten dadurch für Identitätsstörungen disponiert, für die die von HELENE DEUTSCH (1942) beschriebenen »Als-ob«-Charaktere ein typisches Beispiel sind.

Viele Autoren haben die narzißtischen Merkmale von Borderline-Patienten betont und sich dabei an KOHUTs Arbeit (1971) orientiert, um deren Entwicklung besser zu verstehen. KOHUT ist der Meinung, daß die von FREUD behauptete Zweiteilung in narzißtische Liebe und Objektliebe nicht befriedigend sei. Er hebt hervor, daß der kindliche Narzißmus nicht nur in Objektliebe umgewandelt und umgeleitet werden müsse, sondern noch eine andere Entwicklung hin zu gesundem Selbstwertgefühl und das Selbstwertgefühl regulierenden Funktionen nehme (eine These, die von FREUD bereits teilweise im dritten Kapitel seiner Arbeit »Zur Einführung des Narzißmus« [1914] vertreten wird.)

KOHUTS Theorien, obwohl auf eine »Psychologie des Selbst« bezogen, werden im allgemeinen nicht zu den Objektbeziehungstheorien gezählt. Seine Überlegungen sind für die Entwicklung von Selbst- und Objektrepräsentanzen aber insofern von Bedeutung, als diese von der empathischen elterlichen Reaktionsfähigkeit auf das heranwachsende Kind beeinflußt werden. Nach KOHUT führt hier ein Mangel dieser elterlichen Fähigkeit beim Kind zu Störungen in der notwendigen Internalisierung von die Selbstachtung regulierenden Faktoren. Als ein Ergebnis dieses elterlichen Mangels, das KOHUT die »umgewandelten Internalisierungen« nennt, ist die Selbstrepräsentanz des Patienten von Regulationsstörungen des Selbstwertgefühls und von Spannungszuständen gekennzeichnet. Die Entwicklung und Fortdauer des »grandiosen Selbst« wie auch der »idealisierten Elternimago« sind Versuche, mit diesen Defekten umzugehen. Außerdem führt dieser Mangel zu Störungen in den Objektbeziehungen und daher zu einer Verzerrung der Objektrepräsentanzen. Menschen werden vor allem dazu benutzt, das Selbstwertgefühl des Patienten zu steigern, seine Spannungszustände zu mildern und dazu, seine Vorstellung vom »grandiosen Selbst« zu spiegeln oder zu schützen. KOHUT nennt diese für den narzißtischen Patienten charakteristische Objektrepräsentanz das »Selbst-Objekt«. Obwohl, wie gesagt, KOHUT Borderline-Patienten von narzißtischen deutlich unterscheidet, haben sich viele Analytiker an seiner Theorie der mangelnden elterlichen Empathie orientiert, um die Entwicklung narzißtischer Strukturen bei Borderline-Patienten nachzuvollziehen. Kernberg ist der Meinung, daß bestimmte Patienten mit narzißtischen Persönlichkeitsstörungen Borderline-Patienten sind, da auf sie auch andere von ihm dieser Diagnose zugeordnete Kriterien zutreffen.

MELANIE KLEIN (1946, 1948) hat sich nicht direkt mit Borderline-Patienten befaßt, ein kurzer Überblick über ihre Arbeiten ist hier aber doch nützlich, da ihre Konzeption der Entwicklung von »inneren Objektbeziehungen« die Objektbeziehungstheorie im allgemeinen und andere Autoren wie auch KERNBERG beeinflußt haben. KLEINS Konzept der Objektbeziehungsentwicklung beschäftigt sich mit dem Errichten von Introjekten im psychischen Leben des Kindes während der ersten sechs Lebensmonate. Ihre theoretischen Annahmen basieren auf dem Bedürfnis des Kindes, den Todestrieb zu bewältigen, der sein Leben bedroht. Sehr frühzeitig muß dieser Trieb nach *außen* (oder, wie gesagt, auf das Objekt) projiziert werden, und die Objektrepräsentanz, sei es die Brust oder eine primitive Vorstellung von der Mutter, wird als bedrohlich und verfolgend erlebt. KLEIN geht davon aus, daß die bedrohliche und verfolgende Brust dann verinnerlicht wird, was zu dem Imago eines »bösen internalen Objekts« führt. Das libidinös verfügbare Mutterbild wird ebenfalls introjiziert und zu einem »guten internalen Objekt«. Nach KLEIN führen diese Introjekte bereits im dritten Lebensmonat, von ihr paranoid-schizoide Position genannt, zu einer verankerten »Objektbeziehung«. In dieser Phase werden die Abwehrmechanismen *Spaltung, projektive Identifikation, primitive Idealisierung, Verleugnung* und *Omnipotenzphantasie* wirksam. Auffällig ist, daß, obwohl KERNBERG KLEINS Festhalten am Todestrieb nicht anerkennt, er doch feststellt, daß genau diese Abwehrmechanismen bei Borderline-Patienten wirksam sind. Deren Einsetzen bereits im Alter von drei Monaten kann er nicht bestätigen, aber er hält daran fest, daß das Fortdauern dieser Mechanismen die kindliche Unfähigkeit weiter erhält, die »nur guten« und »nur bösen« Selbst- und Objektrepräsentanzen zu integrieren.

KERNBERGS Arbeiten (1975, 1976) sind die umfassendsten über Objektbeziehungen von Borderline-Patienten. Er versucht, die Theorien von KLEIN, JACOBSON, MAHLER zueinander in Verbindung zu setzen und berücksichtigt auch FREUDS Entwicklungstheorien und die Arbeiten von HARTMANN zur Ich-Psychologie (1939, 1964).

KERNBERG (1976, S. 58) gibt seiner Theorie eine Struktur: Allgemeine Theorie über

1. den Ursprung der grundlegenden »Einheiten« (Selbstbild, Objektbild, Affektdisposition) der internalisierten Objektbeziehungen,
2. die Entwicklung von vier fundamentalen Stadien im Verlauf ihrer Differenzierung und Integration,
3. die Beziehung zwischen Defekten in dieser Entwicklung und der Entstehung verschiedener Formen von Psychopathologie,
4. Implikationen dieser Abfolge von Stadien für die allgemei-

nen strukturellen Entwicklungen des psychischen Apparates.

KERNBERG macht vor allem deutlich, daß eine schlüssigere Integration von Triebtheorie und Objektbeziehungstheorie dringend erforderlich ist. »Libido und Aggression repräsentieren die beiden umfassenden psychischen Triebe, welche die übrigen Triebkomponenten und die anderen, zuerst in Einheiten von internalisierten Objektbeziehungen konsolidierten Bausteine integrieren« (S. 107). Daher, so sagt er, sollten die entweder von der Triebtheorie oder der Objektbeziehungstheorie untersuchten Prozesse sich nicht gegenübergestellt oder dazu benutzt werden, unterschiedliche Pathologieformen zu beschreiben, sondern als miteinander in der psychischen Entwicklung in Wechselwirkung stehend betrachtet werden.

Er nennt die folgenden Grundstufen der Objektbeziehungsentwicklung:

Stufe 1: Normaler »Autismus« oder Undifferenziertes Primärstadium. Diese Phase umfaßt den ersten Lebensmonat und geht der Konsolidierung »guter« undifferenzierter Selbst-Objektkonstellationen voraus. Treten hier Beeinträchtigungen oder eine Fixierung auf diese Stufe auf, ist das charakteristisch für die autistische Psychose.

Stufe 2: Normale »Symbiose« oder Stadium der primären undifferenzierten Selbst-Objekt-Vorstellungen.

Diese Phase währt vom zweiten bis zum sechsten oder achten Lebensmonat. Hier findet sich eine vergleichsweise unvollständige Differenzierung zwischen Selbst- und Objektrepräsentanzen und eine anhaltende Neigung zu defensiv regressiver Wiedervereinigung von »guten« Selbst- und Objektbildern. Finden hier schwere Traumata oder Frustrationen statt, kommt es zu einer pathologischen Entwicklung. Pathologische Fixierung an oder Regression auf Stufe 2 ist charakteristisch für die symbiotische Kindheitspsychose und die meisten Formen der Schizophrenie Erwachsener und der depressiven Psychosen.

Stufe 3: Differenzierung von Selbst- und Objekt-Vorstellungen. Diese Phase beginnt um den achten Lebensmonat und endet zwischen dem achtzehnten und sechsunddreißigsten Monat. Sie endet mit der Integration »guter« und »böser« Selbstrepräsentanzen in ein integriertes Selbstkonzept und der Integration »guter« und »böser« Repräsentanzen in »vollständige« Objektrepräsentanzen. Entwicklungsstörungen in dieser Phase führen zur Borderline-Persönlichkeitsorganisation. In dieser Phase entsteht eine frühe Konstellation von Abwehroperationen, die sich hauptsächlich in Spaltung oder primitiver Dissoziation und Beibehaltung der anderen frühen Abwehrmechanismen ausdrückt: Verleugnung, primitive Idealisierung, projektive Identifikation, Omnipotenz und Abwertung.

Stufe 4: Integration von Selbst- und Objekt-Vorstellungen und Entwicklung reiferer intrapsychischer, aus den Objektbeziehungen abgeleiteten Strukturen. Diese Phase beginnt gegen Ende des dritten Lebensjahres und zieht sich durch die ganze ödipale Phase. Die typische in dieser Phase entstehende Psychopathologie ist die der Neurosen und »höheren« Charakterpathologien. Verdrängung wird zur Hauptabwehroperation des Ich.

Stufe 5: Konsolidierung der Über-Ich- und Ich-Integration. Dies ist eine fortgeschrittene Entwicklungsstufe mit der graduellen Ausbildung der Identität.

Zu diesen Entwicklungsstufen ist einiges anzumerken. KERNBERG, der sich dabei an den Arbeiten von MAHLER und JACOBSON orientiert, bestätigt die allgemeine Vorstellung, daß, je eher im Leben ein Trauma gesetzt wird oder mangelnde Fürsorge stattfindet, um so schwerer die sich daraus entwickelnde Pathologie ist. Zum Beispiel: »Pathologische Fixierung oder Regression auf Stadium 2 der Entwicklung internalisierter Objektbeziehungen zeigt sich auf klinischer Ebene in der mangelhaften – oder ganz ausbleibenden – Differenzierung von Ich-Grenzen, dieser Defekt ist kennzeichnend für die symbiotische Kindheitspsychose, für die meisten Formen der Schizophrenie bei Erwachsenen und für depressive Psychosen« (S. 59/60).

Auch ist bedeutsam, daß KERNBERG die Entwicklung der Borderline-Pathologie besonders Entwicklungsstörungen während der Stufe 3 zuschreibt, die mit ungefähr 8 Monaten beginnt und zwischen dem 18. und 36. Lebensmonat endet. In seinen frühen Arbeiten (1966, 1967) so scheint es, führte er die Borderline-Pathologie mit ihren spezifischen Spaltungsmechanismen auf Störungen zurück, die bereits vor dem 18. Lebensmonat aufgetreten sind.

KERNBERG geht davon aus, daß Schizophrene entweder auf die Stufe der Verschmelzung von Selbst- und Objektrepräsentanzen regredieren oder auf sie fixiert sind, wohingegen Bor-

112

derline-Patienten nicht bis auf diese Stufe regredieren, sondern lediglich unintegrierte oder »gespaltene« Selbst- und Objektrepräsentanzen bewahrt haben. Nach seiner Einschätzung ist es die fehlende Integration, die zu »Identitätsdiffusion« führt und die chronische Pathologie der, wie er es nennt, »internalisierten Objektbeziehungen« auslöst. Er nimmt an, daß die Objektbeziehungen von Borderline-Patienten immer den Stempel dieser frühen Fehlentwicklung tragen. Als ein Ergebnis des Ausbruchs starker Aggressionen frühzeitig im Leben oder eines starken inneren Aggressionstriebes ist das Kind, das später eine Borderline-Struktur entwickelt, nie dazu in der Lage, realistische Selbst- und Objektkonzepte zu internalisieren. Daher erscheinen dem Patienten Menschen oft als nur gut oder als nur böse, auch sich selbst kann er nur auf diese Weise wahrnehmen. KERNBERG sagt, daß eine solche »Spaltung« frühzeitig im psychischen Leben eintritt, als Folge der Unreife des psychischen Apparats, das heißt, der Unfähigkeit, die vielen Eigenschaften des Selbst und des Objekts kognitiv zu integrieren. Später allerdings wird diese Spaltung zu Abwehrzwecken beibehalten, um die Unversehrtheit des »Ich-Kerns« aufrechtzuerhalten, sie bleibt ein fester Bestandteil der Selbst- und Objektkonzepte des Borderline-Patienten.

Wir können hier nicht alle Autoren aufführen, die zum Verständnis der Objektbeziehungstheorie beigetragen haben oder sich gezielt mit Borderline-Patienten befaßt haben. Als ein Beispiel wäre hier der von WINNICOTT geprägte Begriff des »falschen Selbst« und des »wahren Selbst« (1965) zu nennen. Es gibt jedoch noch einen anderen Psychoanalytiker, dessen Forschungen über Objektbeziehungen in unserer Untersuchung der Borderline-Struktur eine zentrale Rolle spielen, und das ist FREUD selbst. Ein kurzer Überblick über seine diesbezüglichen Erkenntnisse steht nicht nur deshalb zu Gebot, weil wir meinen, daß er Wichtiges über Objektbeziehungen zu sagen hat, sondern weil die Folgerungen, die wir über unsere Patienten gezogen haben, sich stark an FREUDS Konzepten orientierten.

FREUDS *Auffassungen zu Objektbeziehungen*

Es ist wohl aufschlußreich, daß FREUDS Konzepte zu Objektbeziehungen und -strukturen in der heutigen Literatur über die Objektbeziehungstheorie kaum zitiert werden. JACOBSON allerdings legt sie zugrunde, und KERNBERG nimmt diesen Aspekt der FREUDschen Forschungen in seinen historischen Überblick über die Entwicklung der Objektbeziehungstheorie (1976) auf. Für viele richtet die Objektbeziehungstheorie sich indessen nur auf die allerersten Lebensmonate des Kindes und beschäftigt sich nur mit den allerersten Introjekten. Wieder andere meinen, sie befasse sich nur mit prästrukturellen und sicherlich präödipalen Entwicklungsphasen.

Es stimmt, daß Freund nicht über »Objektbeziehungen« als solche gearbeitet hat und daß er keine seiner Arbeiten als »Objektbeziehungstheorie« der Entwicklung bezeichnet. Trotzdem befassen sich viele seiner Forschungen mit genau diesen Bereichen des psychischen Lebens.

In seinen Schriften »Drei Abhandlungen zur Sexualtheorie« (1905) und »Triebe und Triebschicksale« (1915b) entwickelt Freud seine grundlegenden Konzepte der Triebtheorie, wie auch der Entfaltungs- und Reifungsphase der libidinösen Triebe. Zu keiner Zeit jedoch (und das spiegeln alle seine Schriften einschließlich der Fallgeschichten wider) hat er die wichtige Rolle des Objekts, auf das der Trieb gerichtet ist, als die Entwicklung genau dieser Triebe beeinflussend, aus den Augen verloren. Abweichungen vom Triebziel, wie auch Triebverschiebungen auf andere Objekte, sind das Ergebnis der komplizierten Interaktion zwischen dem Kind und den Eltern mit ihrer Befriedigung, Frustration, Enttäuschung, Angst und den Realitätsanforderungen.

Das unreife Kind wird seine frühen Objekte mit oralen Bedürfnissen und Phantasien besetzen, da dies eine in dieser Lebensphase primäre Interaktionsform darstellt. Das bedeutet nicht, daß das Vorhandensein oraler Phantasien ein Anzeichen von primitiver oder archaischer Ich-Funktion ist, da solche Phantasien augenscheinlich durch die ganze Entwicklung hindurch und auch im Erwachsenenalter bestehen, was sich in Bedürfnissen, Verhaltensweisen, Sprache und im Traumleben spiegelt.

Die anale Entwicklungsphase wird nicht nur durch die von

diesen Trieben und psychischen Repräsentanzen ausgelösten libidinösen und aggressiven Phantasien geprägt, sondern auch durch die Interaktion mit dem Objekt, auf das der Trieb gerichtet ist. Erfahrungen von Macht, Hergeben, Zurückhalten und das beginnende Einsetzen des Autonomiegefühls sind wichtige Elemente dieser Entwicklungsphase.

In der phallischen und ödipalen Phase werden die Triebschicksale der sexuellen und aggressiven Triebe wieder durch die Erfahrungen beeinflußt, die das Kind mit seinen Eltern macht. Diese, die ödipale Entwicklungsphase, ist nach FREUD die für die Persönlichkeitsentwicklung und für die Entstehung von Neurosen kritische Phase.

Vielleicht hat sein Erforschen des Ödipuskomplexes FREUD dazu in die Lage gesetzt, ein strukturelles Modell zu entwickeln, das er in »Das Ich und das Es« (1923) vorstellt. Das kann als die von FREUD am deutlichsten dargestellte »Objektbeziehungstheorie« angesehen werden. Die Identifikationen, die während und nach der ödipalen Phase stattfinden, bleiben bestehen und bewirken die Herausbildung von Persönlichkeitsstrukturen und einer stabilen Selbstrepräsentanz. Die Einschätzung, daß »der Charakter des Ich ein Niederschlag der aufgegebenen Objektbesetzungen ist« (S. 257), ist bereits eine wichtige Aussage zur Objektbeziehungstheorie.

Im selben Buch stellt FREUD sehr deutlich die Entwicklung des Über-Ich dar. Das Über-Ich selbst wird angesehen als das »Erbe des Ödipuskomplexes«. Diese Struktur, die auf der Introjektion der elterlichen Werte und Normen basiert, wie sie auch davon bestimmt ist, in welchem Ausmaß sexuelle und aggressive Triebe neutralisiert werden müssen, ist ein Resultat der *Objektbeziehungen* des Kindes. Wir betonen diesen Umstand hier noch einmal, weil in vielen Publikationen, die sich mit der Objektbeziehungstheorie befassen, davon ausgegangen wird, daß das Konzept der Introjektion sich auf die ersten Lebensmonate beschränkt.

Bereits vor Erscheinen von »Das Ich und das Es« behandelt FREUD in einer anderen Schrift die Objektbeziehungen. In »Trauer und Melancholie« (1917b) versucht er, den Zustand der normalen Trauer zu dem der pathologischen schweren Depression in Verbindung zu setzen. Er sagt, daß der trauernde oder depressive Mensch sich selbst auf dieselbe kritische Weise betrachte, in der er vorher das jetzt verlorene geliebte Objekt betrachtete. Anstatt durch Übernahme der Charakterzüge des verlorenen Objektes sich wie dieses zu verhalten, stellt das Subjekt an sich selbst die negativen Merkmale des Objektes fest, auch wenn es sie nicht wirklich hat.

Auch wenn diese Sicht nicht immer ausdrücklich zur Objekt-beziehungstheorie gezählt wird, ist sie dieser doch zuzurechnen, weil sie Selbstwahrnehmungen beschreibt, die sich eigentlich auf die Wesenszüge anderer Menschen beziehen. Man ist sich bis heute nicht einig darüber, ob man diesen Prozeß Inkorpora-tion, Introjektion, Internalisierung oder Identifikation nennen soll, das klinische Phänomen ist jedoch eindeutig genug. Objekt-verlust wird oft von der Identifikation mit dem Objekt und der Selbstwahrnehmung begleitet, man sei wie das Objekt. Trauern, sagt FREUD, ist ein Versuch, die Bindung an das Objekt aufrecht-zuerhalten; die Melancholie hingegen, die mit kritischer und negativer Selbstwahrnehmung einhergeht, ist der Versuch, mit der Feindseligkeit gegenüber dem Objekt umzugehen, die Ambi-valenz und Schuldgefühle mit sich bringt.

Es scheint uns wichtig hinzuzufügen, daß FREUD im Fall Schre-ber und in der Schrift »Zur Einführung des Narzißmus« (1914), eine andere Art der *Objektbeziehungs*theorie eingeführt hat. Er skizziert eine entwicklungsbedingte Progression libidinöser Be-setzung, die mit der Autoerotik beginnt, danach zum Narzißmus übergeht und erst dann zur Objektliebe. Die wichtigste Aussage ist hier, daß eine graduelle Verschiebung der libidinösen Beset-zung von der Selbstrepräsentanz hin zur Objektrepräsentanz stattfindet. FREUD vergleicht anhand dieses Konzeptes die schizo-phrene Regression auf einen archaischen narzißtischen Zustand mit der normalen Entwicklungsstufe des kindlichen Narzißmus. Es ist FREUD ein Anliegen, den Akt des Sichverliebens als ein Beispiel für eine vollständige Aufgabe der narzißtischen Libido und eine umfassende Überbesetzung des Objekts zu beschrei-ben. Dadurch bestätigt er, daß sowohl die völlige Überbewertung des Selbst wie auch die völlige Überbewertung des Objekts Beispiele für schwere Störungen in der Objektbeziehung dar-stellen können und daß eine ausgewogene Balance zwischen dem libidinösen Einsatz der Selbstrepräsentanzen und der Ob-jektrepräsentanzen erreicht werden muß.

Es ist nicht eindeutig zu erkennen, wie FREUD die autoerotische von der frühen narzißtischen Phase unterscheidet. Im Fall Schreber führt er aus, daß bei der Paranoia eine Regression auf den Narzißmus stattfindet, bei der Schizophrenie hingegen die Regression bis auf die Autoerotik zurückreicht. Später befindet er, daß Schizophrenie die Rückkehr in den objektlosen Zustand des Narzißmus darstellt. Es beschäftigt ihn die Hypothese, daß es sehr früh im psychischen Erleben keine eindeutige Unterscheidung zwischen Selbst- und Objektrepräsentanz gibt (genauso wie es für das Kind schwierig war, zwischen innen und außen zu unterscheiden). Heute würden wir dies, nach HARTMANN (1964), als die *undifferenzierte Phase* bezeichnen. Nur graduell entwickelt sich in der kindlichen Psyche eine Unterscheidung zwischen dem Selbst und den anderen, und das erste Objekt libidinöser Besetzung ist das Kind selbst oder der kindliche Körper. Zu Beginn wird die Mutter oder ihre Körperteile (wie auch die Körperteile des Kindes), auf welche der zu befriedigende Trieb gerichtet ist, als Gesamtheit des Objektes wahrgenommen.

Wenn manche Analytiker von Borderline-Patienten sagen, daß diese Objekte nur als »Teil-Objekte« ansehen, zum Beispiel nur als eine nährende Brust, wollen sie den Triebdrang beschreiben und die Wahllosigkeit, mit der Menschen benutzt werden, um diesen Trieb zu befriedigen. Sie heben ab auf das Fortbestehen kindlicher Merkmale, meistens Fixierung oder Regression auf frühere Beziehungsformen, wie auch auf die mangelnde Differenzierung zwischen Selbst- und Objektrepräsentanzen.

Geht man von den Objektbeziehungen aus, ist leicht zu erkennen, daß dieser von FREUD beschriebene Wandel in der Wahrnehmung des Objekts von nur bedürfnisbefriedigend hin zu einem differenzierteren Bild das hervorbringt, was HARTMANN das »konstante Objekt« oder das »ganze Objekt« genannt hat. Diese Entwicklung vom Status der Nichtdifferenzierung zwischen Selbst und Objekt hin zur Wahrnehmung des Objekts als nur bedürfnisbefriedigend und schließlich zum konstanten Objekt wird von JACOBSON (1964) und MAHLER et al. (1975) weiter erforscht und auf die Psychopathologie von Borderline-Patienten angewandt. Auch KERNBERG (1975) untersucht die graduelle Differenzierung zwischen Selbst- und Objektrepräsentanzen und die spezifischen Fehlschläge innerhalb dieses Entwicklungsprozesses bei Borderline-Patienten.

Wir möchten diese kurze Zusammenfassung der von FREUD geleisteten Beiträge zur Objektbeziehungstheorie mit dem Hinweis beenden, daß zumindest zwei von unseren grundsätzlichen Schlußfolgerungen über die Objektbeziehungen von Borderline-Patienten sich aus den von FREUD entwickelten Konzepten ableiten. Zum einen kamen wir zu dem Ergebnis, daß sich unsere Patienten stark mit ihren gestörten Eltern *identifizierten*, was zu pathologischen Charaktermerkmalen, Denkprozessen und Symptomformationen führte. Zum anderen stellten wir fest, daß *ödipale Konflikte* eine bedeutende Rolle spielten. Ihre Selbst- und Objektkonzepte wie auch ihr Über-Ich wurden stark beeinflußt vom Versagen, diese ödipalen Konflikte nicht auf befriedigende Weise gelöst zu haben. Wir halten diese Ergebnisse nicht denjenigen entgegen, die die Bedeutung der präödipalen Entwicklungsfaktoren hervorheben. FREUD selbst führt in seinen späteren Arbeiten aus, daß seiner Meinung nach der Verlauf der präödipalen Entwicklung die ödipale Phase prägend vorzeichnet und daß dies permanent auf den Charakter, die Objektbeziehungen und die Symptombildung weiter einwirkt. Trotz allem sind wir der Meinung, daß Konflikte in der ödipalen Phase in der Literatur über die Entwicklung einer Borderline-Psychopathologie oft vernachlässigt oder heruntergespielt werden.

Allgemeine Überlegungen

Durch diesen kurzen Literaturüberblick wollen wir dem Leser verdeutlichen, daß die Objektbeziehungstheorie und die Strukturtheorie nicht voneinander getrennt betrachtet werden sollten oder so, als ob die letztere sich nur mit der ödipalen und die erstere sich nur mit der präödipalen Entwicklungsphase befasse. Außer Frage steht, daß die Ausbildung von Es, Ich und Über-Ich ein gradueller Prozeß ist und daß es zu einem frühen Zeitpunkt der psychischen Entwicklung keine deutliche Unterscheidung zwischen Selbst- und Objektrepräsentanzen gibt. Es gibt frühe Identifikationen, die als die psychische Struktur befördernde Introjektionen betrachtet werden können. Bei der Beurteilung der für Borderline-Patienten charakteristischen Objektbeziehungen möchten wir hervorheben, daß, auch wenn wichtige Introjektionen und Identifikationen sehr frühzeitig stattfinden, zur Strukturbildung und Persönlichkeitsentwicklung auch solche bedeutsam sind, die später in der Kindheit auftreten.

Eine weitere Frage lautet, wie wir unsere Erkenntnisse über das psychische Erleben des Kindes aus den Forschungen über normale und pathologische Erwachsene ableiten können, und dementsprechend auch, inwieweit unsere Konzepte über frühes psychisches Leben, die teilweise aus beobachtenden Studien an Kindern hervorgegangen sind, unser Verständnis der Psychopathologie Erwachsener beeinflussen. Die aus der Neurosenanalyse Erwachsener abgeleiteten Konzepte über die psychosexuelle Entwicklung des Kindes gehört zu den wichtigsten Forschungsleistungen FREUDS. Es war ihm möglich, nicht nur das psychische Erleben des drei- bis fünfjährigen ödipalen Kindes zu rekonstruieren, sondern auch die vorausgehende orale und anale Entwicklungsphase. Diese Erkenntnisse nutzte er zur Bestimmung von Reifungsphasen in der libidinösen Entwicklung, den Objektbeziehungen, der Realitätsprüfung und der Strukturbildung. Als er sich der Erforschung der Psychose zuwandte, rekonstruierte er aus den Symptomen des Größenwahns, der Hypochondrie und aus Weltuntergangsphantasien (1911a) eine frühe narzißtische Entwicklungsphase. Er verwandte also die Beobachtungen regressiver Zustände von Psychotikern zur Rekonstruktion der psychischen Entwicklung des Kindes.

BAK (1954) schreibt über die Psychopathologie der Schizophrenie: »Die methodischen Fallstricke, biologische Reifungsphasen durch Extrapolierung der pathologischen Merkmale Erwachsener in ein genetisches Netzwerk zu rekonstruieren, sind wohlbekannt. Unser grundlegender Zugang besteht darin, daß wir uns in der Pathologie mit regressiven Phänomenen befassen, wir sollten aber auf keinen Fall außer acht lassen, daß auf Grund der Kompliziertheit des Krankheitsprozesses, der das Ich und die Ich-Funktionen in unterschiedlichem Ausmaß und nur teilweise beeinflußt, der genetische Aspekt nur zusammen mit den Veränderungen in den oben genannten Strukturen gesehen werden kann. Wir beziehen uns vor allem auf die relative Unversehrtheit einiger autonomer Ich-Funktionen (HARTMANN), die unterschiedliche Ausbildung der Vollständigkeit der Wahrnehmung und des Über-Ich, die während regressiver Phasen notwendigerweise ein völlig anderes Bild entstehen lassen *als dasjenige, das wir in der frühen Kindheit vermuten, als diese Funktionen und Strukturen noch nicht wirksam waren.*« (Hervorhebung von uns.)

Trotz dieser Warnung geht Bak selbst in dieser Arbeit und auch in späteren von der Regression Schizophrener aus, um den primären Narzißmus, die undifferenzierte Phase, die frühen Objektbeziehungen und die Festlegung von Selbst- und Objektrepräsentanzen während der Kindheit tiefgreifender zu erforschen. Damit folgt er der bewährten Tradition der psychoanalytischen Theoriebildung, in die sich nach ihm unter anderem auch Hartmann, Jacobson, Mahler und Kernberg einreihen.

Wie bereits gesagt, unterscheidet Jacobson (1954) die Regression bei akuten Schizophrenieepisoden von der bei akuter psychotischer Depression aufgrund der Ausprägung von Selbst- und Objektdifferenzierung. Bak (1971) verfährt auf die gleiche Weise bei der Unterscheidung der Regression Schizophrener von derjenigen bei schweren Perversionen. Der gleiche Theoriebildungsprozeß findet nun bei Borderline-Patienten statt. Durch die Erforschung der Psychopathologie erwachsener Borderline-Patienten werden nicht nur Rückschlüsse auf die Fixierungspunkte der Störungen gezogen, sondern auch der Versuch unternommen, zum Verständnis des Seelenlebens des Kindes beizutragen. Wie es Freud möglich war, Erkenntnisse über die anale Entwicklungsphase aus Charaktermerkmalen, Symptomen und Phantasien zwanghafter Patienten zu gewinnen, beschreiben heutige Theoretiker die Entwicklung der frühen Objektbeziehungen aufgrund der Psychopathologie erwachsener Borderline-Patienten. Außerdem besteht die Hoffnung, daß die aus einer mit einem »analytischen Auge« (Mahler) durchgeführten Beobachtung von Kindern und Kleinkindern gewonnenen Ergebnisse mit den aus der Untersuchung Erwachsener gezogenen Schlußfolgerungen übereinstimmen.

Trotz allem halten wir die von Bak geäußerte Warnung, daß wir nicht von der Identität verschiedener Regressionszustände mit einem korrespondierenden Zeitraum während der Kindheit, auf den sich diese Regressionen beziehen, ausgehen können, für wichtig. Melanie Klein kommt bei ihren Untersuchungen psychotischer und neurotischer Kinder zu dem Ergebnis, daß drei Monate alte Kinder über eine Vielzahl von Phantasien verfügen, die zu komplexen Introjektionen führen – die paranoid-schizoide Position. MASTERSON und RINSLEY, die das Verhalten adoleszenter Borderline-Patienten und ihrer Familien studieren, stellen häufig Trennungsprobleme von der Mutter fest, daß die Mütter klammerndes und abhängiges Verhalten belohnten und auf autonome und unabhängige Strebungen strafend oder mit Liebesentzug reagierten. Aufgrund dieser Zusammenhänge entwickeln sie die Hypothese, daß genau dieses Problem während der Separations-Individuationsphase existierte und zu der von ihnen beschriebenen Fixierung der Objektbeziehungen des Patienten führte. Sie scheinen aber zu übersehen, daß dies unmöglich die einzigen Schwierigkeiten von Borderline-Patienten sein können, ebenso gehen sie nicht auf die Wahrscheinlichkeit ein, daß diese in der frühen Kindheit aufgetretenen Probleme unweigerlich die weitere Entwicklung beeinflussen und ohne weiteres zu noch schwereren Konflikten dann in der ödipalen Phase führen können.

KERNBERGS Überlegungen erschienen uns wesentlich umfassender, detaillierter und tiefergreifend. Er bezieht, wie auch schon JACOBSON, die gesamte Bandbreite der Trieb- und Objektentwicklung wie auch die Ich-Entwicklung ein. Besonders die pathologische Fixierung oder Regression auf Stufe 2 (zwei bis acht Monate, vgl. S. 111) ist für die symbiotische Kindheitspsychose, die meisten Formen der Schizophrenie Erwachsener und die depressiven Psychosen bezeichnend. Entwicklungsstörungen, die während der dritten Stufe (8 bis 36 Monate) auftreten, führen zur Ausbildung der Borderline-Persönlichkeitsorganisation.

Aufgrund einer detaillierten Untersuchung unserer vier Fallbeispiele kamen wir zu dem Ergebnis, daß die entscheidenden ätiologischen Faktoren für die Entwicklung der Borderline-Struktur nicht in allen Fällen auf die Zeit zwischen acht und achtzehn Monaten festzulegen war. Vor allem konnten wir die Objektbeziehungen unserer Patienten nicht als direktes Ergebnis einer Fixierung oder Regression auf diese Lebensphase bezeichnen. In der Tat war beeindruckend, in welchem Ausmaß die pathologischen Merkmale der Objektbeziehungen *auch* aus späteren Entwicklungsphasen hervorgegangen waren. Die Gruppe der Borderline-Patienten stellte sich uns auch als so heterogen dar, daß die Bestimmung eines bestimmten Fixierungspunktes für alle diese Fälle unmöglich war.

Im folgenden werden wir die Objektbeziehungen der vier Patienten in unseren Fallbeispielen genauer untersuchen, wobei wir hoffen, daß die voranstehenden Ausführungen das Nachvollziehen unserer Schlußfolgerungen erleichtern werden.

Die Objektbeziehungen unserer Borderline-Patienten

Unsere eigenen Ergebnisse über die Objektbeziehungen von Borderline-Patienten basieren hauptsächlich auf den Beobachtungen der Kris Study Group der vier analysierten Fälle, aber wir orientieren uns natürlich auch an unseren eigenen Erfahrungen und denen anderer Gruppenmitglieder mit weiteren Borderline-Fällen. Unsere wichtigsten Ergebnisse sind:

1. Konflikte während der ödipalen Phase spielten eine wichtige Rolle für die Störungen in den Objektbeziehungen unserer Patienten.

2. Identifikationen mit jeweils schwer gestörten Eltern wirkten sich auf die Persönlichkeitsentwicklung und die Objektbeziehungen aus.

3. Das Fortbestehen sadomasochistischer Wünsche und die daran gebundenen Konflikte, die aus jeder Phase der psychosexuellen Entwicklung hervorgegangen waren, war auffällig. Dadurch wurden die Objektbeziehungen der Patienten und ihr Selbstkonzept stark beeinflußt.

4. Die Patienten zeigten durchlässigere Ich-Grenzen als Neurotiker, zum Beispiel instabile Differenzierung zwischen Selbst- und Objektrepräsentanzen.

5. Sie wiesen starke narzißtische Merkmale auf, die ihre Beziehungen zu anderen beeinträchtigten.

6. Auf Trennung und Verlust reagierten sie höchst sensibel, unabhängig von den Problemen ihrer Selbst- und Objektdifferenzierung.

7. Über-Ich-Konflikte waren ausgeprägt. Die Über-Ich-Struktur wurde natürlich von den Objektbeziehungen beeinflußt, mit fortschreitender Entwicklung spielten Über-Ich-Funktionen eine wichtige Rolle beim Eingehen weiterer Beziehungen.

Auch wenn diese Ergebnisse hier jedes für sich diskutiert werden, sind sie doch miteinander verbunden zu sehen, sie beeinflussen sich gegenseitig.

1. Die ödipalen Konflikte

Alle unsere Patienten litten offenkundig unter schweren ödipalen Konflikten. Es erscheint uns daher nicht angemessen, bei Borderline-Patienten hauptsächlich von präödipalen Konflikten auszugehen. Vielmehr ist es wichtig, die Auswirkungen dieser präödipalen Konflikte auf die ödipale Phase zu untersuchen. Auch wenn dies sicherlich genauso für neurotische Patienten gilt, waren die schweren Störungen in der Bewältigung der ödipalen Konflikte bei unseren Borderline-Patienten auffällig. Diese Beobachtungen scheinen in der Literatur, besonders in der Arbeit von MASTERSON und RINSLEY, aber auch in KERNBERGS Schriften, häufig vernachlässigt zu werden.

KERNBERG sagt, daß Borderline-Patienten frühreif in die ödipale Phase eintreten, augenscheinlich in dem Bemühen, die durch Spaltung und die daraus resultierende Ich-Schwäche entstandenen Probleme zu bewältigen. Aufgrund unserer Analysen war es uns nicht möglich, typische phallische Konflikte bei unseren Patienten aufzuzeigen, die vor dem zweiten oder dritten Lebensjahr stattgefunden hatten. Deutlich war jedoch, daß die sexuellen Konflikte von Konflikten aus früheren Stufen der psychosexuellen Entwicklung durchdrungen waren.

Das Fortbestehen schwerer ödipaler Triangulierungskonflikte mit ausgeprägten Frustrationen, Eifersucht und sadomasochistischer Identifikation ist kennzeichnend für Borderline-Patienten. Diese Konflikte wurden zweifellos von prägenitalen Störungen beeinflußt, auf die gleiche Weise, in der die ödipale Beziehung des kleinen Mädchens den Stempel seiner früheren Beziehung zur Mutter trägt. In einigen unserer Fälle überlagerten jedoch in der ödipalen Phase gesetzte Traumata nicht nur die Bewältigung des Ödipuskomplexes und die Ausbildung des Über-Ich auf entscheidende Weise, sondern auch die Art der nachfolgenden Objektbeziehungen. Diese Traumata aus der phallischen Phase führen zu Regressionen, die auf tiefgreifenden prägenitalen Störungen beruhen können.

Bei Herrn F. in Fallbeispiel II zum Beispiel wird die Mutter von einem kleinen Mädchen entbunden, das einige Stunden später stirbt. Dieses Ereignis, das zwischen dem vierten und fünften Geburtstag des Patienten stattfand, wirkte nicht nur an sich traumatisch, sondern führte zu starken Depressionen bei der Mutter, die wiederum für den Patienten eine starke Belastung darstellten. Sein Versuch, die gleichsam entschwindende Mutter festzuhalten, führte zu der obligatorischen Masturbationsphantasie, eine Frau wolle *ihn* in ein kleines Mädchen verwandeln, das heißt, in die kleine Schwester, um die die Mutter trauerte. Obwohl dies nicht der einzige Anstoß für seine Phantasie war, war er doch äußerst bedeutsam. Er beeinflußte sein Geschlechtsleben, seine Phantasien, weiblich zu sein und prägte seine gesamte Wahrnehmung von Frauen überhaupt. Er unterstellte ihnen grundsätzlich, ihn verführen und überlisten zu wollen, ganz egal, welches ihre wirklichen Absichten waren.

Bei Frau W. in Fallbeispiel I hatte der Vater wiederholt die Familie verlassen. Ihre Beziehungen zu Männern waren in einem beträchtlichen Ausmaß von der Angst beeinflußt, verlassen zu werden und von Phantasien um die Gründe dafür, zum Beispiel, daß sie nicht der Junge war, den ihr Vater sich ihrer Meinung nach gewünscht hatte. In der ersten Sitzung glaubte die Patientin tatsächlich, der Analytiker sähe wie ihr Vater aus, so stark war der Wunsch nach Wiedervereinigung mit ihm. Nach zweieinhalb Jahren Analyse schien ein Patt erreicht, die Patientin bat jedoch um eine erneute Chance, woraufhin sie ihre Masturbationspraktiken und -phantasien enthüllte und ihre geheimgehaltene Bulimie mit selbst herbeigeführtem Erbrechen. Letzteres wurde erkannt als Ausdruck oraler Befruchtungsphantasien und des Wunsches, durch Einverleibung selbst einen Penis zu bekommen.

Frau K. in Fallbeispiel III hatte offensichtliche ödipale Träume während der Analyse. Sie träumte, ihre Mutter sei gestorben und der Geist der Mutter kehre zurück und fordere sie auf, mit dem Vater zu schlafen. Sie entwickelte intensive ödipale Sehnsüchte in der Übertragung und dementsprechend Haß- und Eifersuchtsgefühle gegenüber Rivalinnen. Auch die negative ödipale Konstellation war von Bedeutung. Sie hatte eine Reihe lesbischer Phantasien und Sehnsüchte, den Vater aus dem Haus zu bekommen, um mit der Mutter allein zu sein.

Auch Frau M. in Fallbeispiel IV zeigte intensives romantisches Verlangen, mit dem Vater zusammen zu sein, der sie verlassen hatte, als sie viereinhalb oder fünf Jahre alt gewesen war. Sie war äußerst eifersüchtig auf ihre beiden jüngeren Brüder und viele ihrer hypochondrischen Symptome bezogen sich auf ödipale Schwangerschaftsphantasien. In der Analyse erinnerte sie ihre sexuelle Erregung, als der Vater ihr die Milchzähne gezogen hatte. Die Übertragung war stark erotisch und romantisch, und sie fühlte sich furchtbar betrogen, als ihr am Telefon des Analytikers einmal eine Frau antwortete. Sie sagte, sie habe gedacht, die einzige Frau in seinem Leben zu sein.

2. Identifikationen

Wir stellten fest, daß bei allen unseren Patienten starke Identifikationen mit ihren gestörten Eltern bestanden. Diese Identifikationen hatten oft Abwehrfunktion, wie dies auch bei der Identifikation mit dem Aggressor der Fall ist. Es ist jedoch augenscheinlich, daß Identifikationen mit den Eltern in vielen Aspekten der Persönlichkeitsentwicklung vorkommen, ohne daß sie in erster Linie als Abwehrfunktion dienen.

Am beeindruckendsten fanden wir die Identifikation mit bestimmten sadistischen Verhaltensweisen der Eltern. Hierfür war der die Patientin im Fallbeispiel III ein typisches Beispiel. Sie identifizierte sich mit ihrem nahezu psychotischen Vater und seinen gegen sie gerichteten sadistischen Mißhandlungen und ging dann mit dem Analytiker auf die gleiche Weise um. Sie sah den Analytiker selbst ebenfalls als verrückten, sadistischen Vater und sich selbst als das hilflose Opfer. Diese Identifikation mit ihrem Vater, mitsamt der Akzeptanz einiger seiner »verrückten« Ideen, war nicht notwendigerweise frühzeitig ausgebildet. Ein Großteil dieses väterlichen Verhaltens offenbarte sich ihr erst während der ödipalen Phase und setzte sich bis in ihre Adoleszenz fort, während der er sie »untersuchte« und dabei demütigte.

Die Patientin aus Fallbeispiel IV verhöhnte und quälte ihren Analytiker auf die gleiche Weise, wie ihr Vater die Mutter behandelt hatte. Indem sie sich mit dem Vater identifizierte und sein Verhalten übernahm, identifizierte sie sich mit dem Aggressor. Gleichzeitig identifizierte sie sich mit der Mutter in ihrer tiefverwurzelten Überzeugung, dumm und einfältig und dem Analytiker unterlegen zu sein. Es ist offensichtlich, daß Identifikationen mit beiden Eltern wichtige Faktoren in ihrer Charakterbildung ausmachten.

Im Fallbeispiel II war der Patient stark mit dem Vater identifiziert, den er als grausam, ihn ständig kritisierend und demütigend erlebt hatte. Seine Phantasien, so zu sein wie der Vater und andere Männer zu demütigen und zu kritisieren, wurden größtenteils unterdrückt und projiziert. Über diese Phantasien Kontrolle zu behalten, kostete ihn viel Kraft.

Wir können nicht bestätigen, daß die bei Borderline-Patienten auftretenden Identifikationen notwendigerweise »primitiv« oder magischer Art sind; noch können wir bestätigen, daß sie die von JACOBSON angenommene Regression durchlaufen. Identifikationen waren die Phantasien, wie eine andere Person zu sein. Das aktuelle Verhalten der Patienten, ihre Gedanken und Gefühle können mit denen der Eltern übereinstimmen oder auch nicht. Wir entdeckten viele Gründe für das Vorhandensein dieser Phantasien und Verhaltensweisen, sie dienten sowohl der Befriedigung libidinöser wie aggressiver Bedürfnisse, waren in Abwehrfunktionen eingebunden oder spielten eine Rolle bei der Über-Ich- und Charakterentwicklung.

Den bei unseren Patienten festgestellten Identifikationstypus von dem bei neurotischen Patienten zu unterscheiden, war nicht einfach. Am offensichtlichsten war, daß unsere Patienten sich dem Analytiker und anderen Menschen gegenüber verhielten, wie ihre Eltern sich zu ihnen verhalten hatten.

3. Sadomasochistische Konflikte

Die Patienten unserer vier Fallbeispiele zeigten sowohl in ihrem Phantasieleben wie im tatsächlichen Verhalten viele sadomasochistische Züge. Ihr Geschlechtsleben und ihre Beziehungen im allgemeinen waren von Aggressionen durchdrungen – gegen andere und gegen sich selbst gerichtet oder beides. Da sie ihre Aggressionen oftmals projizierten, fürchteten sie sich häufig vor Objekten und neigten zum Einsatz massiverer und rigiderer Abwehroperationen gegen diese Ängste und die sie auslösenden Impulse. Die schweren sadomasochistischen Konflikte waren gebunden an Derivate der Konflikte aus der analen Phase. Tiefgreifende Ambivalenzen, rigide Reaktionsbildung und magisches Denken stachen besonders hervor und brachten uns zu der Einschätzung, daß die »primitive Idealisierung« und die Abwertung (von KERNBERG hervorgehobene Abwehrmechanismen) an die Intensität der Ambivalenz gebunden waren. Die Patientin in Fallbeispiel III wies die deutlichsten Ambivalenzen auf und äußerte oftmals die von KERNBERG beschriebenen charakteristischen Schwankungen zwischen guten und bösen Selbst- und Objektrepräsentanzen. Wie wir aufgezeigt haben, sah sie den Analytiker phasenweise als bösen, sadistischen Peiniger an und sich selbst als das unschuldige Opfer. Diese Wahrnehmung konnte sich plötzlich, sogar innerhalb einer einzigen Sitzung, ins Gegenteil verkehren, und sie selbst empfand sich als die sadistisch Quälende. Unsere anderen Borderline-Patienten zeigten nicht unbedingt diese Schwankungen, obwohl auch ihre Ambivalenzen äußerst auffällig waren.

Die sadomasochistischen Merkmale, die das Leben dieser Patienten kennzeichneten, fanden oftmals ihren deutlichsten Ausdruck in ihrem sexuellen Verhalten. Phantasien oder Ängste, verschlungen, unterdrückt oder vollständig kontrolliert zu werden, waren häufig und bewirkten Angst vor ihrem Geschlechtsleben, aus Furcht davor, verletzt zu werden, den Partner zu verletzen oder beides. Bei beiden Geschlechtern waren Kastrationsängste und -phantasien daher stark ausgeprägt, was oftmals zu starken Hemmungen oder perversem Agieren führte.

Frau M. im Fallbeispiel IV provozierte ihren Analytiker fortwährend dazu, sie anzugreifen. Als Erwachsene spürte sie sexuelle Erregung bei der Vorstellung, ihr Vater würde ihr Zähne ziehen. Sie erinnerte sich an ihre sexuelle Erregung, als der Vater ärgerlich auf sie war und sie beim Hausaufgabenmachen anschrie. Während der Analyse provozierte sie einen psychotischen Freund dazu, sie zu vergewaltigen.

Herr F. im Fallbeispiel II glaubte beständig, der Analytiker wolle ihn demütigen. Er träumte, er läge auf der Couch und der Analytiker würde ihn masturbieren. In seinem Traum dachte er: »Darum also behandelt er mich.« Er suchte dauernd nach einem verborgenen Motiv des Analytikers, das ihm sein Gefühl, übervorteilt werden zu sollen, bestätigen könnte. Seine feste

Überzeugung, daß Frauen ihn verführen und überlisten wollten, leitete sich teilweise auch aus sadomasochistischen Phantasien ab.

Als die Analyse voranschritt, begann Frau W. im Fallbeispiel I offene masochistische Phantasien zu äußern. Ihre masochistischen Tagträume verliefen hauptsächlich nach einem Schema: »Ich leide sehr, aber ich bleibe geduldig und klaglos, dann werde ich schließlich belohnt.« Beißphantasien tauchten auf, und im vierten Analysejahr erinnerte sie eine traumatische Mandeloperation, die sie mit vier Jahren erlebt hatte und die mit Kastrations- und Urszenenthemen verwoben war.

Sadomasochistische Kämpfe konnten nicht nur anderen Menschen gegenüber ausgetragen werden, sondern auch innerhalb der eigenen Persönlichkeit der Patienten, wobei die eine »Partei« die Rolle eines grausamen sadistischen Elternteils übernahm, während die andere das zitternde hilflose Kind war. Zuzeiten wurden physische Krankheit oder somatische Schmerzen auf diese Weise interpretiert, so als ob der Patient gequält würde – oftmals als Bestrafung für Gier oder unkontrollierbare Impulse.

4. Selbst-Objekt-Differenzierung

Was die Differenzierung zwischen Selbst und Objekt betrifft, beobachteten wir nicht die schweren psychotischen Verzerrungen, die bei der schizophrenen Regression stattfinden. Unsere Patienten erlebten keine bewußten, mit Panik beladenen Gefühle der Verwirrung zwischen sich selbst und der Außenwelt. Da jedoch Projektion ein sehr bedeutsamer Abwehrmechanismus war, wurde ihre Wahrnehmung von sich selbst und anderen oft verzerrt. Manchmal glaubten sie, zu großer Empathie fähig zu sein, tatsächlich basierte ihre Einschätzung der Gefühle anderer Menschen jedoch ursprünglich auf der Projektion ihrer eigenen Emotionen.

Es wird oft betont, daß Borderline-Patienten hauptsächlich aggressive Triebderivate auf andere projizieren. MELANIE KLEIN arbeitet diese Tatsache in Verbindung mit der schizoid-paranoiden Position heraus. Auch KERNBERG stellt fest, daß Spaltung ein Abwehrmechanismus sei, der ursprünglich dazu benutzt wird, das Ich vor der Übermacht aggressiver Konflikte zu schützen. Es steht außer Zweifel, daß unsere Patienten ihre Aggressionen auf andere projizierten und daraus folgend Angst vor den Objekten hatten.

Es wurden jedoch auch viele andere Impulse projiziert, die ebenfalls zu Verzerrungen in den Objektbeziehungen führten. Oftmals auftauchende Beispiele für solche Impulse waren Neid, Gier (orales Verlangen, homosexuelle Impulse wie auch andere sexuelle Bedürfnisse), Kontroll- und Unterdrückungsimpulse gegenüber anderen und strenge Über-Ich-Attitüden.

Die Intensität, Beständigkeit und Beharrlichkeit der Projektionen ging einher mit (oder leitete sich ab aus) dem Unvermögen, deutlich zwischen dem Selbst und dem Objekt zu unterscheiden. Dies war jedoch kein globales Phänomen, sondern zeigte sich manchmal auf Gebieten, in denen ein bestimmtes Muster an Wünschen und Ängsten wirksam war. Herr F. in Fallbeispiel II war sich seines intensiven Rivalitätsverhaltens und dessen Verbindung zu dem Verhältnis zu seinem Vater und Bruder nicht immer bewußt. Er war sich zum Beispiel dessen bewußt, daß es ihn ärgerte, beim Autofahren überholt zu werden, nicht bewußt war er sich aber seines Wunsches, selbst zu gewinnen und andere Männer zu erniedrigen. Oft fürchtete er, andere Männer würden *ihm* dies antun wollen; es brauchte jedoch viel Zeit, bis er seine eigenen rivalisierenden und manchmal sadistischen Wünsche erkennen konnte, andere Männer demütigen, überrennen und zerstören zu wollen.

Frau K. in Fall III hatte oft das Gefühl, der Analytiker sei wütend auf sie. In diesen Momenten war sie sich ihrer eigenen Wut völlig unbewußt. Häufig verhielt sie sich in sozialen Situationen falsch, weil sie glaubte, die Gefühle der anderen Menschen seien ihre eigenen oder vice versa. Auch Frau M. in Fall IV zeigte in der Übertragung starke Projektionen, und bisweilen meinte sie dabei zu wissen, wer der Sadist war und wer der Masochist.

Trotz unserer Befunde geringer Selbst- und Objektdifferenzierung in bestimmten Lebensbereichen unserer Patienten widerstrebte es uns, dies auf *bestimmte* Fixationspunkte der kindlichen Entwicklung zurückzuführen. Ob man sich an MAHLERS Einschätzungen oder an denen von JACOBSON und KERNBERG orientiert, in jedem Fall erscheint es uns schwierig, die Ätiologie dieser Art von Störungen zu präzisieren. Wir nehmen jedoch an, daß tiefgreifende Konflikte während der ersten Lebensjahre die Selbst-Objekt-Differenzierung beeinträchtigt haben *müssen,* glauben aber auch, daß dieser Entwicklungsprozeß sich während der Kindheit fortsetzt und auch von Ereignissen und Interaktionen beeinflußt sein könnte, die zu einem späteren Zeitpunkt in der Entwicklung stattfinden.

5. Narzißtische Merkmale

Uns allen fiel der ausgeprägte Narzißmus unserer Patienten auf. Sie waren mehr mit der Befriedigung eigener Bedürfnisse befaßt, als daß sie mit anderen Menschen auf einer Ebene des Gebens und Nehmens verkehrten. Es war offensichtlich, daß es ihnen schwer fiel, sich Beziehungen für beide Seiten befriedigend vorzustellen, eher fürchteten sie, übervorteilt zu werden. Herr F. in Fall II glaubte zum Beispiel, sein Analytiker wolle ihn zur Unterwerfung und zum Nachgeben verleiten, woraus dieser dann zumeist sadistische Befriedigung ziehen würde. Die Patientin aus Fall III empfand ihren Analytiker als selbstsüchtig und meinte, er würde sie für seine eigenen Zwecke benutzen. Alles, was der Analytiker sagte oder tat, empfand sie als eine narzißtische Kränkung, sie glaubte aber auch, daß er alles, was er tat, nur für sie tun solle. Oft rief sie Freunde an und redete stundenlang über ihre eigenen Probleme, ohne zu gewärtigen, daß sie die Freunde stören könnte.

Oft forderten oder erwarteten die Patienten unbewußt, daß der Analytiker oder andere Menschen ihre libidinösen Bedürfnisse tatsächlich befriedigen würden. Worte und Deutungen wurden offensichtlich nicht als ausreichend empfunden - reale Befriedigung war das, was sie verlangten. Frau W. in Fall I wollte eine Wohnung im Praxisgebäude des Analytikers mieten und bestand zu einem späteren Zeitpunkt darauf, er solle einen Ehemann für sie finden. Frau M. in Fall IV verlangte, der Analytiker solle mit ihr den Champagner trinken, den sie zu ihrer Sitzung am Neujahrsabend mitgebracht hatte.

Die Menschen, denen diese Patienten begegneten, wurden jedoch nicht nur zur Befriedigung libidinöser Bedürfnisse eingesetzt, sondern oft auch als Selbstachtungsregulatoren. Diese Patienten brauchten mehr Anerkennung, Lob und Bewunderung als neurotische Patienten, die solche Bedürfnisse ohne Frage auch haben. Unsere Patienten reagierten auf unliebsame Deutungen oftmals dermaßen verletzt und enttäuscht, daß die weitere analytische Arbeit zum Scheitern verurteilt schien. Narzißtischer Rückzug oder Wutausbrüche waren nicht selten. Deutungen wurden schnell als Kritik empfunden oder als der Wunsch des Analytikers, sie zu demütigen oder zu unterwerfen. Sie vermittelten folglich anderen Menschen (den Analytiker eingeschlossen) das Gefühl, daß diese sehr vorsichtig mit ihnen umgehen müßten, um sie nicht zu verletzen. Diese Patienten konnten nur Menschen tolerieren, die sich so verhielten, wie die Patienten es wünschten, und kontrollierten daher alle anderen Menschen in einem gewissen Ausmaß.

Wir gelangten zu der Einschätzung, daß jede einzelne psychosexuelle Phase nicht nur libidinöse und aggressive Bedürfnisbefriedigungen, Enttäuschungen und Frustrationen mit sich bringt, sondern auch narzißtische Verletzungen und Wunden. Im Gegensatz zu KOHUT fanden wir es nicht hilfreich, narzißtische Probleme immer auf einen Mangel an elterlicher Empathie zurückzuführen oder beim Narzißmus einen besonderen Entwicklungsverlauf im objektbezogenen libidinösen und aggressiven Reifungsprozeß zugrundezulegen. Diese Probleme sind unlösbar miteinander verwoben, unserer Meinung nach sind die Konsequenzen aus Triebkonflikten an der Entwicklung der narzißtischen Persönlichkeit beteiligt. Oftmals stellten sich narzißtische Symptome eher als *Lösungs*versuche von Triebkonflikten heraus denn als von diesen getrennt und unbeeinflußt. In diesem Punkt stimmten wir eher mit KERNBERG überein und empfanden KOHUTS Zugang als enger gefaßt, da er augenscheinlich die durch Aggressionen ausgelösten Konflikte übersieht.

6. Trennungsprobleme

Die meisten Borderline-Patienten zeigen vor allem in der Übertragung tiefgreifende Trennungsprobleme. Unsere Patienten waren da keine Ausnahme. In ihren Lebensgeschichten schienen ausgeprägte Objektverluste während der Kindheit stattgefunden zu haben. Wir sind jedoch nicht der Meinung, daß tatsächlicher Objektverlust unbedingt eine starke Trennungsangst hervorrufen muß. MAHLER (1975) machte deutlich, daß für die Ausbildung dieser Angst der alltägliche Umgang zwischen Kind und Bezugsperson wichtiger sein kann als tatsächlich stattfindende Trennungen.

Wir möchten hervorheben, daß Trennungsängste an und für sich nicht notwendigerweise an frühe Traumata oder mangelnde mütterliche Fürsorge gebunden sein müssen. Die Angst vor Objektverlust oder vor Verlust der Liebe des Objekts ist auch in der späteren, ödipalen Phase von großer Bedeutung. Oftmals ist es bei der Analyse dieser Patienten schwierig, die ödipalen von den oralen und analen Ursprüngen dieser Angst zu unterscheiden.

Frau W. in Fall I reagierte auf Trennungen von ihrem Analytiker häufig mit Stummheit vor und nach analysefreien Wochen. Auch tröstete sie sich während der Trennungsphasen oft mit Süßigkeiten, was sowohl für ihr orales Verlangen stand wie auch für ihre geheimen sexuellen Bedürfnisse während der Abwesenheit des Analytikers. Die Patientin aus Fall III verhielt sich dramatischer. Wenn Trennungen anstanden, rief sie den Analytiker immer wieder an und verlangte, daß er mit ihr sprechen solle. Sie war wütend und aufgebracht, kam zu spät zu den Sitzungen und gab dem Analytiker die Schuld an ihrem Unglück. Frau M. in Fall IV bezog eine Wohnung in der Nähe des Analytikers, um ihm nahe zu sein, ohne daß sie dieses Verhalten im geringsten für hinterfragenswert hielt. Auch war sie der Überzeugung, er werde nicht in Urlaub fahren und sie nicht allein lassen können. Wenn er fuhr, stürzte sie sich mehrmals sofort in eine Affäre. Diese Patienten erlebten Trennungen häufig als Bestrafung dafür, daß sie nicht gut genug seien, was manchmal ihrer tatsächlichen Erfahrung in der Kindheit entsprach.

7. Über-Ich-Konflikte

Bei der Sichtung der Literatur gelangten wir zu der Ansicht, daß Über-Ich-Konflikte in den Diskussionen über die Objektbeziehungen von Borderline-Patienten anscheinend vernachlässigt worden waren. Wenn man unserer Zusammenfassung von

FREUDS Überlegungen zur Strukturbildung folgt, kann man davon ausgehen, daß Borderline-Patienten ausgeprägte Über-Ich-Konflikte haben müssen. KERNBERG betont allerdings, daß diese Patienten Schuldgefühle anders erleben als neurotische Patienten, wobei er die Tatsache hervorhebt, daß die Fixierungen in ihren »pathologisch internalisierten Objektbeziehungen« vor der Ausbildung des Über-Ich als festem Strukturbestandteil stattfinden. Um diese Frage eindeutiger zu klären, versuchten wir, zwischen bewußten »internalisierten« Schuldgefühlen und der Angst vor körperlichem Schaden oder Verfolgung eine Unterscheidung zu treffen. Diese sogar bei neurotischen Patienten oft angeführte Differenzierung ist nicht leicht festzulegen.

Das Ausmaß an Schuldkonflikten und der gegen diese Konflikte eingesetzten Abwehrmechanismen war bei unseren Patienten auffällig. Einige unserer Patienten griffen den Analytiker an, im Versuch, bei diesem Schuldgefühle auszulösen, wenn sie unbewußt fühlten, daß sie dem Analytiker zuviel abverlangt hatten, zum Beispiel, wenn sie fürchteten, er könne ihre gierigen, verzehrenden Forderungen nicht tolerieren. Eigentlich fühlte sich jedoch der Patient selbst schuldig für das, was er sich genommen oder vom Analytiker gestohlen hatte. Diese Konflikte wurden manchmal regressiv ausagiert, wobei die Schuldgefühle als Angst vor Verletzung oder Bestrafung erlebt wurden.

Die Über-Ich-Konflikte dieser Patienten durchdrangen ihre Objektbeziehungen. Ihre schweren Schuldgefühle führten zu Hemmungen und depressiven Phasen. Frau K. in Fall III empfand bei ihren ersten sexuellen Kontakten so ausgeprägte Schuldgefühle, daß sie das Telefon klingeln hörte, zum Fenster lief und sich einbildete, ihr Vater stünde vor dem Haus. Auch hatte sie das Gefühl, ihre Zähne würden faulen, wann immer sie sexuelle Phantasien hatte, was aus der Überzeugung herrührte, für ihre oralen Kastrationswünsche bestraft werden zu müssen. Frau M. in Fall IV hatte aktive Prostitutionsphantasien, in denen sie durch Demütigung für ihr sexuelles Verlangen bestraft wurde. Ihre hypochondrischen Phantasien hatten ihren Ursprung teilweise in Schuldgefühlen über ihre Schwangerschaftswünsche wie auch über ihre Wünsche, den Partner oral zu kastrieren. Je bewußter sie sich über ihre ödipalen Schwangerschaftswünsche wurde, um so mehr verminderten sich ihre Ängste vor Krebs, Leukämie und Infektionskrankheiten. Diese »Ängste« waren

Antizipationen von Bestrafung wie auch von Selbstbestrafung. Herr F. in Fall II begann im Studium zu versagen, als der Vater ihn anläßlich der elterlichen Trennung mit der Mutter allein ließ. Dadurch bestrafte er sich für die Erfüllung des lebenslangen Wunsches, die Mutter für sich allein zu haben. Zum Ende der Analyse hin verzögerte er die Eröffnung einer eigenen Praxis aus dem Schuldgefühl heraus, sein ersehntes Ziel erreicht zu haben. Er hatte die Phantasie, die Praxiseröffnung würde zum Tod oder zur Kastration des Vaters führen.

Zusammenfassung

Bezüglich der Objektbeziehungen von Borderline-Patienten stimmen wir mit vielen Autoren überein. Bei der Zuordnung der Ausbildung dieser gestörten Ojektbeziehungen zu bestimmten prägenitalen Entwicklungsphasen sind wir allerdings zurückhaltender als viele von ihnen. Wir haben die Schwierigkeiten beschrieben, die bei der Rekonstruktion problematischer früher kindlicher Entwicklungsphasen aus Regressionszuständen oder aus der Psychopathologie Erwachsener auftreten, obwohl wir die Bedeutung und die Stichhaltigkeit eines solchen Zuganges anerkennen.

Wenngleich wir aus den Arbeiten von MAHLER, JACOBSON, KOHUT, KLEIN und KERNBERG über Objektbeziehungen viel gelernt haben, möchten wir doch auch die Relevanz der von FREUD geleisteten Beiträge zur Objektbeziehungstheorie würdigen. In Übereinstimmung mit seinen Einschätzungen möchten wir einige in der Literatur über Borderline-Patienten vernachlässigte Ergebnisse festhalten. Diese beziehen sich auf den Einfluß ödipaler Konflikte auf die Ausbildung späterer Objektbeziehungen und den der Identifikation mit gestörten Eltern bei der Entwicklung der Borderline-Persönlichkeit. Des weiteren stellten wir fest, daß diese Patienten tiefgreifende sadomasochistische Konflikte, mangelnde Differenzierung zwischen Selbst- und Objektrepräsentanzen, auffällige narzißtische Merkmale, deutliche Trennungsprobleme und umfassende Über-Ich-Konflikte aufweisen.

V. Realitätsprüfung

Während der klinischen Diskussion über jedes unserer Fallbeispiele hoben mehrere Mitglieder der Forschungsgruppe die mangelnde *Realitätsprüfung* unserer Patienten bei bestimmten Verhaltensaspekten oder dem Urteilsvermögen auf bestimmten Gebieten hervor, sowohl innerhalb wie außerhalb der analytischen Situation. Zunächst bemühten wir uns nicht sonderlich, genauer zu definieren, was hiermit gemeint war. Es wurde allem Anschein nach vorausgesetzt, daß dieser bekannte klinische Begriff von allen Kollegen ohne präzise Definition verstanden wurde. Wir mußten uns jedoch im Laufe der Zeit eingestehen, daß hier unterschiedliche Beobachtungen gemeint waren. Manchmal ging es um das Verhalten in Lebenssituationen, wie es in der analytischen Situation beschrieben wurde; manchmal um das Verhalten in der Sitzung selbst; und dann wieder gab der Begriff den Befund wieder, den die Analytiker für die Gedankenwelt, das Urteilsvermögen und die Wahrnehmungen der Patienten gefunden hatten oder für deren Einschätzungen von sich selbst, dem Analytiker oder anderen Menschen und Situationen. Außerdem wurde das Ausmaß des Mangels an (oder der Störung in) der Realitätsprüfung sehr unterschiedlich gewichtet, wie auch die Einschätzungen über deren Fortdauer oder ein erneutes Auftreten stark divergierten. Wir kamen nicht umhin festzustellen, daß unsere stillschweigende Übereinkunft, Realitätsprüfung sei entweder als eingeschränkt oder als intakt zu beschreiben, völlig unangemessen war. Die tatsächliche Lage ist hier wesentlich komplizierter; es bestehen Abstufungen, und die Bedingungen und Umstände, unter denen eine gestörte Realitätsprüfung auftritt, variieren von Patient zu Patient. Wir unternahmen den Versuch, die Faktoren zu erforschen, die diese komplexe und instabile Funktion beeinflussen. Bevor wir unsere Beobachtungen und Ergebnisse darlegen, erscheint uns ein kurzer Überblick über den Hintergrund dieses schwierigen klinischen Begriffes hilfreich.

FREUDS *Theorie über die Realitätsprüfung*

Den Begriff der Realitätsprüfung behandelt FREUD zum ersten Mal in Kapitel VII von »Traumdeutung« (1900), in der Übersicht über sein theoretisches Schema der frühen Entwicklung des psychischen Apparates. Er schreibt, daß eine eingebildete Wunscherfüllung keine stabile Befriedigung von Triebbedürfnissen mit sich bringen kann und daß das, was er den »Umweg« nannte, eine befriedigendere »Wahrnehmungsidentität« in der Außenwelt zu suchen, anstatt in sich selbst, sich stufenweise entwickelt, je nachdem, wie die kindlichen Erfahrungen und Fähigkeiten dies erlauben. Nur in einer Fußnote, die der 1919 erschienenen Ausgabe beigefügt wurde, sagt er, daß Realitätsprüfung, das Entscheiden darüber, ob Dinge real sind oder nicht, für diese Entwicklung essentiell ist. Es steht außer Frage, daß diese Anmerkung das hinzufügt, was FREUD bereits voraussetzt; das, was er jetzt Realitätsprüfung nennt, bezieht sich auf die Unterscheidung zwischen der Wahrnehmung der Außenwelt und der der inneren halluzinatorischen Wunschwelt.

Er führt den Begriff »Realitätsprüfung« zum ersten Mal in seiner Schrift »Formulierungen über zwei Prinzipien des psychischen Geschehens« (1911b) ein. Darin bezieht er sich auf seine früheren Ausführungen und fügt die Beschreibung des »Sekundärvorgangs« hinzu, der das, was real ist, hervorhebt. In einer Schlüsselpassage schreibt er: »Damit war ein neues Prinzip der seelischen Tätigkeit eingeführt; es wurde nicht mehr vorgestellt, was angenehm, sondern was real war, auch wenn es unangenehm sein sollte.« (S. 232). Die Wirksamkeit dieses Realitätsprinzips greift stufenweise in die bisherige Hegenomie des Lustprinzips ein, obwohl dieser Übergriff auf das Sexuelle nicht so umfassend stattfindet wie auf andere Aspekte des psychischen Lebens. Realitätsprüfung ist also eine entwickelte Fähigkeit, die das Funktionieren des Realitätsprinzips unterstützen kann.

Auch in der Schrift »Die Verneinung« (1925) greift FREUD dieses Thema wieder auf. Hier schreibt er, daß der Begriff Realitätsprüfung die Frage aufwirft, ob »etwas im Ich als Vorstellung Vorhandenes auch in der Wahrnehmung (Realität) wiedergefunden werden kann. Es ist, wie man sieht, wieder eine Frage des *Außen* und *Innen*. Das Nichtreale, bloß Vorgestellte und Subjektive, ist nur innen; das andere, Reale, auch im *Drau-ßen* vorhanden.« (S. 13). Und er fügt hinzu, »die Reproduktion der Wahrnehmung in der Vorstellung ist nicht immer deren getreue Wiederholung; sie kann durch Weglassungen modifiziert, durch Verschmelzungen verschiedener Elemente verändert werden. Die Realitätsprüfung hat dann zu kontrollieren, wie weit diese Entstellungen reichen.« (S. 14). Auch in diesem Zusammenhang weist er auf das hin, was die klinische Erfahrung wiederholt gezeigt hatte, daß nämlich Wahrnehmungen der Außenwelt anfällig sind für defensive Abänderungen unter dem Einfluß von Triebderivaten und Unlustaffekten. Anders ausgedrückt, Realitätsprüfung kann von dem Bedürfnis verdrängt werden, für das Bewußtsein des Individuums unannehmbare Realitätseindrücke zu verändern.

Andere Forschungsbeiträge

FERENCZI (1913) arbeitet über die zwei Prinzipien FREUDS in seiner klassischen Schrift »Entwicklungsstufen des Wirklichkeitssinnes«. Er beschäftigt sich mit der Entwicklung des Realitätsprinzips, wobei er die Frage aufwirft, ob diese fließend verläuft oder in einer Reihe von bestimmten Entwicklungsschritten und ob, wenn das letztere zutrifft, diese verschiedenen Stufen nachvollzogen oder ihre Derivate im psychischen Leben nachgewiesen werden können. Augenscheinlich nimmt er dies als gegeben an, da er Untersuchungsergebnisse über den Glauben zwanghafter Patienten an die Omnipotenz ihrer Gedanken, Gefühle und Wünsche als Grundlage dafür benutzt, eine ausführliche hypothetische Abfolge von Entwicklungsstufen zu erarbeiten. Diese beginnt während des intrauterinen Lebens, das er eine *Phase uneingeschränkter Omnipotenz* nennt, danach durchläuft das Kind nacheinander die Phasen der *magisch-halluzinatorischen Omnipotenz, der Omnipotenz mit Hilfe magischer Gesten,* was in den Gebrauch *magischer Gedanken und magischer Worte* mündet. Erst danach kann das Realitätsprinzip als etabliert gelten, obwohl es selbst auf dieser Stufe das psychische Leben Erwachsener nicht vollständig dominiert, weder bei normalen noch bei neurotischen. FERENCZI führt aus, daß diese Stufen als Stufen der Ich-Entwicklung betrachtet werden müssen (was immer er unter Ich-Entwicklung im Jahre 1913 verstanden haben mag) und daß sie von Stufen der Libidoentwicklung unterschieden werden müssen. Er fügt hinzu, daß Regression vielleicht auf beiden Gebieten des psychischen Lebens stattfinde und daß eine schematische Auswertung der Regression auf beiden Achsen dazu dienlich sein könne, die Vielzahl neurotischer Erscheinungen zu erklären.

MODELL (1968) stellt eine komplexe, scharfsinnige Theorie vor, die von »zwei Organen für die Realitätsprüfung« ausgeht. Das eine wird durch genetisch bestimmte autonome Ich-Funktionen getragen, die nur geschädigt werden können, wenn eine schwere Deprivation stattfindet wie etwa ein nahezu vollständiges Fehlen angemessener mütterlicher Fürsorge im Laufe der Entwicklung. Das zweite ist eine von jedem Individuum entwickelte Struktur, die es dem Kind ermöglicht, die Fähigkeit auszubilden, leidvolle Trennungen vom Objekt adäquat zu tolerieren. Das Funktionieren dieser zweiten Struktur ist das, was im allgemeinen klinisch beobachtet wird, da nach MODELL ihre pathologischen Manifestationen die potentielle Fähigkeit der autonomen Strukturen, die Realität exakt wahrzunehmen, verdecken. Das stützt die oben beschriebene Theorie, Störungen in der Realitätsprüfung hypothetischen Problemen während der frühesten Entwicklungsstufen zuschreiben zu können.

Ohne Frage stimmen bis heute alle Analytiker darin überein, daß Neugeborene noch keine Fähigkeit zur Realitätsprüfung haben können und daß diese Fähigkeit sich erst stufenweise, mit zunehmender Reife des Kindes, entwickelt. Obwohl theoretische Vorstellungen vom Wachstum des psychischen Apparates sich nicht notwendigerweise an den von FERENCZI vorgestellten Stufen orientieren, kommen doch alle zu dem Schluß, daß einige fundamentale Entwicklungsschritte während der allerfrühesten Stufen der Ich-Entwicklung stattfinden. Besonderes Gewicht wird dabei auf das Erwerben der Fähigkeit gelegt, außen von innen zu unterscheiden, die zuerst von FREUD in »Triebe und Triebschicksale« und »Metapsychologische Ergänzung zur Traumlehre« dargelegt wurde.

In jüngerer Zeit wird dieses Thema eher mit Begriffen der Selbst-Objekt-Differenzierung behandelt, wie in der Arbeit von JACOBSON (1964). Es wird also davon ausgegangen, daß während der von FREUD dargestellten Stufe der reinen Lust der Ich-Entwicklung, in der das Gute mit der Innenwelt und das Böse mit der Außenwelt gleichgesetzt wird, frühe Differenzierungen zwischen Selbst- und Objektrepräsentanzen stattfinden, die äußerst provisorisch, fließend und instabil sind. Mit Hilfe introjektiver und projektiver Mechanismen werden Selbst- und Objektrepräsentanzen zunächst so behandelt, daß sie dieser Gut-Böse-Unterscheidung entsprechen, erst danach werden durch die Reifung der Ich-Organisation nach und nach andere Wahrnehmungen von Selbst- und Objektrepräsentanzen möglich, die zunehmend komplex, vielfältig und stabil sind. Da diese frühen psychischen Muster eng miteinander verbunden sind, wird die Fähigkeit, beständige und exakte Differenzierungen zwischen Selbst- und Objektrepräsentanzen zu treffen, zu einem Kriterium für die Bewertung der Realitätsprüfung.

Die stichhaltigste Erläuterung der schwierigen Begriffe Realitätsprüfung und Realitätsprinzip im Lichte der Ich-Psychologie liefert HARTMANN. In »Notes on the Reality Principle« (1956) legt er dar, daß der Begriff des Realitätsprinzips zwei unterschiedliche Zusammenhänge benennt: 1. die adaptive Berücksichtigung »realer« Merkmale eines Objektes oder einer Situation; 2. die Fähigkeit, das Verhalten von spontanen Entlastungsbedürfnissen abzukoppeln. Er merkt dazu an, daß im Wirken dieses Realitätsprinzips auch Lust eine Rolle spielen kann. Dabei führt er FREUDS Feststellung detaillierter aus, wonach das Realitätsprinzip eine Modifikation des Lustprinzips herbeiführen kann und nicht einfach dessen Ersatz darstellt. Im Laufe der Ich-Entwicklung kommt es zu einer neuen Gewichtung von Lustwerten, wodurch das Es sich zwar nicht direkt verändert, wohl aber in der Interaktion der Instanzen betroffen ist. Mit anderen Worten, es verändern sich nicht die wesentlichen Lust-Unlust-Strukturen, sondern die Bedingungen, unter denen sie auftreten. Eine Hauptkompensation für Triebverzicht ist zum Beispiel die Erwartung, daß dies von den Eltern honoriert wird; das heißt, eine Art Lust wird durch eine andere ersetzt. Dieser ursprünglich Unlust auslösende Triebverzicht kann lustvoll erlebt werden, da das Ich sich entwickelt hat und ein komplexeres Zusammenspiel möglich wird.

HARTMANN bemerkt auch, daß »das Realitätsprinzip sowohl das Wissen um die Realität wie auch das Reagieren auf sie beinhaltet« (S. 252). Er befaßt sich nicht dezidiert mit dieser Frage, aber wir können schließen, daß Realitätsprüfung nur in Verbindung mit dem umfassenderen Realitätsprinzip zu sehen ist. HARTMANN weist darauf hin, daß es keine simple Wechselbeziehung zwischen der objektiven Realitätseinsicht und der Angemessenheit der auf sie folgenden Handlung gibt und daß das, was in einer Hinsicht angepaßt sein mag, in einer anderen der Adaptation zuwiderlaufen kann.

Es ist also offensichtlich, daß die Einschätzung, Realitätsprüfung könne global beschrieben werden, sich als zu einfach und als unhaltbar erweist. HARTMANN konzentriert sich dann auf den wesentlichen Punkt; er zeigt, daß selbst das *Wissen um die Realität* unausweichlichen Verzerrungen unterworfen ist. Er beobachtet, daß der Verstand des heranwachsenden Kindes im Hinblick auf seine Konzeptformation, die Gedanken- und Gefühlsgewohnheiten, die Sprache und bis zu einem gewissen Grad auch die Wahrnehmung, aufgrund seiner großen Abhängigkeit stark von seinen Objektbeziehungen beeinflußt wird. Während »ein ›realistisches‹ Objekt für das Kind zur Unterscheidung zwischen Phantasie und Realität äußerst hilfreich sein kann« (S. 256), verlangt die Lust, die durch Anpassung entsteht, oft »das kindliche Akzeptieren falscher und schiefer Realitätseinschätzungen der Eltern.« (S. 256). HARTMANN beschreibt die hohe Wahrscheinlichkeit von Spannungen zwischen dem Wissen um die *objektive* Realität und dem um die *soziale* Realität – soziale Realität meint dabei sowohl den Mikrokosmos der Familie wie auch die weitere soziale und kulturelle Umwelt, in der das jeweilige Kind lebt. Alles in allem, so führt er aus, gibt es zwei voneinander zu unterscheidende Realitätsbilder, die sich gegenüberstehen, »das Konzept der ›objektiven Realität‹, das FREUD meistens benutzte; dabei entspricht das eine Bild dem, was wir üblicherweise vereinfachend magisches Denken nennen; das andere einer Sicht, bei der nicht Bestätigung, sondern intersubjektive Akzeptanz als Realitätskriterium eingesetzt wird.« (S. 259). Diese Überlegungen müssen bei der Einschätzung der Fähigkeit zur Realitätsprüfung von Menschen, die in einem stark pathogenen Umfeld aufgewachsen sind, unbedingt berücksichtigt werden. Wie noch deutlich werden wird, demonstriert unsere Arbeit mit den Patienten die Wichtigkeit dieses Zugangs.

Einen weiteren Beitrag zum Thema liefert FROSCH (1964, 1970).

Er beschreibt eine Patientengruppe, die er »psychotische Charaktere« nennt und die sich mit der Gruppe deckt, die von uns und anderen als »Borderline-Strukturen« bezeichnet wird. Nach seiner Meinung ist deren Realitätsstörung weniger schwerwiegend als bei psychotischen Patienten, aber ausgeprägter als bei neurotischen. FROSCH behauptet, daß diese Verzerrungen leicht reversibel seien. Im Bemühen, die exakte Form dieser Störungen deutlicher zu umreißen, schlägt er vor, bei den Realitätsproblemen dieser Patienten von drei getrennten, wenn auch miteinander verbundenen Aspekten auszugehen; ihrem *Realitätsgefühl*, ihrer *Realitätsbeziehung* und ihrer *Realitätsprüfung*. Seine Patienten äußern auffällige Schwankungen in ihren Realitätsgefühlen. Dies sind subjektive Symptome, die FROSCH als veränderte Ich-Zustände charakterisiert, wie Depersonalisation und Derealisation. Des weiteren stellt er Probleme in der Realitätsbeziehung fest, während die Realitätsprüfung relativ intakt bleibt. Um diese Unterscheidung zu illustrieren, berichtet er von einem Patienten, der eine sensorische Halluzination erlebt hatte, dann jedoch erkannte, daß dies nur die Projektion eines inneren Stimulus gewesen war, als ihm deutlich wurde, daß diese sensorische Erfahrung von anderen nicht geteilt wurde.

Wir stimmen mit FROSCH darin überein, daß Borderline-Patienten Realitätsstörungen zeigen, die sich quantitativ von denen psychotischer einerseits und neurotischer Patienten andererseits unterscheiden. Wir halten seinen Versuch, zwischen Realitätsbeziehung und Realitätsprüfung zu trennen, jedoch für unscharf und auf unser klinisches Material schwierig anzuwenden. Außerdem können wir seine Beobachtungen in einigen wichtigen Punkten nicht bestätigen. Zum einen fanden wir bei den Patienten nicht durchgängig die Bereitschaft, ihre Verzerrungen, Trugwahrnehmungen, Fehlurteile und Projektionen aufzugeben. Unsere Daten ließen darauf schließen, daß Borderline-Patienten eine fehlerhafte Realitätsprüfung haben, wenn auch nicht in dem Ausmaß wie psychotische Patienten. Im Gegensatz zu FROSCH begegneten wir dem Phänomen gestörten *Realitätsgefühls* in unserer Fallgruppe selten.

Während einige Mitglieder unserer Forschungsgruppe Schwankungen im Realitätsgefühl weiterhin mit einer schweren Pathologie in Verbindung brachten, waren andere nicht davon überzeugt, daß hier eine direkte Beziehung besteht. Die meisten von uns stimmten darin überein, daß diese Gefühlsstörungen am ehesten als Auslöser für komplexe Symptome betrachtet werden sollten, die ihrerseits der Analyse bedürfen, um ihre spezifische Bedeutung für jeden einzelnen Patienten zu erschließen. ARLOW (1966, 1969a) vermutet, daß die schwankenden Realitätsgefühle Teil des manifesten Symptominhalts sein könnten, also nicht notwendigerweise das Resultat tiefgreifender Veränderungen in der tatsächlichen Fähigkeit des Ich sein müssen, Unterscheidungen und Urteile zu treffen. Die gleiche Ansicht über Identitätsgefühle und Identitätsprobleme haben SPIEGEL (1959) und ABEND (1974) vorgebracht. In seiner Arbeit »Fantasy, Memory and Reality Testing« hat ARLOW (1969b) wesentlich zu unserem Verständnis des Problems der Realitätsprüfung beigetragen.

FREUDS Diktum, daß ein Bruch mit der Realität die Psychose von der Neurose unterscheidet, kann nur in sorgfältiger Untersuchung mit tiefgreifender Analyse erhärtet werden, für das deskriptive klinische Vorgehen gilt es jedoch weiterhin als Faustregel. Die Beobachtung schwer psychotischer Patienten wie auch der vieler Borderline-Patienten bestätigt ohne weiteres, daß sie unter wesentlich ausgeprägteren Realitätsstörungen leiden als weniger kranke Menschen. Diese Beobachtung, zusammen mit der vermuteten Beziehung zwischen schwerer geistiger Krankheit und sehr frühen Traumata oder Fehlentwicklungen hat die Annahme bestärkt, daß die Realitätsprüfung als eine Ich-Funktion entscheidend von den Ereignissen während der frühen Stufen der psychischen Entwicklung beeinflußt wird. Es steht jedoch außer Frage, daß sich dieser Nexus, wenn überhaupt, nur mit großen Schwierigkeiten anhand klinischer Erkenntnisse aufzeigen läßt. Die a priori-Annahme, daß alle schweren Störungen in der Realitätsprüfung immer notwendigerweise darauf hindeuten, daß während der Phase der Selbst-Objekt-Differenzierung tiefgreifende Schwierigkeiten bestanden haben, kann auch falsch sein. Eine solche Annahme ist potentiell irreführend, wenn sie die Aufmerksamkeit des Analytikers von anderen Problemen ablenkt, die ebenfalls einen starken Einfluß auf die Realitätsprüfung haben können. Unsere Erkenntnisse deuten stark daraufhin, daß Spaltungen wie auch ausgeprägte Kastrationsängste, die zu einem späteren Zeitpunkt in der Entwicklung auftreten, ebenfalls zu schwerwiegenden Realitätsprüfungsstörungen beitragen können. Ebenso haben wir gesehen, daß bedeutende Verbesserungen gerade bei diesem Aspekt der Ich-Funktionen eines der positiven Ergebnisse einer erfolgreichen analytischen Behandlung sein können. So sind Vorsicht gegenüber eigenen Mutmaßungen und erhöhte Aufgeschlossenheit bei der Einschätzung von Realitätsprüfungsstörungen angebracht – und sie sind klinisch bedeutsam.

Die Vorgehensweise der Kris Study Group

In unseren klinischen Diskussionen gebrauchten wir den Begriff Realitätsprüfung weniger scharf definiert als FREUD, der darunter lediglich Verzerrungen von sinnlichen Wahrnehmungen verstand. Wir vermengten den Gebrauch dieses Terminus' allerdings auch nicht, wie es bisweilen vorkommt, mit dem Begriff Realitätsprinzip. *Wir sagen »fehlerhafte Realitätsprüfung«, um die klinische Beurteilung auszudrücken, daß die Weltsicht unserer Patienten oft äußerst unrealistisch war.* Wir meinen, wie viele andere Analytiker, mit Realitätsprüfung die Fähigkeit oder Unfähigkeit, Situationen, andere Menschen und sich selbst in Übereinstimmung mit der Realität wahrzunehmen.

Um zu illustrieren, welche Symptome wir heranzogen, um auf Realitätsprüfungsstörungen zu schließen, hier einige Beispiele: Eine der Patientinnen mißverstand durchgängig soziale wie berufliche Situationen und beurteilte andere Menschen völlig falsch (Frau W. in Fall I). Frau K. (Fall III) wiederum war so überzeugt von der Realität ihrer hypochondrischen Phantasien, daß sie trotz aller Deutungen und eigener, dem widersprechender Erfahrungen sich immer wieder ärztlich untersuchen ließ; diese Patientin hatte zeitweilig Halluzinationen. Wieder eine andere beschimpfte und bedrohte ihren Analytiker und bestand darauf, daß er ihre Wünsche nach gemeinsamen Unternehmungen erfüllen müsse, obwohl sie den Charakter der analytischen Beziehung durchaus »verstand« (Frau M. in Fall IV). Herr F. in Fall II hielt an seinem Glauben fest, seine Mutter wolle ihn verführen, trotz seiner eigenen logischeren Einschätzungen; dem Analytiker gegenüber hegte er über die Jahre hinweg, in denen er weiter brav in die Behandlung kam, einen tiefen Argwohn.

Diese Verzerrungen waren häufig besonders deutlich ausgeprägt auf stark besetzten Gebieten, die, wie HARTMANN gezeigt hat, im allgemeinen bei allen Menschen, und nicht nur bei schwer gestörten, anfällig sind für subjektive Deformationen. Wir gelangten jedoch zu der Einschätzung, daß unsere Borderline-Patienten auf diesen Gebieten größere Probleme hatten als die meisten anderen Menschen. In allen Fällen waren wir beeindruckt davon, wie unwahrscheinlich die Überzeugungen der Patienten und wie ausgeprägt unlogisch ihre Überlegungen waren. Wir hatten den Eindruck, daß die Unangemessenheit ihrer Ansichten und ihres Verhaltens weit auffälliger war, als dies bei der Analyse neurotischer Patienten zutage tritt. Auch die Beharrlichkeit, mit der sie selbst in der analytischen Situation an diesen unrealistischen Überzeugungen festhielten, war wesentlich stärker als üblich. Dies war besonders in der Übertragung bezeichnend, wie die oben aufgeführten Beispiele zeigen.

Obwohl in den meisten genannten pathologischen Situationen auch Denkvorgänge, Urteilsbildungen und eine gewisse Wahrnehmungsaktivität mitwirkten, halten wir es für angemessen, hier von Defekten der *Realitätskenntnis* zu sprechen - ein Begriff von HARTMANN. Alle beschriebenen Störungen sind Manifestationen des Übergriffs unbewußter Kräfte auf die Fähigkeit, mit realistischer Objektivität wahrzunehmen, zu denken und zu urteilen. Das macht deutlich, daß wir es mit einem allgemeingültigen und allgegenwärtigen Phänomen zu tun haben, der Interferenz von Ich-Funktionen aufgrund unbewußter Konflikte. Das, was wir *Realitätsprüfung* nennen, ist eine vielschichtige Ich-Funktion, die sich aus Wahrnehmung, Denken, Erinnerung und Urteilsvermögen zusammensetzt, wie FREUD schon 1911 feststellte. Wenn man das Phänomen fehlerhafter Realitätsprüfung so betrachtet, wie er es getan hat, wird deutlich, daß sie auch bei normalen und leicht neurotischen Menschen auf vielfältige Weise auftritt; zweifellos dürfte eine genaue Untersuchung jedweder analytischen Situation eine Vielzahl von Beispielen dafür liefern. Bei Borderline-Patienten scheint das Ausmaß, der Schweregrad und die Persistenz jedoch deutlich ausgeprägter zu sein; kurz, anscheinend sehen wir uns wieder eher vor einem quantitativen Unterschied als einem speziellen Defekt mit besonderem Ursprung und Ätiologie.

Jede analytische Arbeit verlangt grundsätzlich, die Aufmerksamkeit auf die Klärung der genauen Art der störenden Einflüsse zu richten und auf den verborgenen Zweck, dem sie dienen. Auch dies ist nicht weiter bemerkenswert, da die sehnsüchtigen und abwehrenden Motive von Wahrnehmungsstörungen bereits in »Metapsychologische Ergänzung zur Traumlehre« dargelegt werden und diese Zusammenhänge Freud zweifellos schon lange vor Niederschrift dieser Arbeit vertraut waren. Die weitergehende Frage, welche Faktoren bewirken, daß diese schwerer gestörten Patienten anfälliger sind für weitgreifende Spaltungen in der Realitätsprüfung als andere, ist schwieriger zu beantworten.

Wir können keine schlüssige Hypothese zu dieser Frage liefern, von der wir überzeugt sein könnten, sie ausreichend mit klinischen Ergebnissen untermauern zu können. Wir haben jedoch bestimmte Beobachtungen gemacht, die unserer Meinung nach dieses wichtige Problem eindeutig beleuchten. Der Schweregrad der Pathologie bezüglich der Realitätsprüfungsfähigkeit in den Herkunftsfamilien unserer Patienten war auffällig. Augenscheinlich erlebten die Patienten die soziale Realität im Widerspruch zur objektiven Realität. Sie waren nicht nur dem Druck ausgesetzt, idiosynkratische Vorstellungen und Verhaltensmuster zu akzeptieren, sondern waren durch ihre ganze Entwicklung hindurch einem psychischen Umfeld ausgesetzt, in dem pathologische Formen der Ich-Funktionen in der Realitätsprüfung wirksam waren.

In den Abwehrmustern aller unserer Patienten traten Projektionsmechanismen deutlich hervor. Eine genauere Untersuchung dieses Aspektes ihrer Pathologie folgt im Kapitel über Abwehr, wir erwähnen diese Tatsache jedoch schon hier, da sie Einfluß hat auf die Frage nach dem Ursprung der Störungen ihrer Realitätsprüfungsfahigkeit. Es steht außer Frage, daß die von unseren Patienten häufig angewandte Projektion von Triebbedürfnissen und Über-Ich-Haltungen bewirkt, daß Wahrnehmungen und Interpretationen der objektiven Realität verzerrt werden. Wie bereits erwähnt, sind viele Analytiker der Meinung, daß eine starke Neigung zum Gebrauch projektiver Mechanismen darauf hindeutet, daß während einer frühen Phase der psychischen Entwicklung schwerwiegende Probleme bestanden haben, und dies wiederum ist an die Feststellung gebunden, daß fehlerhafte Realitätsprüfung *eigentlich* die Konsequenz solch früher Störungen ist. Wir haben keinen Anlaß, die Feststellung in Frage zu stellen, daß Schwierigkeiten während sehr früher Entwicklungsphasen oft wichtige pathogene, vielleicht auch entscheidende Faktoren für die Ausbildung dieser schwerwiegenden Realitätsprüfungsstörungen sind. Wir sind jedoch nicht davon überzeugt, daß allein das Feststellen eines starken Gebrauchs von Projektionen allein ausreichend ist, um diese Behauptung klinisch zu bestätigen. Unseren Ergebnissen zufolge lassen sich frühe Störungen nicht als kausal isolieren, weder was den Gebrauch von Projektionen noch was die fehlerhafte Realitätsprüfung anbelangt. Wir fanden vielfältige Hinweise auf schwere Traumata im späteren Entwicklungsverlauf, deshalb sind wir der Meinung, daß die Annahme, große Defizite bei der Realitätsprüfung würden immer auf eine Pathogenese während der ersten achtzehn Lebensmonate hindeuten, als unbewiesen gelten muß, wenn sie auch nicht völlig haltlos sein muß.

Auch stellten wir fest, daß die Fortschritte, die die Patienten im Lauf der Analyse machten, einhergingen mit einer Verringerung der Realitätsprüfungsstörungen; eine Tatsache, die unsere Einschätzung stützt, daß ihre Konflikte, aus welcher Phase und aus welchen Dynamiken sie auch herrührten, starke Beeinträchtigungen von potentiell verfügbaren Ich-Ressourcen bewirkt haben. Wir konnten jedoch nicht durchgängig bestimmte, mit irgendeiner einzelnen Entwicklungsphase verbundene Konflikte identifizieren, die für das Verständnis und die Veränderungen bei der gestörten Realitätsprüfung von zentraler Bedeutung gewesen wären.

Viele Manifestationen des Realitätsproblems traten im Zusammenhang mit sexuellem Verlangen und den sich daraus ergebenden Verwicklungen auf, sowohl in der Übertragung wie auch außerhalb. Dies ist ebenfalls eine seit langem bekannte Beobachtung, die von FREUD, FERENCZI und ihren Zeitgenossen als eine Konsequenz der besonderen Bedingungen des sexuellen Verlangens im psychischen Leben des Menschen erklärt wurde. Von unserem heutigen Standpunkt aus betrachten wir dies etwas anders. Uns allen ist das ungeheure Ausmaß an Angst bekannt, das unveränderlich mit der kindlichen Erkenntnis über die unterschiedliche Anatomie der Geschlechter und die Urszene verbunden ist. Ein ähnliches Ausmaß an Angst begleitet die kindlichen Vorstellungen über das Geschlechtsleben und die Geburt wie auch das Auftauchen jeglichen sexuellen Verlangens während jeder der frühen Entwicklungsphasen. Genau im Zusammenhang mit diesen Erfahrungen und den an sie gebundenen Gedanken und Erinnerungen stellten wir diese Häufung von Wahrnehmungsverzerrungen, das Fortbestehen irrationaler Überzeugungen im Bewußtsein und die Verfälschung von Erinnerungen fest. Wiederum kann dies nicht als spezifische Erklärung für die Erzeugung schwerwiegender Defizite in der Realitätsprüfung angeboten werden, da diese Faktoren mehr oder weniger für alle Menschen gelten. Einige Analytiker glauben, daß eine gestörte präödipale Entwicklung Menschen für schwerwiegende Reaktionen auf diese sexuellen Belange und für negative Konsequenzen auf die nachfolgende Realitätsprüfung disponiert. Sicherlich ist die Isolierung solch komplexer Wechselbeziehungen nicht einfach; vielleicht ist sie sogar unmöglich, wenn man sie retrospektiv aus dem analytischen Material Erwachsener erschließen will. Festhalten wollen wir an der bedeutenden, mitverursachenden Rolle der späteren Triebkonflikte für mangelhafte Realitätsprüfung. Sie war bei allen unseren Fällen eindeutig.

Bei Frau K. zum Beispiel, im Fall III, ereignete sich ein dramatischer Zwischenfall, nachdem die Patientin beim Geschlechtsverkehr zum ersten Mal eine gewisse Befriedigung verspürt hatte. Sofort danach hörte sie ein Telefon klingeln und wurde davon in Panik gestürzt, überzeugt, ihre Eltern würden sie jetzt anrufen, um sie zu beschimpfen. Sie ging nicht an das Telefon, sondern lief ans Fenster. Draußen sah sie die Gestalt eines Mannes, der zu ihrem Haus heraufsah, und meinte, ihren Vater zu erkennen. Ihre Aufregung hielt eine Zeitlang an. Schließlich beruhigte sie sich und wurde sich darüber bewußt, daß das Telefon in der Nachbarwohnung geklingelt hatte. Als sie noch einmal auf die Straße hinuntersah, stand der Mann, den sie für ihren Vater gehalten hatte, immer noch am Eingang des Gebäudes, nun war sie jedoch in der Lage, in ihm den Portier zu erkennen, der immer dort stand. Bei einer anderen Gelegenheit, als sie während einer analytischen Sitzung von schwer mit Schuldgefühlen beladenem sexuellem Material berichtete, bildete sie sich ein, den Summer zu hören, der gewöhnlich die Ankunft des nächsten Patienten ankündigte, und war so überzeugt von ihrer Wahrnehmung, daß sie sich zum Gehen anschickte. Ebenso äußerte sie viele hypochondrische Symptome von solcher Intensität, daß sie immer wieder einen Arzt aufsuchte, trotz der fortwährenden analytischen Deutung des Ursprungs dieser Symptome in unbewußten sexuellen Phantasien.

Herr F. in Fall II litt unter der Überzeugung, seine Mutter wolle ihn sexuell verführen, einer so festgefügten Überzeugung, daß sie fast ans Wahnhafte grenzte. Der Patient weigerte sich grundsätzlich, sich in der Wohnung der Mutter umzuziehen, auch dann, wenn dies am bequemsten gewesen wäre. Auch war er beständig der bewußten Überzeugung, daß alle anderen Frauen ihn verführen und kontrollieren wollten. Das war zum Teil die Konsequenz seiner eigenen projizierten Wünsche, dies mit den Frauen zu tun, und zum Teil die Widerspiegelung seiner Phantasie, daß sie ihn mehr lieben würden, wenn er ein Mädchen wäre. Später wurde dies als Folge seiner Phantasie verstanden, die tote Schwester zu ersetzen, um die schwere Depression seiner Mutter zu mildern. Der Ursprung dieser mächtigen, ihm fundiert erscheinenden Überzeugungen waren seine eigenen Wünsche, und sein ausgeprägter Gebrauch von Projektionen war grundlegend für seine Art, mit diesen Wünschen umzugehen. Diese Zusammenhänge wurden ihm nur nach und nach, durch ausgedehnte und geduldige analytische Arbeit deutlich.

Frau W. in Fall I war überzeugt von der Richtigkeit vieler objektiv verzerrter Vorstellungen über ihr Aussehen und ihre Körperkraft; diese Einschätzungen entstammten ihrem unbewußten Wunsch, als Junge geboren worden zu sein. Ihre sexuellen Überzeugungen führten immer wieder dazu, daß sie sowohl ihre Geschlechtspartner als Personen wie auch die Erfahrungen mit ihnen falsch interpretierte und beurteilte. Konfusionen über Gestalt und Anordnung ihrer eigenen Geschlechtsorgane und die der anderen, hartnäckiges Beharren darauf, daß die eine oder andere sexuelle Position oder Praktik befriedigender oder unbefriedigender sei, und die Unfähigkeit, schwere Pathologien bei den Männern zu erkennen, mit denen sie intim war, waren Manifestationen des Konflikts, der sich um eine Reihe von Geschlechtskonfusionen drehte. Sie glaubte auch bedingungslos, daß der Analytiker eine auffallende Ähnlichkeit mit ihrem Vater habe, auch dann noch, als sich herausstellte, daß dieser Glaube nur auf einer entfernten Erinnerung an ein Jugendfoto ihres Vaters beruhte.

Der starke Einfluß libidinöser Bedürfnisse auf die Realitätsprüfung wurde auch bei Frau M. in Fall IV deutlich. Die Patientin rief ihren Analytiker einmal zu Hause an und war aufgebracht darüber, daß eine Frau den Hörer abnahm. In der nächsten Sitzung sagte sie, sie sei davon überzeugt gewesen, die einzige Frau im Leben des Analytikers zu sein, sie schmollte und tobte einige Tage lang. Zu anderen Zeiten kam sie mit Geschenken und forderte auch welche, einmal brachte sie Champagner mit in die Sitzung und bestand darauf, der Analytiker solle ihn mit ihr trinken.

Wir wollen aber beileibe nicht nur auf den Einfluß sexueller Phantasien auf die Realitätsprüfung abheben. Der Anteil, den aggressive Konflikte hier haben, wurde bei unseren Patienten ebenfalls deutlich. Diese beiden Triebkräfte können natürlich nie vollkommen isoliert betrachtet werden. In einigen Fällen ist die Vermischung der beiden Triebe sehr ausgeprägt und offensichtlich, wie in der stark beladenen sadomasochistischen Übertragungssituation von Frau K. in Fall III, in der die Überzeugung der Patientin, der Analytiker sei ein verrückter, sadistischer Rohling, über Jahre der ständigen Arbeit hinweg bestehen blieb. Ähnliche, wenn auch weniger dominante Übertragungsverzerrungen traten auch in den drei anderen Fällen auf.

Obwohl intensive Geschwisterrivalität ein verstecktes Ziel hat, das libidinös ist, das heißt, den ungeschmälerten Anspruch auf elterliche Liebe erhebt, ist ihr spontaner Ausdruck oft vorherrschend aggressiv. Frau W. in Fall I ist mit den aus diesen Gründen entwickelten Konkurrenzgefühlen mittels Projektion umgegangen. Dadurch interpretierte diese Patientin immer wieder soziale und berufliche Situationen falsch, war von der Feindseligkeit von Menschen oder Gruppen ihr gegenüber überzeugt, bezog bereitwillig abfällige Kommentare, aufgebrachte Stimmungen oder geringfügige Vorkommnisse auf sich und schrieb Handlungen und Äußerungen Motiven zu, die ihrer verzerrten Weltsicht entsprangen.

Ein anderes Beispiel für einen aggressiven Konflikt, der augenscheinlich nicht mit libidinösen Konflikten vermischt war und die Realitätsprüfung beeinflußte, trat bei Frau K. in Fall III auf, als die Patientin in einer der ersten Sitzungen meinte, ein höhnisches Lachen des Analytikers zu hören. Die nachfolgende

Analyse förderte zutage, daß die Halluzination aus der Erwartung entsprang, die permanent kritische und unempathische Haltung der Mutter gegenüber der Patientin werde auch vom Analytiker eingenommen.

Wie bereits gesagt, fanden sich Beispiele für andere Ursachen gestörter Realitätsprüfung, wie sie in der Literatur genannt werden, auch bei unserem klinischen Material. HARTMANNS (1956) Beobachtungen, daß der Anpassungsdruck Kinder dazu zwingt, pathologische Realitätssichten gestörter Eltern zu übernehmen, wurde äußerst anschaulich in den Fällen I und III dokumentiert. Im ersten waren die Gründe, die zum Weggehen des Vaters, und die fragwürdigen Aktivitäten, mit denen dieser Weggang wahrscheinlich verbunden war, von Scham, Verleugnung und Geheimhaltung umgeben. Die Patientin wurde sich über die Wahrheit nie völlig klar, obwohl im Lauf der Analyse immer deutlicher wurde, daß der Vater ein zweifelhafter Charakter gewesen war. Ebenso unklar war, wieviel die Mutter wußte, aber verbarg, und in welchem Ausmaß sie dieses Wissen sich selbst gegenüber verleugnete und verzerrte. Ohne Zweifel verlangte die Mutter von den Kindern, andere über die Umstände der väterlichen Abwesenheit zu belügen, und stützte diese Forderungen auf Erklärungen, die ebenfalls nicht der Realität entsprochen haben können. Diese Gedankenmuster waren in die Persönlichkeit der Patientin eingegangen und trugen zu ihren Schwierigkeiten bei, den Charakter von Männern, denen sie begegnete, einzuschätzen, wie auch zu ihrer Neigung, um ihren Lebenshintergrund ein unangemessenes Geheimnis zu machen und zu dem für sie charakteristischen Widerstand, sich in der Analyse zurückzuziehen und passiv Aggressionen zu zeigen. Bei Frau K. in Fall III beeinflußte der nahezu psychotische Elternteil die Entwicklung bizarrer und unrealistischer Einschätzungen und Verhaltensweisen auf vielfältige Weise, am offensichtlichsten ihre Einschätzungen über Gesundheit und hypochondrische Ängste.

Wir beobachteten auch, daß der mächtige Wunsch, ein konkret befriedigendes, nährendes und schützendes Elternteil zu finden, bei allen unseren Fällen deutlich erkennbar war. Wie beschrieben, suchte die Patientin aus Fall IV außer Rat auch immer wieder sie befriedigende Interaktionen mit dem Analytiker. Frau W. in Fall I verstand die Kommentare des Analytikers oft fälschlich als Ratschläge und Richtschnur und schlug ernsthaft vor, der Analytiker solle den richtigen Mann für sie finden, da er ihre Bedürfnisse so gut kenne. Solche idealisierenden und unrealistischen Erwartungen hegte sie oft auch gegenüber Arbeitgebern, Vermietern und Liebhabern.

Zusammenfassend möchten wir nochmals hervorheben, daß Realitätsprüfung eine komplexe Ich-Funktion ist; die Beziehung zur Realität, von der sie ein Teil ist, ist sogar noch komplexer. Welche Rolle die frühe psychische Entwicklung und die der Selbst-Objekt-Differenzierung beim Aufbau des Fundaments für zuverlässige oder unzuverlässige Realitätsprüfung auch immer spielen mag – und sie muß wirklich eine große Rolle spielen – ist nach unseren Erkenntnissen sehr schwierig anhand der analytischen Erkenntnisse bei Erwachsenen aufzuzeigen. Deutlich erkennbar ist allerdings der Einfluß des kindlichen Milieus auf die Realitätsprüfung, damit ist die soziale Realität während der Kindheit des Patienten gemeint und der Einfluß von Konflikten über libidinöse und aggressive Bedürfnisse auf jene Ich-Funktionen, die der Realitätsprüfung dienlich sind. Des weiteren können wir festhalten, daß die ungenügende Realitätsprüfung nach unserer klinischen Erfahrung stark variiert. In einem unserer Fälle äußerte sie sich hauptsächlich in der Übertragung; in einem anderen war sie zum großen Teil sowohl in der Übertragung wie auch außerhalb von bestimmten sexuellen Bedürfnissen und Folgerungen daraus bestimmt; im dritten tauchte sie in unterschiedlichen Aspekten des Lebens und Handelns des Patienten auf, wie auch in unterschiedlichen Zusammenhängen der analytischen Situation; und im vierten charakterisierte diffuse und schwer gestörte Realitätsprüfung das Leben und die Analyse des Patienten über Jahre hinweg auf beherrschende Weise, fast alarmierend in ihrer Beharrlichkeit und Intensität.

Diese kennzeichnende Variabilität war auch bei jedem einzelnen Fall deutlich; einmal ließ das Funktionieren auf bestimmten Gebieten kaum fehlerhafte Realitätsprüfung erkennen, dann wieder, in anderen Lebensbereichen, konnte es zumindest zeitweilig ein großes Problem sein. Die analytische Arbeit war in jedem der Fälle selbstverständlich darauf gerichtet, die besonderen Komponenten und Determinanten der Situationen, in denen es zu einer mangelhaften Realitätsprüfung kam, zu verstehen, wie auch die Rolle, die dieser Defekt in diesen Situationen spielte. Mit anderen Worten, die mangelhafte Realitäts-prüfung sollte nicht als ein unabhängiges Symptom oder Problem für sich analysiert werden, sondern als eine Komponente pathologischer Reaktion, in welchem Zusammenhang sie sich auch äußert. Es ist festzuhalten, daß die Neigung, die Realität zu verzerren, sich in allen Fällen im Laufe der Analyse verminderte. Dies stützt unsere Einschätzung, daß eine Veränderung der pathogenen Konflikteinflüsse zu einer Verbesserung selbst so fundamentaler Ich-Funktionen, wie sie bei der Realitätsprüfung wirksam sind, führen kann.

VI. Abwehr

In diesem Kapitel haben wir uns mehrere Aufgaben gestellt. Wir wollen zum einen die Abwehroperationen, die wir bei unseren Fallbeispielen beobachteten, detailliert beschreiben, wobei es uns darum geht, die Komplexität darzustellen, der wir auf diesem Gebiet in der analytischen Situation begegneten. Trotz dieser Vielgestaltigkeit werden wir versuchen aufzuzeigen, welche Abwehrformen bei unseren Fällen am verbreitetsten waren. Daraufhin werden wir uns der allgemeineren Frage zuwenden, aufgrund welcher bestimmter Abwehrstrukturen Borderline-Patienten von anderen Patienten zu unterscheiden sind. Dabei werden wir uns besonders mit zwei wichtigen theoretischen Problemen beschäftigen: (1) der Anwendbarkeit des Konzeptes einer Hierarchie von primitiveren zu fortgeschritteneren Abwehroperationen und (2) mit KERNBERGS Theorie über bestimmte Abwehrmechanismen, die begrenzt sind auf und pathognomisch für Borderline-Patienten. Abschließend werden wir unsere eigenen Einschätzungen zusammenfassen aufgrund einer Klärung der Frage nach den Funktionen von Abwehr bei Borderline-Patienten. Zur Einleitung geben wir einen kurzen Überblick über die Entwicklung des Abwehrbegriffs in der psychoanalytischen Theorie.

Schon zu Beginn seiner psychoanalytischen Forschungen beschäftigt sich FREUD damit, verschiedene psychopathologische Entitäten durch die Zuordnung der jeweils bevorzugten Abwehroperationen voneinander abzugrenzen. In »Abwehr-Neuropsychosen« (1894) klassifiziert er die klinischen Erscheinungen der Hysterie, der zwanghaften Neurose und der halluzinatorischen Verworrenheit anhand der Abwehrmechanismen, die bei jedem dieser Zustände am häufigsten auftraten. Sein Augenmerk wendet sich bald der *Verdrängung* zu, die eine zentrale Rolle in seiner Neurosenlehre einnehmen sollte, zumindest bis zur Überarbeitung der Angsttheorie im Jahre 1926. Daher wird Verdrängung in jener Zeit mehr oder weniger mit Abwehr gleichgesetzt, obwohl so bekannte Begriffe wie *Verschiebung, Ungeschehenmachen, Reaktionsbildung und Projektion* weiterhin im Zusammenhang mit der Beschreibung bestimmter Symptome oder Charakterzüge auftauchen. Mit der Publikation von »Hemmung, Symptom und Angst« (1926) kommt FREUD auf die Einschätzung zurück, daß eine ganze Reihe von Abwehrmethoden im psychischen Leben angewandt werden, oft in Verbindung mit Verdrängung, vielleicht auch untereinander verbunden.

Daraufhin nimmt das Phänomen der Abwehr eine wesentlich gewichtigere Rolle in der Theorie und der psychoanalytischen Praxis ein, als das zuvor der Fall war, hatte man doch Abwehr bis dahin nur als Hindernis angesehen, das es zu überwinden galt, in dem Bemühen, die unbewußten Wünsche, die sie abwehrte oder verbarg, aufzudecken und zu verstehen. Der grundlegend geänderte Zugang zu diesem Thema wird in ANNA FREUDS richtungsweisender Schrift »Das Ich und die Abwehrmechanismen« (1936) deutlich, in der eine Vielzahl sogenannter Abwehrmechanismen, sowohl einfache wie komplizierte, aufgeführt werden. Sie macht deutlich, daß diese Abwehrformen als spezifische unbewußte Ich-Funktionen anzusehen seien, und verlangt, in Übereinstimmung mit FENICHEL (1935), daß auch die Abwehr genauer analytischer Prüfung unterzogen werden müsse, so als sei sie ein Triebderivat. WAELDER, wie von WALLENSTEIN (1969) zitiert, charakterisiert später diese theoretische und technische Akzentverschiebung; »Hemmung, Symptom und Angst«, sagt er, verlange vom Analytiker, danach zu fragen, wovor der Patient Angst habe, wohingegen »Das Ich und die Abwehrmechanismen« diese Frage in die komplexere Form bringe: »Wie *verhält* sich der Patient, wenn er Angst hat?« Diese Akzentsetzung hat der Abwehr einen bedeutenden Platz in der klinischen Psychoanalyse zugewiesen. Als sie die Begriffe *Identifikation mit dem Angreifer* und *altruistische Selbstaufgabe* einführt, weist ANNA FREUD auch darauf hin, daß es ein noch viel komplizierteres Abwehrverhalten geben könne, das aus den grundlegenden Mechanismen zusammengefügt und erst im Verbund wirksam sei. Des weiteren vermutet sie, daß es eine entwicklungsbedingte Hierarchie von Abwehrmechanismen gebe, wobei sie allerdings eingesteht, daß man diese noch nicht spezifizieren könne.

Die tiefgreifende Erforschung der Abwehr und der Ich-Operationen im allgemeinen, die danach einsetzte, führt zu weiteren Einsichten und zu Veränderungen des Konzeptes von den Abwehrmechanismen. Gleichzeitig führt die steigende Beachtung, die den Problemen der normalen Adaptation von Analytikern gezollt wird, beginnend mit HARTMANNS Monographie »Ich-Psychologie und Anpassungsproblem« (1939), zu weiteren Erkenntnissen über die Rolle der Abwehrfunktionen im psychischen Leben.

Eine ganze Reihe von Forschern, von denen BRENNER wohl der erste ist, sicherlich der systematischste und tiefgreifendste (1955, 1974, 1975, 1976, 1979), eröffnet im Lauf der Jahre eine starke Veränderung im analytischen Verständnis sowohl der Erscheinungen wie auch der Aufgaben von Abwehr in der psychischen Tätigkeit. ABEND (1981) hat über die späteren Forschungsschritte einen zusammenfassenden Überblick gegeben. Nach seiner Ansicht deutet alle analytische Erfahrung darauf hin, daß Abwehrmechanismen weder simpel noch eigentlich in diesem Zusammenhang Mechanismen sind, sondern eher komplexe Strukturen, die ganz anderen Zwecken als der Abwehr allein dienen. Sie haben Gehalt und Bedeutung (SCHAFER 1968), dienen der Bedürfnisbefriedigung (BRENNER, GREENSON) und sind Hilfsmittel der Anpassung, tragen aber auch zur Symptombildung und zur Ausbildung sowohl normaler wie auch pathologischer Charakterzüge bei.

In einigen Erscheinungsformen scheint die Abwehrhandlung selbst das Ergebnis der Kompromißbildung aus Bedürfnissen, Abwehrimpulsen und Über-Ich-Komponenten zu sein. Mit der Zeit wurde deutlich, daß *jedes Verhalten* sich auch aus Abwehrmanifestationen konstituiert. Analytiker sprechen gern weiterhin von »Abwehr« und »Abwehrmechanismus« – es ist eine Art bequemer Kurzfassung. Auch wir werden in diesem Kapitel so verfahren, sonst müßten wir immer wieder umständliche und künstliche Umschreibungen gebrauchen. Daher werden wir trotz der fortgeschrittenen Erkenntnisse der Abwehrtheorie der konventionellen Praxis folgen und als *Abwehrmechanismen* oder *komplexere Abwehr* diejenigen Aspekte des psychischen Funktionierens beschreiben, die dazu dienen, Unlust zu beseitigen oder zu vermindern.

Abwehroperationen arbeiten nicht nur direkt gegen die Unlust auslösenden Affekte selbst. Sie können als Faktoren angesehen werden, die die Triebderivate verändern oder bekämpfen, die zu Unlust oder Drohungen des Über-Ich, Bestrafungen und vom schlechten Gewissen diktierten Gefühlen führen; sie können sich gegen Wahrnehmungen und Erinnerungen der Außenwelt richten oder andere Aspekte der Ich-Funktionen, wie die Realitätsprüfung, verändern. Abwehroperationen arbeiten auch gegen jede Kombination dieser Elemente oder sogar gegen alle zusammen. Einige können als Schutz gegen wieder andere komplexe psychische Inhalte, wie unbewußte Phantasien, die selbst schon eine Abwehrfunktion haben, angesehen werden. Die Balance zwischen solchen Ausrichtungen von psychischen Inhalten variiert wahrscheinlich, je nachdem, wo die stärkste Unlust zum jeweiligen Zeitpunkt im Leben oder im Analyseverlauf des Individuums konzentriert ist.

In der Diskussion unserer Fallbeispiele mußten wir schnell erkennen, daß es für eine Gruppe von Psychoanalytikern überraschend schwierig ist, darüber Einigung zu erzielen, welche einzelnen Abwehrmechanismen in einem je gegebenen klinischen Beispiel nachzuweisen sind. Zunächst war uns nicht bewußt, daß unsere Schwierigkeiten zum Teil einige der Unklarheiten und Probleme der Abwehrtheorie, die wir oben beschrieben haben, widerspiegelten. Bestimmte einfachere »Mechanismen« sind so eindeutig einem bestimmten Verhalten zuzuordnen oder mit einzelnen Symptomen und Charaktermerkmalen verbunden, daß über ihr Vorhandensein unter den Gruppenmitgliedern schnell Konsens bestand. Beispiele von Reaktionsbildung, Ungeschehenmachen oder offensichtliche Verschiebungen fallen in diese Kategorie, meistens in Verbindung mit zwanghaften oder phobischen Merkmalen dieser Patienten. Wenn das beschriebene Abwehrverhalten komplizierter war, waren die Bemühungen, es anhand der Kombinationen grundlegender Abwehrmechanismen zu fassen, wie ANNA FREUD dies versucht hat, weniger befriedigend. Verschiedene Beobachter sahen unterschiedliche Kombinationen von Abwehrmechanismen, und die Meinungen darüber, welche Mechanismen jeweils am vorherrschendsten waren, gingen weit auseinander. Was noch schwerer wog, war die Feststellung, daß die Liste der von jedem Patienten angewandten Abwehrmechanismen länger und länger wurde, als wir die Fälle detaillierter betrachteten. Einige Aspekte der Abwehrfunktionen dieser Patienten, wie die Neigung zum Agieren, narzißtischem Rückzug und so weiter, schienen keinen Ansatzpunkt zu bieten, einzelnen Mechanismen zugeordnet werden zu können. Wir kamen also überein, so zu verfahren, wie dies schon andere Analytiker getan haben, und von »Abwehrmechanismen« zu sprechen, wenn diese eindeutig erkennbar waren, und von »Abwehrverhalten«, wenn dieser Begriff angemessener erschien.

Die Abwehr unserer Patienten

Die Untersuchung unserer vier Fälle zeigt ohne Frage, daß Borderline-Patienten alle Arten von Abwehr einsetzen, einfache wie komplizierte. Trotzdem werden wir uns in diesem Kapitel eingehend mit der Frage einer Hierarchie von Abwehroperationen und dem Entwurf einer Rangfolge von höherstufigen gegenüber primitiven Abwehrformen befassen, die sich aus dieser Hierarchie ergibt. Wir können schon jetzt sagen, daß alle unsere Patienten, von Behandlungsbeginn an, Gebrauch von sogenannter höherstufiger Abwehr wie Verdrängung, Reaktionsbildung und Identifikation machten. Sie benutzten auch ein Abwehrverhalten, das im allgemeinen als primitiver angesehen wird, wie zum Beispiel Projektion und Verleugnung. Zusätzlich zeigte jeder von ihnen komplizierte Abwehrverhalten, für welche die Neigung zum Agieren und zum narzißtischen Rückzug häufig auftretende Beispiele sind.

In Fall I kamen wir zu dem Ergebnis, daß die Patientin, Frau W., viele der einfacheren Abwehrmechanismen zeigte: Verdrängung, Verweigerung, Projektion, Isolierung, Reaktionsbildung, Verleugnung, Vermeidung, Wendung gegen das Selbst und Verschiebung. Sie zeigte aber auch komplizierteres Abwehrverhalten; so war bei ihr Identifikation mit dem Aggressor ausgeprägt. Sie verhielt sich wie ihr verschwundener Vater, um einen antizipierten leidvollen Objektverlust zu vermeiden. Sie kritisierte andere, wie ihre Mutter dies getan hatte, und analysierte ihre Freunde aufs genaueste, wie dies ihrem Empfinden nach der Analytiker mit ihr tat. Bei all dem schwankte ihre Haltung zwischen Hilflosigkeit, Verletzbarkeit und Leid einerseits, und relativer Stärke, Überlegenheit und innerer Sicherheit andererseits. Wenn sie sich schweigsam und still verhielt, handelte sie wie ihr Vater, weil sie den Analytiker damit strafte und hilflos machte, in der Meinung, dieser würde sich ihr entziehen und sie verlassen. Ihr Schweigen stellte auch eine abwehrbestimmte Identifikation mit der Mutter dar, die auf diese Art mit Scham und Trauer umgegangen war und auch die Kinder zu diesem Verhalten ermutigt hatte.

Störungen der Ich-Funktionen, der Wahrnehmung, der Erinnerung und der Integration trugen zu den Lebensschwierigkeiten bei, über die sie in der Analyse berichtete. Die daraus resultierende Verwirrung und Konfusion spiegelten vieles wider, auch die Wiederholung früher psychischer Stufen, was teilweise der Abwehr der zerstörerischen Ereignisse in ihrem Leben diente, wie auch der Abwehr beunruhigender Gedanken und Impulse in ihr selbst. Ihr narzißtischer Rückzug war ein Schutz gegen die leidvollen, mit Trennung verbundenen Affekte, er trat aber auch immer dann ein, wenn sie das Empfinden hatte, eine Interpretation des Analytikers schädige ihr Selbstwertgefühl. Schweigen und narzißtischer Rückzug dienten jedoch auch dazu, einerseits ihrer offenen Wut Ausdruck zu verleihen und andererseits diese zu vermeiden, da sie fürchtete, sonst erst recht Vergeltungsmaßnahmen heraufzubeschwören und wiederum verlassen zu werden.

Ihre Neigung zum Agieren hatte auch Abwehrfunktion. So versuchte sie unbewußt, ihren Wunsch, den Analytiker zu sehen, ihm nahe zu sein und von ihm bevorzugt zu werden, aus ihrem Bewußtsein auszublenden, als sie zwar ganz zielgerichtet versuchte, eine Wohnung im Praxisgebäude des Analytikers zu mieten, die damit verbundenen Wünsche aber nicht zu diskutieren im Stande war. Die Übertragungsregression auf einen sadomasochistischen Modus diente teilweise auch dazu, die angst- und schuldbeladenen Aspekte ihrer positiven und negativen ödipalen Konstellation zu ersetzen oder zu verbergen. Objekte wurden idealisiert und degradiert, hauptsächlich in dem Versuch, mit den leidvollen Konsequenzen ihrer eigenen Eifersucht und Verletzbarkeit umzugehen. Eine Auflistung der vielen Abwehraspekte ihres Verhaltens könnte leicht weiter verlängert werden. Das, worauf es hier ankommt, dürfte jedoch hinlänglich illustriert sein.

Es erscheint redundant, ähnlich ausführliche Aufstellungen von den beobachteten Abwehrmechanismen für jeden der Fälle auszuarbeiten. Statt dessen wollen wir uns darauf beschränken, die Abwehrmechanismen, -haltungen und -manöver aufzuzeigen, die bei jedem unserer Fallbeispiele am bedeutendsten waren, bevor wir uns mit der Frage beschäftigen, was als ihr Gemeinsames angesehen werden kann.

Projektion war der herausragende Abwehraspekt von Herrn F. in Fall II. Libidinöse und aggressive Triebe wie auch Über-Ich-Haltungen wurden auf diese Weise angegangen. Die unbewußte libidinöse Bindung des Patienten an die Mutter wurde auf diese selbst projiziert, er war völlig davon überzeugt, daß sie ihn verführen wolle. Der unbewußte Wunsch nach Zuwendung, der sich in seiner Vorstellung äußerte, in ein kleines Mädchen verwandelt zu sein, wurde ebenfalls projiziert, sowohl auf Frauen in seinen Masturbationsphantasien wie auch später auf den Analytiker. Viele Jahre der Analyse waren nötig, bevor er die Tatsache akzeptieren konnte, daß seine eigenen Wünsche in diesen Projektionen wirkten.

Aggressive Wünsche führten ebenfalls zu Projektionen, was in die Überzeugung mündete, daß alle Männer, der Analytiker eingeschlossen, mit ihm heftig konkurrierten und darauf aus waren, ihn zu besiegen und zu demütigen. Isolierung, Verweigerung und Reaktionsbildung dienten der Abwehr seiner eigenen sadistischen Wünsche und der ebenso gefürchteten masochistischen Position, die daraus hätte folgen können. Das wurde besonders in der Übertragung deutlich.

Eine andere komplizierte Abwehr war seine unbewußte Identifikation mit seiner toten Schwester, die, zusammen mit anderen Aspekten seiner Weiblichkeitswünsche, ihm half, mit seiner Kastrationsangst umzugehen.

Frau K. in Fall III zeigte deutlicher als alle anderen Fallbeispiele die auffälligen Schwankungen in ihren Übertragungshaltungen, die KERNBERG für den Ausdruck von Spaltungsmechanismen hält. In einem Moment sah sie den Analytiker als omnipotent und wohlwollend an, in der nächsten Sekunde als immer noch genauso mächtig, aber jetzt sadistisch. Sie konnte sich dann gegen ihn wenden und ihn angreifen und ihn schwach, verächtlich, dumm und hilflos nennen, ihr eigenes omnipotentes, sadistisches und magisch zerstörerisches Selbstbild vor Augen. Während sich diese widersprechenden Phantasien abwechselten, war sie sich über diese Unbeständigkeit immer bewußt, und sie reagierte nicht ängstlich, wenn der Analytiker sie im selben Moment darauf hinwies. Diese schwankenden Übertragungsreaktionen wurden verstanden und gedeutet als Ausdruck der Projektion und der Identifikation mit dem Aggressor, hauptsächlich mit dem verführenden, sadistischen Vater. Die väterliche Übertragung, verbunden mit der Projektion ihrer sadistischen Impulse, vermittelten ihr das Gefühl, als sei der Analytiker die meiste Zeit ihr Peiniger; tatsächlich griff sie durchgängig den Analytiker an.

Eine andere Abwehr, die bei ihr stark ausgeprägt war, war das Ersetzen eines Triebderivates durch ein anderes. Zum Beispiel wurde sie äußerst aggressiv, wenn sie sexuell erregt war, und konzentrierte sich dann auf die Frustrationen, die sie durch den Analytiker erlitt, statt auf ihre libidinösen Impulse. Umgekehrt setzten ihre liebevollen Gefühle ein, sobald sie überwältigende zerstörerische Impulse dem Analytiker gegenüber verspürte. Als der Analytiker diese Abwehr im Kontext der Übertragung deutete, wurden ihr sowohl ihre liebevollen, wie auch ihre feindseligen Impulse bewußter. Diese zunehmende Selbsterkenntnis führte im Laufe der Zeit auch zur Modifizierung anderer Verhaltensweisen, die teilweise der Abwehr dienten, wie ihr moralischer Masochismus, ihr oralsadistisches Überfressen und ihre fast wahnhaften hypochondrischen Zustände.

Ihre Neigung zum Agieren innerhalb und außerhalb der Übertragung diente ebenfalls oft Abwehrzwecken. Sie rief den Analytiker unzählige Male an, hatte wiederholt Krisen, schrie und schmollte während der Sitzungen, litt unter Freßsucht, verhielt sich ihren Freunden und Verwandten gegenüber aggressiv, erlebte sich als medizinischen »Notfall«, rannte aus den Sitzungen und drohte mit Behandlungsabbruch. Alle diese Verhaltensweisen dienten ohne Frage dazu, libidinöse und aggressive Triebe zu befriedigen, aber auch Abwehrzwecken. Daneben müssen wir festhalten, daß ihre versteckte, unbewußte Identifikation mit der Mutter auf den Analytiker projiziert und übertragen wurde, obwohl das während der Behandlung meistens hinter der offensichtlicheren Identifikation mit dem Vater verborgen blieb. Die mütterliche Identifikation manifestierte sich hauptsächlich in Form einer stillen, selbstgefälligen, kalt feindseligen, kritischen und geringschätzigen Haltung, die sie entweder dem Analytiker unterstellte oder die sie selbst ihm gegenüber einnahm.

Frau M. in Fall IV schließlich zeigte besonders ausgeprägt Verschiebung und Identifikation mit dem Aggressor. Sie behandelte den Analytiker, der für sie unbewußt die wirkungslose Mutter repräsentierte, auf die gleiche grausame Weise, wie dies der Vater getan hatte, sie gab sich sadistisch, ablehnend und verführerisch. Außerhalb der Analyse agierte sie den anderen Aspekt dieser sadomasochistischen Beziehung, indem sie sich solchen jungen Männern sklavisch unterwarf, die narzißtisch waren und sie auszunutzen versprachen. Ihre Schwangerschaftswünsche, die an ihre ödipale Konstellation bei der Geburt ihrer beiden jüngeren Geschwister gebunden waren, wurden aus Angst- und Schuldgefühlen durch Reaktionsbildung und Somatisierung in hypochondrische Beschäftigung mit und immer wiederkehrende Angst vor Schwangerschaft umgewandelt. Ihre Wut auf Männer, die in ihrer sadomasochistischen Ausrichtung deutlich wurde, illustrierte den Einsatz aggressiver Triebderivate zur Abwehr manifester libidinöser Sehnsüchte und der Angst, verlassen zu werden, die sie mit diesen Sehnsüchten verband. Selbst am Ende ihrer Analyse agierte sie noch die Identifikation mit ihrem Vater, indem sie den Analytiker »verließ«.

Obwohl wir bei unseren Patienten ein breites Feld einfacher und komplizierter Abwehrstrukturen beobachteten, haben wir den Eindruck, daß eine starke Tendenz zu ganz bestimmten Abwehrmanövern bestand – besonders *Projektion* und *Verleugnung*, *Agieren*, *Identifikation mit dem Aggressor* und *Einsatz eines Triebderivates* zur Abwehr eines anderen. Die libidinöse Regression auf ein *sadomasochistisches* Muster war ebenfalls auffällig. Alle diese Abwehrmanöver waren sowohl in ihrem Alltagsleben wie in ihrem Verhalten während der analytischen Situation so beherrschend, daß sie in beiden Bereichen äußerst verheerend wirkten. Diese Abwehrhaltungen waren durch Deutungen nur schwer zu verändern, das gab den Analysen nicht selten einen chaotischen Verlauf. Sie hielten sich über eine ungewöhnlich lange Zeit unverändert, was dazu beitrug, daß die Patienten nur sehr langsam, vielleicht auch nur zeitweilig, in der Analyse Fortschritte machten.

Primitive Abwehrstrukturen?

Viele Autoren haben behauptet, Borderline-Patienten würden eher primitive als höherstufige Abwehr hervorbringen. Besonders KERNBERG ist davon überzeugt, daß bestimmte primitive Abwehrformen für die Diagnose einer Borderline-Struktur pathognomisch seien. Er nennt dazu die Abwehrmechanismen der Spaltung, der projektiven Identifikation, der primitiven Idealisierung, der Verleugnung, Omnipotenz und Abwertung. Die wichtigste der primitiven Abwehrformen ist die der Spaltung; KERNBERG vergleicht diese Abwehr bei Borderline-Patienten mit der höherstufigen Verdrängung bei neurotischen Patienten. Andere höherstufige Abwehrformen, die weniger stark gestörten Patienten zugeschrieben werden, sind Reaktionsbildung, Ungeschehenmachen, Verschiebung, Isolierung, Sublimierung und Intellektualisierung.

ANNA FREUD (1936) war der Meinung, daß es möglich sei, eine chronologische Eingruppierung von Abwehrmechanismen vorzunehmen. Sie schrieb: »Vielleicht ist jedes Auftreten einer bestimmten Abwehrmethode auch an eine bestimmte Aufgabe der Triebbewältigung, also an eine bestimme Phase der infantilen Entwicklung gebunden.« (S. 241). Sie postuliert, daß Verdrängung und Sublimierung erst verhältnismäßig spät in der Entwicklung einsetzen können, wohingegen Regression, Umkehrung und Wendung gegen das Selbst wahrscheinlich zu den frühesten Abwehrmechanismen des Ich gehören. Im Gegensatz zu der heute allgemein anerkannten Einschätzung war sie überzeugt, daß Projektion und Introjektion, wie auch die Verdrängung erst zu einem späteren Entwicklungszeitpunkt eingesetzt werden, da sie eine Differenzierung zwischen Ich und Außenwelt voraussetzen. Schon SIGMUND FREUD ging an zwei Stellen auf den Einsatz früher Abwehrmechanismen ein: Einmal 1915, als er sich mit bestimmten Triebschicksalen befaßte, nannte er die Wendung gegen das Selbst und die Verkehrung ins Gegenteil als frühe Abwehrformen gegen die Triebe selbst. Die zweite Bemerkung findet sich im Anhang von »Hemmung, Symptom und Angst«, wo er schreibt: »Es kann leicht sein, daß der seelische Apparat vor der scharfen Sonderung von Ich und Es, vor der Ausbildung eines Über-Ichs, andere Methoden der Abwehr übt, als nach der Erreichung dieser Organisationsstufen.« (1926, S. 197).

Es blieb jedoch ANNA FREUD überlassen, diese Zusammenhänge in ihrer klassisch gewordenen Schrift tiefergreifend zu
klären. Sie geht nicht nur davon aus, daß bestimmte Abwehrformen früher wirksam werden als andere, sondern daß stärker
gestörte Kinder wieder auf diese zurückgreifen, oder auch, daß
die frühen Abwehrformen durch Kindheit und Erwachsenenalter
fortbestehen, wenn das Ich sich nicht normal entwickelt.

Nach FENICHEL (1945) sind Verleugnung, Projektion und
Introjektion zu den primitiveren Abwehrformen zu rechnen. In
seinen frühen Arbeiten schreibt BRENNER (1955), daß Projektion
einer der Abwehrmechanismen ist, die früh im Leben am meisten zur Wirkung kommen. BAK (1954, 1971) zählt noch die
Regression auf frühe narzißtische oder undifferenzierte Entwicklungsstufen und HARTMANN (1953) die Libidoablösung zur primitiven Abwehr. MAHLER und ihre Mitarbeiter (1968, 1975) führen
Verleugnung, Spaltung, Deanimation und autistischen Rückzug als frühe Abwehrmechanismen auf.

MELANIE KLEIN (1946) und FAIRBAIRN (1954) erweiterten das
Konzept der frühen Abwehr um neue und wichtige Aspekte
und führten neue Begriffe für bestimmte Abwehrmechanismen
ein. Sie stellten ein Konzept der *Spaltung* vor, das sich von
FREUDS unterscheidet. Spaltung wird als eine der frühen Abwehrformen von schwer gestörten Patienten angesehen. KLEINS
Kanon von primitiver Abwehr umfaßt Objekt- und Triebspal-
tung, Ich-Spaltung, Verleugnung der inneren und äußeren Realität, Unterdrückung von Emotionen, Projektion, Introjektion,
Omnipotenz und projektive Identifikation.

KLEIN behauptete, daß es möglich sei, die Wirkung solcher
Abwehrmechanismen während der allerersten Lebensmonate
noch aus deren Auftreten bei gestörten Erwachsenen rekonstruieren zu können. Ihrer Meinung nach setzen diese Abwehrformen während der ersten drei Lebensmonate ein als ein Bestandteil der paranoid-schizoiden Position. Die Unfähigkeit, über
den Gebrauch dieser Abwehrformen hinauszugelangen, beeinträchtigt nicht nur das Erreichen der depressiven Position mit
sechs Monaten, sondern führt dazu, daß sie ein Leben lang
angewandt werden.

FROSCH (1970) unterschied dann zwischen primitiveren und
reiferen Abwehrstrukturen anhand der Bedrohung, gegen die
sie eingesetzt werden. Neurotische Abwehrformen (Verdrän-

gung, Verschiebung, Reaktionsbildung und Umwandlung) werden demnach gegen die Angst vor Trennung, Kastration und Bestrafung durch das Über-Ich eingesetzt. Schwerer gestörte Patienten greifen dagegen auf die regressive Entdifferenzierung, introjektiv-projektive Manöver, projektive Identifikation, Gedankenzerfall, Spaltung, massive Verleugnung und Somatisierung zurück, um die größeren Bedrohungen abzuwehren, denen bei ihnen die Selbsterhaltung, das Überleben des Selbst und des Objekts und die gesamte Identität ausgesetzt sind.

Die umfassendste Darstellung über die bei Borderline-Patienten zu beobachtenden primitiven Abwehrformen stammt von KERNBERG (1975, 1976). Er nimmt an, daß die primitiven Abwehrmechanismen bei Borderline-Patienten durch ihre strukturelle Ich-Schwäche fortbestehen und dabei diese Schwäche verstärken.

Die häufigsten primitiven Abwehrformen sind Verleugnung und Projektion. Heute werden auch Spaltung, projektive Identifikation und projektiv-introjektive Prozesse dazugezählt. Dagegen gelten Verschiebung, Reaktionsbildung, Isolierung, Umwandlung, Intellektualisierung und Sublimierung als höherstufige Abwehrmechanismen. Der Begriff »primitive Abwehr« besagt gegenwärtig zweierlei. Zum einen bezieht er sich auf die Arten von Abwehr, die sehr früh im Leben eingesetzt werden – vor dem zweiten oder dritten Lebensjahr. Er meint aber auch jene Abwehrformen, die bei psychotischen oder Borderline-Patienten festzustellen sind. Aufgehoben wird diese getrennt gehaltene Sichtweise dann, wenn man sich vorstellt, daß schwerer gestörte Patienten solche primitiven Formen der Abwehr eben auch noch als Erwachsene beibehalten haben.

Bei genauer Prüfung unserer klinischen Ergebnisse fanden wir das *Konzept der primitiven Abwehr,* wie es derzeit klinisch angewandt wird, unbefriedigend. Wir haben bereits darauf hingewiesen, daß Abwehrstrukturen nicht als einfache Mechanismen zu betrachten sind, sondern viel eher als komplizierte Verhaltensweisen, die sowohl zur Triebbefriedigung wie auch zur Abwehr eingesetzt werden. Die Einschätzung, daß wir einige bestimmte Abwehrmuster als primitiv und andere als reifer oder höherstufig ansehen können, schien uns begrifflich wie auch klinisch ungenau.

Eine Schlußfolgerung würde zum Beispiel heißen, daß sogenannte primitive Abwehrmechanismen, die bei Erwachsenen auftreten, *dieselben* seien, die von kleinen Kindern benutzt werden. Eine andere, daß der Einsatz solcher primitiver Abwehr bedeute, daß die Pathologie des Patienten bis auf die frühe Kindheit zurückverfolgt werden könne, in der diese Abwehrtätigkeit vorherrschend war. Eine dritte, daß das Vorhandensein einer solchen Abwehr auf schwere Psychopathologie hindeute.

Wir sind der Ansicht, daß die Abwehr nicht ohne Erforschung der gesamten Ich-Organisation als primitiv oder aber als reif eingestuft werden sollte. Was wie primitive Abwehr eines Erwachsenen erscheinen kann, hängt nicht nur von dem erkennbaren Abwehrmuster selbst ab, sondern von der jeweiligen Ich-Struktur. Je kränker ein Patient ist, um so mehr mangelt es ihm an Ich-Integration, Ich-Organisation und gesunden Ich-Funktionen. Die bei diesen Patienten erkennbaren Abwehrprozesse erscheinen hauptsächlich aufgrund der schwach ausgebildeten Ich-Funktionen als primitiv.

Wir haben gesehen, daß Borderline-Patienten *alle* Abwehrmechanismen benutzten – ob wir sie nun primitiv oder reif nennen wollen. Ohne Zweifel hatten sie die Funktion von Verdrängung – eine Tatsache, die der oft gehegten Einschätzung widerspricht, die Ich-Entwicklung dieser Patienten sei für die Ausformung von Verdrängungsleistungen nicht stark genug. Diese Einschätzung gründet sich auf die Überlegung, daß für die Verdrängung ein großes Ausmaß an Gegenbesetzung notwendig sei, und daß diese Arten von Abwehr daher nicht erfolgreich zum Einsatz kommen, bevor dem Ich zur Zeit der Bewältigung des Ödipuskomplexes, wenn wichtige Identifikationen stattfinden und das Über-Ich ausgebildet wird, neutralisierte Energie zur Verfügung steht. Dagegen, so wird argumentiert, verfügt der Saugling oder das kleine Kind nicht über genug Gegenbesetzungsenergie und kann daher keine Verdrängung entwickeln, sondern muß andere Formen der Abwehr benutzen wie Spaltung, frühe Formen der Verleugnung und Projektion.

Unsere klinische Erfahrung führt uns zu der Schlußfolgerung, daß Borderline-Patienten, wie auch Schizophrene, sehr wohl in der Lage sind zu verdrängen, wenn auch dabei in akut repressiven Stadien früher unterdrückte Triebderivate auftauchen können. Verdrängung wurde dabei von unseren Patienten stets zusammen mit anderen Abwehrformen angewandt. Auch beobachteten wir, daß Abwehrformen wie Verleugnung und Projektion oftmals so vorherrschend und rigide waren, daß der Eindruck entstand, auch sie würden das Ich ein großes Maß an Energie kosten. So gelangten wir zu der Überzeugung, daß die Vorstellung, man könne zwischen primitiven und reifen Abwehrformen aufgrund des Ausmaßes verfügbarer Gegenbesetzungsenergie unterscheiden, unseren klinischen Erfahrungen widerspricht.

Eine andere Annahme über primitive Formen der Abwehr verfolgt den Gedanken, eine Rekonstruktion früher Abwehrmechanismen könne aus den komplizierten, regressiven Verhaltensweisen und Symptomen erwachsener Patienten möglich sein. Wir waren uns der Gefahr des »genetischen Trugschlusses« bewußt und hatten deshalb von Anfang an erhebliche Zweifel, ob die bei einem Erwachsenen festgestellte Abwehr, auch wenn sie in einem regressiven Stadium auftritt, *dieselbe* sein kann wie die Abwehr eines Kindes.

Die am häufigsten erwähnten primitiven Abwehrformen – Projektion und Verleugnung – werden auch von neurotischen Patienten angewandt. Nicht das Auftreten dieser Abwehrformen sollte uns an die Möglichkeit einer schweren Pathologie denken lassen, sondern die klinische Einschätzung des gesamten Verhaltens des Patienten, bei dem die eine oder andere Abwehrform vorherrscht.

Wie gehen zum Beispiel unterschiedliche Personen mit den typischen Konflikten, mit Haß und der Rivalität gegenüber Geschwistern um? Der eine mag diesen Konflikt durch die Entwicklung altruistischer und überfürsorglicher Charakterzüge bewältigen, wobei die *Reaktionsbildung* als Abwehrmechanismus am stärksten hervortritt. Ein anderer kann auf seine eigenen gemäßigteren Aggressionsausbrüche mit nachfolgender Fürsorge und Güte reagieren. Hier ist *Ungeschehenmachen* der vorherrschende Abwehrmechanismus. Eine dritte Person kann Geschwister und Ersatzgeschwister idealisieren und lieben, diese Gefühle können jedoch schnell von Schmähung und Haß gegenüber derselben Person gefolgt werden, auch die umgekehrte Reihenfolge ist möglich. Stellt dieses letzte klinische Bild eine Variante einer »primitiven« oder »spezifischen« Abwehr dar, oder sollte es anders verstanden werden: als Einsatz eines Triebderivates zur Abwehr eines anderen, von einem Patienten angewandt, dessen Ich-Funktionen und Objektbeziehungen äußerst infantil sind?

Ähnlich verhält es sich, nur als Beispiel, auch mit den typischen Konflikten, die bei psychotischen, hysterischen und zwanghaften Patienten aus dem Sexualtrieb erwachsen können. Reaktionsbildung kann es bei allen drei Gruppen geben, der psychotische Patient kann Askese und religiöse Wahnvorstellungen äußern, der hysterische Patient Ekel und Widerwillen und der zwanghafte rituelle Waschungen. Ohne Zweifel liegt allen diesen Verhaltensweisen die Reaktionsbildung als Abwehr zugrunde, das klinische Erscheinungsbild unterscheidet sich jedoch stark. Wie bereits gesagt, sind wir der Meinung, daß wir über Abwehrmechanismen und -manöver allein hinaussehen und versuchen müssen, gleichzeitig die anderen kritischen Variablen zu untersuchen, vor allem die allgemeine *Ich-Integration*, die *Realitätsprüfung* und die *Qualität der Objektbeziehungen*, um die Psychopathologie zu erklären.

Eine Auseinandersetzung mit KERNBERGS Einschätzungen zur Abwehr

KERNBERG stellt fest, daß Borderline-Patienten kennzeichnen-derweise »spezifische primitive Abwehr« aufweisen, die für diesen Zustand pathognomisch sein könne oder zumindest eine starke diagnostische Bedeutung habe. Diese These basiert allerdings auf dem Konzept einer entwicklungsbedingten Hier-archie der Abwehrorganisation und darauf, daß schwerer kranke Patienten die primitiven, während der frühen Kindheit ent-wickelten Abwehrformen aufrechterhalten. Wir haben uns mit KERNBERGS Beobachtungen und Thesen sehr eingehend befaßt.

Von klinischen Eindrücken ausgehend, die sich mit unseren decken, entwickelt KERNBERG eine Reihe von Hypothesen über die Konflikte, die den beobachteten Verhaltensweisen und den Entwicklungsphasen, aus denen sie stammen, zugrundeliegen. Seiner Meinung nach deutet extrem schwankendes, ambivalentes Verhalten, besonders in der Übertragung, auf die Existenz sich widersprechender und polarisierter »Ich-Zustände« hin. Diese setzen sich, KERNBERG zufolge, aus »nichtumgewandelten« Affekteinheiten, Objekt- und Selbstrepräsentanzen zusammen. Diese »Ich-Zustände« können sich sehr schnell verlagern, da der an sie gebundene Affekt zwischen »nur gut« und »nur böse« wechselt. Er nimmt an, daß diese Organisation um gute und böse Affektbindungen für gewöhnlich sehr frühzeitig in der psychischen Entwicklung stattfindet. Eine »essentielle Aufgabe« in der »Entwicklung und Integration des Ich« ist die Synthese dieser polarisierten affektgegenteiligen Selbst- und Objektimagines. Eine normale Aufteilung kann sich *über das erste Lebensjahr hinaus pathologisch fortsetzen*[2], als Ergebnis der pathologischen Abwehr der »Spaltung«, die die »Generalisierung von Angst« repräsentiert, und »den Ich-Kern schützt«. Pathologische »Spaltung« ist daher ein zentraler Begriff in KERNBERGS Theorie über die »internalisierten Objektbeziehungen«. Sie ist die Konsequenz einer Ich-Schwäche in bestimmten Fällen, da in solchen Fällen die »Spaltung« anderen »höherstufigen« Abwehrmechanismen vorgezogen werden wird, verlangt sie doch einen geringeren Aufwand an Gegenbesetzungsenergie (1975, S. 35-40)[3]. Gleichzeitig bewirkt diese »Spaltung« wiederum Ich-Schwäche, da sie entscheidend die Entwicklung der Ich-Integrationen verhindert.

In seinen frühen Schriften geht KERNBERG (1966) davon aus, daß eine solche »Spaltung« wahrscheinlich das Ergebnis der übermäßigen Entwicklung von oder einer übermäßigen Veranlagung zu Aggressionen, konstitutionsbedingtem Mangel an Angsttoleranz und übermäßiger oraler Frustration sei. In seinen späteren Schriften hebt er eher mangelnde mütterliche Fürsorge statt einem Übermaß aggressiver Triebe als Ursache hervor. Er stellt in allen seinen Arbeiten die »Spaltung« den »höherstufigen« Abwehrformen gegenüber, von denen er meint,

---

2 In neueren Veröffentlichungen verschiebt KERNBERG seine chronologische Zeittafel, so daß sie mehr mit der »Wiederannäherungs«-Vorstufe der Separation-Individuation zusammenfällt, wie diese von Mahler beschrieben wird. Er ist jedoch nach wie vor der Meinung, daß »Spaltungs-« mechanismen vor allem im ersten Lebensjahr von Bedeutung sind (1976, S. 37).

3 Der Grund für diese Annahme ist, daß für »Spaltung« weniger Gegenbesetzungsenergie nötig ist, da keine »Verdrängung« auftritt und beide sich widersprechenden »Ich-Zustände« im Bewußtsein bestehen können.

daß sie erst später in der Entwicklung vom reiferen Ich in der Ödipusphase entwickelt werden. Nach seiner Theorie sind primitive Abwehrformen also während der präödipalen Phase (sechs Monate bis drei Jahre) vorherrschend oder ausschließlich wirksam, während höherstufige Abwehr erst mit dem Erreichen der ödipalen Phase bedeutsam wird. KERNBERG geht davon aus, daß das pathologische Fortbestehen dieser »spezifischen primitiven« Abwehr zur Ausbildung einer eindeutig definierten Entität beiträgt, der »Borderline-Persönlichkeitsorganisation«.

Spaltung

Ein kurzer Überblick über die Anwendung des Begriffes »Spaltung« in der Literatur verdeutlicht sofort, daß verschiedene Autoren den Begriff sehr unterschiedlich anwenden, und, obwohl KERNBERG versucht, ihn eindeutig zu definieren, seine Einschätzung nur eine von vielen ist.

FREUD (1938b) schreibt über »Spaltung« in seinen Ausführungen zum Fetischismus. Wenn das Kind ein mächtiges Triebverlangen verspürt (etwa nach Masturbation) und eine »schwer erträgliche reale Gefahr« (z.B. Kastrationsangst) wahrnimmt, kann es entweder beschließen, »auf die Triebbefriedigung zu verzichten oder die Realität zu verleugnen, sich glauben machen, daß kein Grund zum Fürchten besteht. ... Das Kind tut aber keines von beiden, oder vielmehr, es tut gleichzeitig beides. ... Einerseits weist es mit Hilfe bestimmter Mechanismen die Realität ab und läßt sich nichts verbieten; andererseits anerkennt es im gleichen Atem die Gefahr der Realität, nimmt die Angst vor ihr als Leidenssymptom auf sich und sucht später, sich ihr zu erwehren. ... Die beiden entgegengesetzten Reaktionen auf den Konflikt bleiben als Kern einer *Ichspaltung* bestehen.« (S. 60). FREUD meint, daß das Kind weiter masturbieren wird, die Kastrationsdrohung jedoch durch den Gebrauch eines Fetisches verleugnen wird und somit eine »Spaltung« im Ich schafft. Auf die gleiche Weise spricht er in »Abriß der Psychoanalyse« (1938a) von einer Spaltung zwischen Trieben und Realität bei der Psychose: »Es bilden sich zwei psychische Einstellungen anstatt einer einzigen, die eine, die der Realität Rechnung trägt, die normale, und die andere, die unter Triebeinfluß das Ich von der Realität ablöst.« (S. 133). In beiden Arbeiten bezieht sich die *Ich-Spaltung* auf die Störung der Realitätsprüfung angesichts eines Triebdranges, sowohl beim fetischistischen wie beim psychotischen Patienten.

In den Arbeiten von MELANIE KLEIN und ihren Nachfolgern wird der Begriff völlig anders angewandt. SEGAL (1964) schreibt: »Sieht sich das Ich der durch den Todestrieb ausgelösten Angst konfrontiert, so lenkt es diesen ab. ... Das Ich *spaltet* sich und projiziert den Teil, der den Todestrieb enthält, nach außen in das äußere Urobjekt – die Brust. ... Und genau wie dem Todestrieb entgeht es auch der Libido. Das Ich projiziert nur einen Teil nach außen, der verbleibende Rest wird dazu benutzt, eine libidinöse Beziehung zum Idealobjekt herzustellen. So gewinnt das Ich schon recht früh eine Beziehung zu zwei Objekten: das Primärobjekt Brust ist in diesem Stadium in zwei Teile *gespalten*, die ideale Brust und die verfolgende.« (S. 44-45; Hervorhebungen von uns).

Diese theoretischen Darlegungen machen »Spaltung« zu einem zentralen Mechanismus der frühkindlichen paranoidschizoiden »Position«. SEGAL schreibt: »Der Positionsbegriff schließt einen bestimmten Zusammenhang von Objektbeziehungen, Ängsten und Abwehrverhalten ein, die das ganze Leben hindurch andauern.« (S. 13). Soweit wir das sehen, steht diese Einschätzung in kaum einer Beziehung zu FREUDS Begriff der »Spaltung«. Sie geht von der Annahme aus, daß bereits in den ersten Lebensmonaten Phantasien an Triebe gebunden sind – eine zweifelhafte Ansicht, die von vielen Autoren kritisiert wurde.

In einer späteren Veröffentlichung schreibt GREEN (1977): »Die *Spaltung* des Kindes entsteht als Reaktion auf das Verhalten des Objektes, das entweder bestehen kann in: (1) einem Mangel an Verschmelzungsbereitschaft seitens der Mutter, so daß das Kind sogar, wenn es gestillt wird, eine leere Brust erlebt; oder in (2) einem übermäßigen Verschmelzungswunsch, wenn die Mutter unfähig ist, zum Wohl des Wachstums des Kindes auf das in der Schwangerschaft erlebte paradiesische Einssein zu verzichten.« (S. 34; Hervorhebung von uns).

Obwohl diese idiosynkratische Einschätzung nicht von vielen Analytikern geteilt wird, zeigt sie doch, wie der Begriff der

Spaltung in einer unausweichlich verwirrenden Weise immer weiter ausgedehnt wird.

Wie wir gesehen haben, versucht KERNBERG, »Spaltung« neu zu definieren. Er übernimmt einige von KLEINS Theorien und versucht, diese mit denen von JACOBSON und MAHLER in Verbindung zu setzen. Vor allem die von KLEIN entwickelte Theorie über eine Bindung zwischen Trieb und bewußter Phantasie im sehr frühen psychischen Leben verwirft er. Dem Todestrieb räumt er keine bedeutende Rolle ein, er sieht dies als eine unbelegbare biologische Theorie an. Von KLEIN übernimmt er jedoch die Einschätzung, daß nur gute und nur böse »nichtumgewandelte« Selbst- und Objektimagines sehr früh im psychischen Leben voneinander abgespalten werden. Nach KERNBERG werden die nur bösen nach außen projiziert, »um den Ich-Kern zu schützen« und um »die Generalisierung von Angst zu vermeiden« (1975, S. 45). Obwohl er sagt, daß »Spaltung« nicht eine Funktion aus dem Todestrieb ist, ist sie doch deutlich an übermäßige Aggressivität, starke orale Frustration in frühester Kindheit und allgemeine Ich-Schwäche gebunden. Allem Anschein nach basiert ein Großteil seiner Arbeiten auf Hypothesen über die psychische Entwicklung im ersten Lebensjahr. MEISSNER (1978) schreibt dazu: »... KERNBERGS Theorie befaßt sich nur sehr wenig mit den Objektbeziehungen als solchen, sondern eher mit den ›internalisierten Objektbeziehungen‹. Sie scheinen dem, was in anderen Zusammenhängen als ›Introjektion‹ beschrieben wurde, sehr viel näher zu kommen ..., als daß dies eine Theorie über Objektrepräsentanzen wäre, da sie sich den Schicksalen und Umwandlungen solcher internalisierter Objekte zuwendet, mit nur geringem Augenmerk auf Beziehungen zu Objekten als solchen.« (S. 588).

Wenn wir uns mit MEISSNERS Ausführungen beschäftigen, gelangen wir zu der Einschatzung, daß KERNBERG in seinen Erörterungen den realen Erfahrungen des Kindes mit seinen Beziehungen zu realen Objekten in seinem frühen Leben, das heißt, zu seinen Eltern, Geschwistern und deren Surrogaten, zu wenig Gewicht beimißt. Statt dessen richtet er sein Augenmerk auf die kindlichen »primitiven«, »phantastischen« Vorstellungsbilder vermischter Selbst- und Objektintrojektionen in ihrer frühesten und primitivsten Form. Wenn er daher von dem Konflikt spricht, der »Spaltung« als Abwehr notwendig macht, schreibt er, daß

»Spaltung« dazu diene ».... zu verhindern, daß die Angst, die in den Brennpunkten negativer Introjektionen auftritt, im Ich generalisiert wird und die Integration positiver Introjektionen in einen primitiven Ich-Kern beschützt.« (1976, S. 33). Obwohl wir daraus schließen können, daß KERNBERG diese frühen Introjektionen als aus den Objektbeziehungen im Leben des Kindes herrührend betrachtet, nimmt er doch an, daß die kritischen Konflikte, die die psychische Entwicklung des heranwachsenden Kindes dominieren, weiterhin zwischen diesen »internalisierten Objekten« bestehen und nicht zwischen den sich verändernden Selbstrepräsentanzen des Kindes und den sich ständig wandelnden psychischen Repräsentanzen der es umgebenden Objekte. Hypothesen wie die vom »Schutz des Ich-Kerns« oder vom Schutz »positiver Introjektionen« richten sich zu einseitig auf die sehr frühe psychische Entwicklung, sie müssen nach unserem Verständnis des frühen psychischen Lebens als höchst spekulativ gelten.

EDITH JACOBSON beschäftigt sich mit der Entwicklung des Selbstempfindens im ersten Lebensjahr, im Gegensatz zu KLEIN und KERNBERG sieht sie die psychische Entwicklung während dieser Zeit als äußerst fließend an, nicht auf »Positionen« oder festgefügte Abwehrmanöver fixiert. Sie nennt keinen eindeutigen zeitlichen Rahmen, hebt jedoch hervor, daß diese Prozesse bis zum dritten Lebensjahr und darüber hinaus wirksam seien, also nicht auf das erste Lebensjahr beschränkt. JACOBSON wendet sich dann der Interaktion mit den Eltern und dem stufenweisen Aufgeben von magischen, symbiotischen Verschmelzungsphantasien des präödipalen Kindes zu (1964, S. 33-70). Sie nimmt an, daß es in dieser Zeit zur Entwicklung selektiver Internalisierungen von Teilidentifikationen kommt, so daß das Kind nach und nach auf bestimmten Gebieten dem geliebten Objekt ähnlicher wird, während es sich auf anderen Gebieten mehr von diesem unterscheidet, wobei häufig kindliche Verhaltensweisen fortbestehen, während gleichzeitig Fortschritte gemacht werden. Diese Beschreibung der kindlichen Entwicklung vermeidet die ein wenig rigiden, in Schritte unterteilten Darstellungen, die KERNBERG anscheinend voraussetzt. Auch wird deutlich, daß JACOBSON der elterlichen Interaktion mit dem Kind entscheidendere Bedeutung zumißt als den Konflikten zwischen den »primitiven Introjektionen«. In diesen Kapiteln hebt sie die Gefahr einer

Ausdehnung der symbiotischen Entwicklungsphase und der sie begleitenden Gefahr weiter andauernder Fusion von Selbst- und Objektrepräsentanzen hervor. Nach JACOBSON stellt die Verschmelzung mit der Mutter während der präödipalen und ödipalen Phase einen intermittierenden Zustand dar, während nach KERNBERG die Polarisierung guter und böser Introjektionen, hauptsächlich im ersten Lebensjahr, Störungen der gesunden Ich-Entwicklung verursacht. JACOBSON geht von Regressionen und Fortschritten in einer Zeit fließender Ich-Entwicklung aus, wogegen KERNBERG eine Phase fester, gespaltener Selbst- und Objektrepräsentanzen behauptet.

JACOBSONS Sicht des sich der Mutter annähernden und sich von ihr entfernenden Kindes stimmt mit den wichtigsten Arbeiten von MAHLER und ihren Kollegen (1971, 1975) überein, in denen das stufenweise Auftauchen des Kindes aus seinem symbiotischen Zustand beschrieben wird. MAHLER stellt die extreme Ambivalenz des Kleinkindes fest, glaubt aber, wie JACOBSON, nicht, daß dies eine feste Abwehrposition sei, die unveränderlich während der späteren Entwicklung bestehen bleibt. Sie schreibt: »Das Phänomen der ›vertrauensvollen Erwartung‹ sowie sein Gegenteil – übergroße Fremdenangst und ›Urmißtrauen‹ – *bewirken und beeinflussen Einstellungen im späteren Leben, wenngleich intervenierende Trieb- und Abwehrschicksale natürlich ihrerseits einen starken Einfluß ausüben und diese Schemata sogar verändern können.*« (S. 1080; Hervorhebung von uns).

Dann beschreibt MAHLER die »Spaltung«: »In manchen Fällen kann sich darin die Tatsache widerspiegeln, daß das Kind die Ojektwelt permanenter als erwünscht in ›gut‹ und ›schlecht‹ gespalten hat. Mit Hilfe dieser ›Spaltung‹ wird das ›gute‹ Objekt gegen die Abkömmlinge des Aggressionstriebes verteidigt.« (S. 1087). Nach unserer Einschätzung bezieht sich die sogenannte »Spaltung« auf die Verschiebung der Aggression von einer Objektrepräsentanz auf eine andere oder auf die Selbstrepräsentanz. Der Zweck dieser abwehrenden Verschiebung ist die Vermeidung der durch die typischen, bereits von FREUD beschriebenen Gefahrensituationen (Objektverlust oder Verlust der Liebe des Objektes) hervorgerufenen Angst. Wir glauben, daß dieser Mechanismus dazu dient, die Erhaltung des befriedigenden Objektes zu sichern, indem es vor der eingebildeten Gefahr der Vernichtung geschützt wird, die aus den zerstörerischen Impulsen des Kindes erwächst. Für Kernberg liegt der Zweck darin, »die Zerstörung bestimmter positiver Introjektionen« oder die »Zerstörung des Ich-Kerns« zu vermeiden. Wieder scheint es uns, daß Kernberg aus dem frühen psychischen Leben Abstraktionen ableitet, die von den Konfliktderivaten, auf die wir im psychischen Leben Erwachsener treffen, weit entfernt sind.

Wir glauben, daß viele Analytiker den Begriff »Spaltung« benutzen, um sich ähnelnde, miteinander verbundene klinische Erscheinungen zu beschreiben. Wir glauben jedoch, daß »Spaltung« nur eine phänomenologische Beschreibung ist, die für verschiedene Autoren verschiedene Implikationen hat. Wir stimmen der Einschätzung zu, daß das Kleinkind die psychische Repräsentanz der Mutter in nur gute und nur böse Anteile »spaltet« und die letzteren auf ein anderes Objekt oder das Selbst verschiebt, um die Beziehung zur Mutter nicht zu gefährden. Wir halten es jedoch für unzulänglich und potentiell irreführend, so große Betonung auf die Hypothese zu legen, daß »Spaltung« den »Ich-Kern« (ein nicht leicht zu definierender Begriff) oder die »positiven Introjektionen« schütze. Und schließlich sind wir der Meinung, daß »Spaltung« keine starre Form darstellt, die unverändert bis ins erwachsene psychische Leben fortbesteht.

Projektive Identifikation

Auch beim Begriff der »projektiven Identifikation« stellten wir fest, daß er von verschiedenen Autoren unterschiedlich angewandt wird. Die Literatur bietet keine eindeutige klinische Beschreibung, anhand derer man nachvollziehen könnte, was die verschiedenen Autoren mit diesem Begriff genau meinen. Nur in Kernbergs Schriften findet sich ein konsistenter Gebrauch und eine Definition. Er sagt, daß Patienten mit einer Borderline-Persönlichkeitsstruktur starke »projektive Tendenzen« aufweisen, zur Externalisierung »der ›total bösen‹ aggressiven Selbst- und Objektimagines«, um den »Ich-Kern« zu schützen, der aus guten libidinös besetzten Imagines besteht. Diese »besondere Intensität der Projektionsneigung führt im Verein mit der charakteristischen Ich-Schwäche dieser Patienten leicht zu einer umschriebenen Schwächung der Ich-Grenzen im Bereich der Projektion von Aggression.« (S. 51). Obwohl eine Differenzierung zwischen Selbst- und Objektrepräsentanzen stattgefunden hat, was diese Patienten von psychotischen unterscheidet, »identifizieren« sie sich daher immer noch mit dem Objekt, auf das die Aggressionen projiziert wurden. Ihre »Empathie« mit dem aggressiven Objekt verstärkt ihre Furcht, also müssen sie das als sadistisch angesehene Objekt angreifen und kontrollieren (1975, S. 51-52). So, wie wir diese Beschreibung verstehen, ist ein der projektiven Identifikation zugrundeliegender Mechanismus bereits die pathologische »Spaltung« aller nur guten und nur bösen Selbst- und Objektrepräsentanzen, wobei die bösen projiziert werden.

Wenn wir KERNBERGS klinische Beschreibungen mit unseren Patienten vergleichen, stellen auch wir fest, daß unsere Patienten ihre Impulse, sowohl aggressive wie libidinöse, projizieren, dann reagieren, als sollten sie tatsächlich angegriffen oder verführt werden und sich daraufhin verteidigen. Wir fragen uns jedoch, ob dieses Verhalten als das Ergebnis einer »besonderen primitiven« Abwehr angesehen werden sollte. Wie unterscheidet sich dieser Mechanismus von gewöhnlicher Projektion? Wenn dies eine primitive Form der Projektion ist, warum »projizieren« dann stärker gestörte psychotische Patienten, ohne daß sie die geringste »Empathie« dem Objekt gegenüber empfinden können, auf das die Impulse projiziert werden? Was hier klinisch beschrieben wird, ist treffend und genau, wir stellen solche Verhaltensweisen besonders bei stärker gestörten Patienten häufig fest. Wir nennen dieses Manöver jedoch für gewöhnlich »Projektion« und fügen, wenn wir es auf Haltungen der Eltern in der Vergangenheit beziehen können, den Begriff »Identifikation mit dem Aggressor« hinzu.

Nehmen wir zum Beispiel Frau K. in Fall III. Die Patientin sah den Analytiker als Sadisten, der buchstäblich verrückt war und sie quälte. Teilweise war dies eine Projektion ihres eigenen Sadismus. Sie blieb sich darüber bewußt, daß sie ihn mißbrauchte, während sie gleichzeitig versuchte, ihn zu beherrschen, aus der Furcht heraus, sonst sein Opfer zu werden. Unserer Meinung nach zeigt sich hier Projektion und Identifikation einer Patientin, deren Ich-Grenzen durchlässiger sind als die von neurotischen Patienten und deren Realitätsprüfung eingeschränkter ist. Dies ist, wie wir meinen, eine weniger schwerfällige Erklärung als die, einen »spezifischen primitiven Abwehrmechanismus« vorauszusetzen.

Wir leiten aus dem klinischen Erscheinungsbild in der Tat nicht eine höchstspezifische primitive Abwehr ab, sondern schließen auf einen größeren Mangel an Selbst- und Objektdifferenzierung, als dieser bei neurotischen Patienten festzustellen ist. Dabei können die Patienten auf einigen Gebieten der Objektbeziehungen die Unterscheidung der psychischen Selbst- und Objektrepräsentanzen aufrechterhalten, während ihnen dies auf anderen Gebieten nicht gelingt. Solche Schicksale mögen von Frustrationen, Enttäuschungen, der Notwendigkeit, solche Verwirrungen als Abwehr einzusetzen, und dem Triebdruck abhängen. Vielleicht ist dies gemeint, wenn Kernberg davon spricht, daß »projektive Identifikation« mit einer »Schwächung der Ich-Grenzen« verbunden ist. Wir fanden jedoch seine Beschränkung des Gebrauchs dieser Projektion auf Aggressionskonflikte unbefriedigend, da, wie wir ausgeführt haben, alle Konflikte, wie auch Abwehrbedürfnisse, eine Schwächung der Ich-Grenzen und ein relatives Versagen bei der Selbst-Objekt-Differenzierung hervorrufen können. Schließlich müssen wir noch hinzufügen, daß unsere klinische Erfahrung zeigt, daß ein solches Versagen nicht auf stärker gestörte Patienten allein beschränkt, sondern auch bei vielen neurotischen Patienten festzustellen ist, besonders auf den Gebieten, auf denen sie die stärksten Konflikte erleben.

Alles in allem kamen wir zu der Schlußfolgerung, daß »projektive Identifikation« ein weiterer unzulänglich definierter Begriff ist, der eher zur Verwirrung als zur Klärung klinischer Beobachtungen beiträgt. Das tatsächliche Verhalten, das hier beschrieben werden soll, ist so alltäglich und kann auch, ohne diese »spezifische Abwehr« vorauszusetzen, gut genug verstanden werden. Außerdem kamen wir zu dem Ergebnis, daß solche Verhaltensweisen bei Patienten aller diagnostischen Kategorien beobachtet werden können, auch wenn wir zustimmen, daß sie bei stärker gestörten Patienten, deren Selbst-Objekt-Differenzierungen weniger stabil sind und deren Realitätsprüfung stärker geschädigt ist, häufiger auftreten.

Die drei anderen von Kernberg für Borderline-Patienten als pathognomisch benannten spezifischen Abwehrformen sind »primitive Idealisierung«, »Verleugnung« und »Omnipotenz und Abwertung«. Bei Kernberg beinhaltet die *primitive Idealisierung*, die von *Idealisierung* unterschieden wird, keine gegen das Objekt gerichtete Aggression, die dann Schuldgefühle hervorrufen könnte. Seiner Meinung nach basiert sie auf der Spaltung der nur guten und nur bösen Selbst- und Objektrepräsentanzen, bevor das Über-Ich sich ausbildet und die Fähigkeit, Schuld zu internalisieren, voll entwickelt ist. Auch *Verleugnung* bezieht sich für ihn auf das Leugnen des einen oder anderen polarisierten Ich-Zustandes und ist so ein Ergebnis von »Spaltung«. *Omnipotenz und Abwertung* rühren ebenfalls aus der gleichen »Spaltung« in »nur gut/nur böse«, die er zugrundelegt (1975, S. 50-55).

Nach unserer Einschätzung sind diese drei »Formen von Abwehr« eigentlich klinische Beschreibungen von isolierten, hochorganisierten unbewußten Phantasien. Zum Beispiel stimmen wir mit Arlow (1969a, 1969b) darin überein, daß man nicht aus der idealisierenden oder abwertenden Beschreibung des Analytikers durch einen Patienten ohne weiteres auf eine Übertragungsreaktion schließen sollte, die auf einer frühkindlichen primitiven Abwehr basiert. Diese erste Äußerung muß hinterfragt und detaillierter untersucht werden, bevor man rekonstruieren kann, welches die zugrundeliegende unbewußte Phantasie sein könnte. Aus unseren bereits dargelegten Vorbehalten gegenüber Kernbergs Theorien zur »Spaltung« als Abwehrmechanismus ergibt sich, daß wir diese drei abgeleiteten »primitiven Abwehrformen« nicht für sehr nützliche Konzepte halten. Wir sehen extreme Idealisierung, Verleugnung sehr ambivalenter Gefühle und Schwankungen zwischen Omnipotenz- und Abwertungsgefühlen gegenüber sich selbst und anderen eher als komplizierte Derivate unbewußter Phantasien an. Obwohl sie sicherlich unter anderem Abwehrzwecken dienen können, können sie auch Ausdruck von libidinösen, aggressiven, narzißtischen und Über-Ich-Bedürfnissen sein. Je nachdem, welche Form diese Äußerungen annehmen, würden wir die klinischen Manifestationen als Resultate der Stärken und Schwächen vieler Ich-

Funktionen ansehen, die gleichzeitig wirksam sind. Daher glauben wir, daß sich in einer sogenannten »Primitivität« Störungen vieler Ich-Funktionen widerspiegeln, und glauben nicht, daß sie durch eine »spezifische primitive Abwehr« hervorgerufen wird.

Verdrängung bei Kernberg

Außer unseren Zweifeln an der durchgängigen Anwendbarkeit des Konzepts dieser »spezifischen primitiven Abwehr« auf Borderline-Patienten stimmen wir mit Kernberg auch darin nicht überein, daß Verdrängung keine der Hauptabwehrformen von Borderline-Patienten sei. Er zieht diese Schlußfolgerung aufgrund der von ihm beobachteten extremen Ambivalenz in der Übertragung, von der er glaubt, daß sie polarisierte »Ich-Zustände« darstellt. Da er annimmt, daß sowohl die »nur guten« wie die »nur bösen« Selbst- und Objektrepräsentanzen *im Bewußtsein* präsent sind, schließt er darauf, daß Verdrängung von diesen Patienten nicht als Abwehr benutzt wird. Außerdem geht er davon aus, daß dieses klinische Bild aus einem Konflikt resultiert, der so früh angelegt ist, daß er der Verdrängung, die er zu den »höherstufigen«, reiferen Abwehrmechanismen zählt, vorausgeht.

Unsere klinischen Beobachtungen zum Einsatz von Verdrängung unterscheiden sich stark von Kernbergs und führen auch zu einer anderen Einschätzung. Wenn wir in der Übertragung die Manifestation starker Ambivalenzen feststellten, beurteilten wir dies so, daß für den Patienten zu Beginn der Behandlung nur ein sehr geringer Teil der kompliziert miteinander verwobenen unbewußten Phantasien, die erst im Laufe der Zeit aufgedeckt werden mußten, bewußt faßbar war. In diesem Sinne unterscheiden sich die Übertragungsreaktionen dieser Patienten nicht vom Übertragungsverhalten neurotischer Patienten. Das, was in ihrem Verhalten von Beginn an sichtbar wird, ist nur die »Spitze des Eisbergs«. Die komplizierten Grundlagen dieses Verhaltens sind unbewußt. Nehmen wir zum Beispiel Kernbergs Patienten, der den Analytiker idealisierte und überbewertete und sich nur langsam über seinen inneren Kampf bewußt wurde, diesen nicht abwerten zu wollen (1975, S. 97).

Sicherlich ist die Intensität der Ambivalenz und der plötzliche Umschwung in den Gefühlen des Patienten gegenüber dem Analytiker beeindruckend. Wir fragen uns jedoch, welche Phantasien hinter dieser Idealisierung verborgen sind. Wenn es sich um Abwehr handelt, wogegen ist dann die Abwehr gerichtet? Handelt es sich um die Projektion einer omnipotenten, narzißtischen Selbst- oder Objektimago? Wodurch wird die Veränderung hervorgerufen? Welcher leidvolle Affekt löst die Veränderung aus? Nach unserer Erfahrung würden wir vermuten, daß KERNBERG Antworten auf diese Fragen nicht gesucht hat. Wir halten bei diesen Patienten, wie auch bei allen anderen, Verdrängung für einen zentralen Abwehrmechanismus und glauben, daß zu Beginn der Behandlung nur ein sehr geringer Teil der zentralen dynamischen Konflikte im Bewußtsein präsent ist.

Zusammenfassung

Wir haben die Abwehrmechanismen und Abwehrmanöver unserer Patienten untersucht und dabei festgestellt, daß wir uns zunächst einen Überblick über das Konzept der Abwehrfunktionen im allgemeinen verschaffen sollten. Wir kamen zu dem Ergebnis, daß das Ich jede einzelne seiner Funktionen dazu benutzt, unangenehme Affekte und unannehmbare psychische Inhalte abzuwehren. Einige Abwehrformen schienen simpler strukturiert zu sein, während andere komplizierter waren, aus grundlegenden Mechanismen zusammengesetzt. Diese komplizierteren Abwehrmanöver dienten oftmals dazu, libidinöse und aggressive Triebe auszudrücken; sie haben Inhalt und Bedeutung, unterstützen die Adaptation, wie sie auch zur Symptombildung und zur Entstehung sowohl normaler wie pathologischer Charakterzüge beitragen.

Wir hatten jedoch den Eindruck, daß Analytiker trotzdem weiterhin von »Abwehrmechanismen« sprechen, weil dieser Begriff für die Beschreibung bestimmter Abwehroperationen nach wie vor allgemein üblich ist. Als wir uns dann eingehend mit den von unseren vier Borderline-Fällen angewandten Abwehrformen befaßten, stellten wir fest, daß sie alle die verschiedenen Abwehrmechanismen benutzten, einfache wie komplizierte. Sie bevorzugten bestimmte Abwehrformen und setzten diese durchgängiger ein, als das bei weniger stark gestörten Psychoneurotikern der Fall ist. *Projektion, Verleugnung, Agieren, Identifikation mit dem Aggressor* und der *Einsatz eines Triebderivates zur Abwehr eines anderen* waren die bevorzugten von uns beobachteten Abwehrmechanismen. Auch sadomasochistische Regression sollte hier aufgeführt werden, wenn Regression denn als Abwehr angesehen werden soll.

Da viele Autoren zu der Einschätzung gelangten, daß Borderline-Patienten primitivere Abwehrmechanismen benutzen, während neurotische Patienten zu reiferen oder höherstufigen greifen, befaßten wir uns mit den Konzepten von der primitiven Abwehr und der entwicklungsbedingten Hierarchie der Abwehrmechanismen. Die gängigen Theorien über primitive Abwehrmechanismen stimmen nicht mit unseren klinischen Erfahrungen und unserem theoretischen Verständnis überein. Wir sind der Meinung, daß Abwehr nicht ohne Diagnostik der gesamten Ich-Funktionen als primitiv oder reif eingestuft werden sollte. Je kränker ein Patient ist, um so mehr stellen wir mangelnde Ich-Integration, mangelnde Ich-Organisation und einen Zusammenbruch der Ich-Funktionen fest. Die von diesen Patienten eingesetzten Abwehrprozesse erscheinen hauptsächlich aufgrund der beeinträchtigten Ich-Funktionen als primitiv.

Wir kamen auch zu der Einschätzung, daß wir keine straffe chronologische Zeittafel für Abwehrmechanismen anhand der regressiven Verhaltensweisen und der Symptomatik gestörter Erwachsener rekonstruieren können. Wir bezweifeln, daß der Gebrauch einer bestimmten Abwehr, sei es nun Projektion, Verleugnung oder Spaltung, auf eine bestimmte Phase der Kindheit, von der angenommen wird, daß sich hier die Psychopathologie entwickelt haben könnte, zurückverfolgt werden kann.

Wir haben uns umfassend mit KERNBERGS Schriften befaßt, um seine Hypothese zu prüfen, wonach »spezifische primitive« Abwehrformen für die klinische Entität, die er die »Borderline-Persönlichkeitsorganisation« nennt, pathognomisch sind. KERNBERG behauptet, daß diese Abwehrformen bei neurotischen Patienten, welche ausschließlich »höherstufige« Abwehrformen anwenden würden, nicht festgestellt werden. Im Gegensatz zu seinen Einschätzungen konnten unsere Patienten von neurotischen nicht aufgrund ihrer Abwehrmechanismen unterschieden werden.

Außerdem führte uns eine Auseinandersetzung mit dem Begriff »Spaltung« zu der Schlußfolgerung, daß, obwohl viele Autoren ihn dazu benutzen, verwandte klinische Phänomene zu beschreiben, er doch für verschiedene Analytiker eine unterschiedliche Bedeutung hat. Unserer Meinung nach können die klinisch beobachteten Erscheinungsbilder einer »Spaltung« sehr wohl mit der Ambivalenz der analen Phase verbunden sein, in der das kleine Kind Vernichtungsphantasien auf andere Objekte oder das Selbst verschiebt, um das nährende mütterliche Objekt davon zu verschonen. Wenn wir diesen Standpunkt einnehmen, brauchen wir nicht mehr nach einem Fixierungspunkt in den ersten achtzehn Lebensmonaten zu suchen, um hypothetische Konstrukte wie den »Ich-Kern« oder die »positiven Introjektionen« aufrechtzuerhalten. Die Behauptung, daß »Spaltung« auf sehr frühen Objektbeziehungen und der Entwicklung festgelegter, pathologischer »internalisierter Objektbeziehungen« beruht, ist durch klinische Daten allein schwer zu beweisen. Aus diesen Gründen halten wir es für fragwürdig, eine bestimmte klinische Entität, die »Borderline-Persönlichkeitsorganisation« oder ein therapeutisches Modell auf solchen Spekulationen aufzubauen.

Die Untersuchung des Begriffes »projektive Identifikation« ergab ebenfalls, daß dieser unzureichend definiert und verwirrend ist. Das beschriebene klinische Verhalten ist oft zu beobachten und weist auf einen verstärkten Gebrauch von Projektion hin, was stärker als üblich zu Konfusionen zwischen Selbst- und Objektrepräsentanzen führt. Diese Konfusion wird bei stärker gestörten Patienten häufiger festgestellt, die dementsprechend fließende Ich-Grenzen und eine stärker beschädigte Realitätsprüfung zeigen. Es steht jedoch nicht fest, daß diese Störungen das Ergebnis sehr früher Objektbeziehungsstörungen sind, wie KERNBERG vermutet. Es kann durchaus sein, daß während der ganzen Kindheit, ganz gewiß aber, bis ein bestimmtes Maß an Objektkonstanz erreicht ist, die Projektion als psychischer Mechanismus deutlich vorherrschend ist. Sie auf die ersten achtzehn Lebensmonate beschränkt zu sehen ist bestimmt zu eng.

Diese Überlegungen treffen auch auf die genannten Abwehrmechanismen der »primitiven Idealisierung«, der »Verleugnung« und der »Omnipotenz und Abwertung« zu. Für KERNBERG sind dies »Spaltungs-«mechanismen, ein Konzept, zu dem wir unsere Vorbehalte bereits geäußert haben. Wir sind der Meinung, daß die sogenannten »primitiven Abwehrprozesse« höchst komplizierte Derivate unbewußter Phantasien sind, die jede für sich auf ihre besonderen Inhalte hin untersucht und als Anteil der gesamten Ich-Struktur verstanden werden müssen.

Bei unseren Borderline-Patienten stellten wir auch *Verdrängung* als Abwehr fest und gelangten zu der Ansicht, daß sie für diese, genauso wie für andere Patienten, von zentraler Bedeutung ist. Nach unseren Beobachtungen war es möglich, aus den anfänglichen »nur gut«- und »nur böse«-Polarisierungen in der Übertragung nach und nach die dahinter verborgenen und verdrängten unbewußten Phantasien deutlicher zu ermitteln. Die analytische Behandlung zeigte, daß Verdrängung gegen viele Elemente dieser zugrundeliegenden Phantasien eingesetzt wurde und nur stufenweise aufgegeben werden konnte. Darum können wir KERNBERG nicht zustimmen, daß diese Patienten aufgrund ihrer »gespaltenen«, bewußten »Ich-Zustände« keine Verdrängung einsetzen könnten.

Schließlich möchten wir noch einmal hervorheben, daß unsere Einschätzungen über von allen Patienten angewandte Abwehrformen und -strukturen sich bei näherer Beschäftigung verändert haben. Wir halten Abwehrprozesse nicht länger für rigide oder einfache Mechanismen. Wir sind überzeugt, daß jegliches psychische Verhalten zu Abwehrzwecken eingesetzt werden kann. Außerdem kann Abwehrverhalten nicht nur als pathologisch gelten, das heißt, allein zur Symptombildung oder zum Widerstand während der Behandlung führend. Abwehrverhalten ist das Produkt einer Kompromißbildung und wird zur Triebabfuhr eingesetzt, gehorcht Über-Ich-Forderungen und dient der Realitätsanpassung.

VII. Übertragung und Technik

Übertragung

STERN, einer der ersten Forscher auf diesem Gebiet, liefert eine umfassende klinische Beschreibung. Er beschreibt auch das Übertragungsverhalten dieser Patienten wie folgt: »Diejenigen Patienten, die mit einer offenen Neurose, bei der das Hauptsymptom Angst ist, in die Analyse kommen, entwickeln in ihrem großen Bedürfnis nach Schutz und Sicherheit gleich zu Beginn einen heftigen, fordernden Zugriff auf den Analytiker. Sie klammern sich buchstäblich mit jedem kindlichen Mittel oder jedem Greifreflex an. ... Diese Patienten, die keinerlei akute Angst entwickeln, zeigen ein schwerfälliges, manchmal ausgeprägt unbewegliches Äußeres ...« (S. 486).

Es ist bemerkenswert, daß STERN in diese frühe Beschreibung solcher Patienten den *erstarrten Patienten* aufnimmt, das heißt, den Patienten, dessen Haltung eher unbeweglich als dramatisch ist – eine Variante der Borderline-Pathologie, die von einer Reihe anderer Autoren, die ihr Augenmerk ausschließlich auf die dramatischeren Erscheinungen richten, übersehen werden.

Fünfzehn Jahre später geht STONE (1954) davon aus, daß einige dieser stärker gestörten Patienten analysierbar seien, wenn auch mit mehr als den üblichen Schwierigkeiten. In diesen Analysen stellt er »untypische Reaktionen in den frühen Behandlungsphasen fest (spontane, primitive Übertragungsreaktionen, extreme Rigidität, frühes archaisches Material, euphorische schnelle Besserung, starke Furcht vor der analytischen Situation und viele andere Auffälligkeiten).« (S. 582). Er schreibt: »... es können unersättliche Forderungen oder das Bedürfnis, den Analytiker zu tyrannisieren oder zu beherrschen auftreten; oder auch das andere Extrem – völlig unterwürfig, passiv und folgsam zu sein ... oder die Übertragung kann buchstäblich narzißtisch sein, das heißt, der Therapeut wird mit dem Selbst vermischt, oder er ist in jeder Hinsicht wie das Selbst ... oder der Therapeut kann omnipotent, allwissend, gottgleich sein ... .« (S. 584-585).

KERNBERG (1975) beschreibt die Übertragung im Rahmen der Objektbeziehungstheorie: »Das vielleicht auffälligste Merkmal der Übertragungsäußerungen von Borderline-Patienten besteht darin, daß es hier in der Übertragung sehr rasch zu einer vehementen Aktivierung sehr früher konflikthafter Objektbeziehungen kommt, die verschiedenen voneinander dissoziierten Ich-Zuständen zugehören. Jeder einzelne dieser Ich-Zustände entspricht gewissermaßen einem voll ausgebildeten Übertragungsparadigma, also einer hoch entwickelten regressiven Übertragungskonstellation, in der eine spezifische verinnerlichte Objektbeziehung in der aktuellen Beziehung zum Therapeuten wiederbelebt wird.« (S. 97-98).

Er stellt dazu fest, daß die auftretenden Konflikte, die bei der »Wiederholung solcher frühen verinnerlichten Objektbeziehungen« auftauchen, gekennzeichnet sind durch »eine eigenartige pathologische Verschränkung prägenitaler und genitaler Triebziele unter dem Primat prägenitaler Aggression« (S. 98). Die Projektion oraler Aggression im besonderen bewirkt eine paranoide Verzerrung der frühen Elternimagines, besonders des Mutterimago. In der Übertragung konstellieren sich nach einem anfänglich chaotischen Erscheinungsbild hauptsächlich »negative Übertragungsparadigma«. Er spricht von »projektiver Identifizierung« und kommt zu dem Schluß, daß dieser Mechanismus der »Hauptverantwortliche« ist für die Manifestation »eines intensiven Mißtrauens gegen den Therapeuten und einer starken Angst vor ihm, weil er vom Patienten als Angreifer erlebt wird, während der Patient selbst diese projizierte intensive Aggression zugleich empathisch mitfühlt und den Therapeuten in sadistischer, unterdrückender Weise unter Kontrolle zu halten sucht« (S. 101).

Behalten wir die Gedanken dieser Autoren im Kopf und wenden uns der Untersuchung der in unseren Fällen beobachteten Übertragungsreaktionen zu.

Unmittelbarkeit der Übertragungsreaktionen und
Realitätsverzerrungen angesichts des Analytikers

In unseren Fällen war die Übertragung von Behandlungsbeginn an intensiv, wie dies auch schon von anderen Autoren beschrieben wurde. Eine Neigung zum Agieren stach von Anfang an hervor. Außerdem fiel die Unfähigkeit auf, die »als-ob«-Qualität der Übertragung zu akzeptieren, einhergehend mit dem Bestehen auf reale Gratifikation durch den Analytiker, die von Freud (1915a) beschriebene »Suppe mit Knödeln«-Haltung. Obwohl das Gefühl für die »als-ob«-Qualität auch bei weniger kranken Patienten in den intensivsten Phasen der Übertragungsneurose verlorengeht, begannen bei unseren Patienten die Realitätsverzerrungen um die Person des Analytikers eher, hielten länger an und waren über die meiste Zeit der Behandlung hinweg, trotz den sorgsamen und vorsichtigen Deutungen des Analytikers, augenfällig. Hier ist ein quantitativer Unterschied gegenüber dem bei den meisten Fällen auftretenden Übertragungsbild festzustellen, was mit den Ergebnissen anderer Autoren, insbesondere Kernbergs, übereinstimmt.

Eine sorgfältige Prüfung der vier Fallbeispiele ergab, daß bei den Patientinnen aus den Fallbeispielen I, III und IV ein weiteres wichtiges Merkmal auftauchte. Hier wurde der Analytiker als ein tatsächlicher Ersatz des Vaters angesehen.

Frau W. in Fall I zum Beispiel behauptete vom ersten Moment an, der Analytiker sehe aus wie ihr Vater, obwohl sich später herausstellte, daß die eingebildete Ähnlichkeit nur auf einer verschwommenen Erinnerung an ein Foto ihres Vaters basierte. Sie konnte die Enttäuschung nicht hinnehmen, die das Nichtbeantworten ihrer Fragen und die Weigerung des Analytikers, ihr Ratschläge zu erteilen, hervorriefen. Sie versuchte, eine Wohnung in seiner Nähe zu mieten, und noch gegen Ende ihrer ausgedehnten Therapie meinte sie, er solle einen Ehemann für sie finden, da er sie doch so gut kenne. Dies wurde nicht als Wunsch geäußert, der analytisch hätte hinterfragt werden können, sondern als »vernünftige« Einschätzung, nach der gehandelt werden sollte.

Von Beginn an versuchte sie bewußt, einen günstigen Eindruck auf ihren Analytiker/Vater zu machen, während sie sich ihm unbewußt entzog, ihn strafte und versuchte, ihn dazu zu bringen, sie zu verlassen, was sie so sehr fürchtete. Erst als sie den Punkt des augenscheinlichen Therapiescheiterns und einer möglichen Beendigung der Behandlung erreicht hatte, konnte sie dieses Verhalten ändern, so daß die Analyse danach erfolgreicher wurde.

Bei Frau K. in Fall III dominierte die sadomasochistische väterliche Übertragung die Analyse von Behandlungsbeginn an. Der Analytiker wurde als äußerst kritisch und leicht zu verärgern eingeschätzt. Außerdem war er omnipotent und wußte alles, was die unzähligen Gefahren des Lebens, die die Patientin umzingelten, vor allem medizinische und psychische, abwenden konnte. Sie hatte passiv und gehorsam zu sein. Wenn sie jedoch wütend war, erschien er ihr schwach, jämmerlich und in seiner Selbstpräsentation nichts mehr wert, wohingegen nun sie mächtig und allwissend war. Sogar in solchen Phasen fürchtete sie aber seine Gewalttätigkeit und glaubte, sie müsse sich schnell wieder zusammenreißen, da er sie sonst körperlich angreifen würde.

Frau M. in Fall IV hatte von Beginn an das Gefühl, der Analytiker habe kein Interesse an ihr. Sie meinte, er würde sich nicht um ihre möglichen Schwangerschaften, ihre Krankheitsängste und ihr Gewichtsproblem kümmern. Ihre Angst, er würde sie verlassen, was nach ihrem Empfinden sowohl ihre Mutter wie ihr Vater getan hatten, brachte sie dazu, den Analytiker permanent zu provozieren, um ihn einerseits zu quälen und andererseits zu prüfen. Ihr sadomasochistisches sexuelles Reizen war eine Wiederholung der erregenden Zahnextraktionen und quälender Stunden mit ihrem Vater während der Latenzjahre. Später in der Behandlung kleidete sie sich wie eine Prostituierte und brachte Champagner mit zu ihrer Sitzung am Neujahrsabend, um den Analytiker zu erregen, aufzureizen und zu kastrieren und um seine Zurückweisung zu provozieren, die sie sowohl fürchtete wie auch als Bestrafung ersehnte. Außerdem glaubte sie zum Behandlungsende hin, nachdem ihr Vater gestorben war, daß der Analytiker seine Sommerurlaubspläne über den Haufen werfen würde, um bei ihr zu sein. Sie zog in eine Wohnung nahe der Praxis, weil er der »Mittelpunkt ihres Lebens« sei. Zu einem anderen Zeitpunkt war sie außer sich, als sie ihn zu Hause anrief und eine Frau antwortete. Sie sagte:»Ich dachte, ich sei die einzige in Ihrem Leben.«

Fall II verdient besondere Beachtung, weil hier Merkmale einer wichtigen Variante der Übertragungssituation veranschaulicht werden, die oftmals bei Borderline-Patienten festzustellen sind (vgl. STERN 1938 u. STONE 1954). Die Übertragung von Herrn F. war ebenfalls von Beginn an intensiv und tiefgreifend, sie war jedoch still und verborgen. Ein solches Fehlen geäußerter

Übertragungsgedanken und -gefühle weist oft auf die ungewöhnliche Intensität der versteckten Übertragungsreaktionen hin, was auch in diesem Fall zutraf. Dieser junge Mann beteuerte, dem Analytiker gegenüber niemals Gefühle zu haben oder sie gar zu zeigen. Solche Gefühlsäußerungen wären für ihn ein Zeichen der Schwäche und Demütigung gewesen, die bedeuteten, daß er sich dem Analytiker unterworfen hatte, was dieser als Triumph über ihn erlebt hätte. Seine eigenen Wünsche, den Analytiker zu demütigen, wurden auf diese Weise verdeckt. Hinter all dem lag seine unbewußte, passive Sehnsucht verborgen, vom Analytiker geliebt und umsorgt zu werden, die ihm Angst machte, und wie in seinen Masturbationsphantasien zu dem Wunsch führte, in ein kleines Mädchen verwandelt zu werden.

Themen um Trennung und Verlust

In jedem unserer vier Fälle kam Trennungs- und Verlustthemen eine große Bedeutung zu, obwohl Herr F. in Fall II solche Gefühle charakteristischerweise über die meiste Behandlungszeit hinweg verbarg. In unseren anderen Fällen wurden Wutausbrüche und das Bedürfnis, den Analytiker zu beherrschen, oftmals durch Trennungskonflikte ausgelöst. Die Sensitivität unserer Patienten war hier äußerst ausgeprägt. Nicht nur durch eine Trennung über das Wochenende oder Krankheit oder Urlaub des Analytikers konnten solche Gefühle hervorgerufen werden, sondern sogar durch das Ende der Stunde oder durch das Klingeln des Telefons während der Sitzung, auf das der Analytiker gar nicht reagierte, oder durch den nächsten Patienten, der an der Tür klingelte. Manche Analytiker schließen im allgemeinen aus einer solchen Empfindlichkeit gegenüber Verlust, daß sie auf Probleme hinweist, die aus einer frühen mütterlichen Deprivation oder aus einer von der Unsensibilität der Mutter geprägten Kindheit herrühren. Bei allen unseren Patienten hatten jedoch zu einem späteren Zeitpunkt bedeutsame Objektverluste stattgefunden, oder die Patienten waren tatsächlich verlassen worden, was eine tiefgreifende Wirkung auf ihre Psychopathologie hatte.

In Fall I verließ der Vater die Patientin zum ersten Mal in ihrem zweiten Lebensjahr, dann wieder, als sie viereinhalb Jahre alt war, während ihrer Latenzzeit immer wieder. Sie band sich stark an ihre Mutter und wurde ängstlich, wenn sie von dieser getrennt war. In der Übertragung hörte sie vor und nach einer Behandlungsunterbrechung auf zu sprechen, sie tröstete sich oftmals mit Süßigkeiten. »Zuerst gehen« war eine Vergeltungsmaßnahme. Vor der ersten Sommerpause zog sie sich zurück und wurde still, vor der zweiten schmiedete sie Pläne, in eine andere Stadt umzuziehen.

Obwohl Herr F. in Fall II seine Gefühle so gut wie möglich verleugnete, kam er 45 Minuten zu spät zur ersten Sitzung nach dem Sommerurlaub des Analytikers, während dem er den »unerträglichen« Gedanken gehabt hatte, er könne den Analytiker »vermissen«. Später in der Behandlung, als der Analytiker die Möglichkeit einer Konsultation erwog, begann er über seine Verlustgefühle und seine Ängste vor Trennung von der Mutter zu sprechen. Ihre Depression und ihr Sichzurückziehen nach dem Tod seiner Schwester, als er vier Jahre alt war, waren entscheidende Faktoren für seine Empfindlichkeit. Seine Träume, in einer Höhle zu sein, seine Phantasien, zu einer Frau »heruntergezogen« zu werden, und sein Wunsch, nie von der Mutter getrennt zu sein, wurden stark abgewehrt und traten in der Übertragung nur sehr langsam zutage.

Frau K. in Fall III hatte Erinnerungen aus der Zeit, als sie achtundzwanzig Monate alt war und die Mutter wegen der Geburt der Schwester ins Krankenhaus kam. Sie war immer den Tränen nahe, wenn sie sich an die zärtliche Wiedervereinigung nach der Rückkehr der Mutter erinnerte. Der Umzug aus dem Haus der Großeltern, als sie vier Jahre alt war, brachte sie stark aus dem Gleichgewicht und führte den Analytiker zu Spekulationen über die Bedeutung der vorhergehenden Trennung von den Großeltern, als die Schwester geboren wurde. Im Bett der Großmutter zu liegen, bereitete ihr ein wohliges und gesättigtes Gefühl, wogegen die Trennung vom Analytiker während der Sommerpause das Gefühl auslöste, »im Innern trocken und staubig zu sein«. Die Analysestunde wurde gesehen »wie ein Hamburger« – ein Biß, und es bleibt kaum etwas übrig. Offensichtlich hatte diese symbolische Darstellung viele unbewußte Bedeutungen. Sie dramatisierte jedoch auch ihre intensiven Gefühle beim Thema Trennung; ihre übliche offene Reaktion war Rückzug und Wut.

Trennung war bei Frau M. in Fall IV eines der Hauptthemen. Die Trennung von der Mutter, als diese an der Milz operiert wurde, und ihre Hinwendung zu ihrem Vater während dieser Zeit waren entscheidende Determinanten ihrer Psychopathologie. Des Vaters Militärzeit, die fortwährenden Telefongespräche und die Angst, er könne nach Übersee kommandiert werden, waren mit der Geburt ihres Bruders gekoppelt, was ihre Verletzbarkeit auf diesem Gebiet noch steigerte. Um ihre Sehnsucht nach dem Analytiker zu befriedigen, zog sie in eine Wohnung nahe seiner Praxis und weigerte sich zu glauben, daß er sie während des Sommerurlaubs allein lassen würde. Außerhalb der Analyse klammerte sie sich an ihre Freunde und rief sie permanent an, teilweise aufgrund ihrer Trennungsängste, aber auch aufgrund ihrer Wut und sadomasochistischen Beziehungen zu ihnen.

Das Durcharbeiten dieser wiederholten Objektverluste während der ersten Lebensjahre war von entscheidender Bedeutung für die Entwicklung der Fähigkeit, etwas zu verändern. Obwohl wir wie andere Autoren folgern, daß auch bei diesen Fällen es sehr wohl frühe Probleme zwischen Mutter und Kind gegeben haben kann, können wir aufgrund des so vielfältigen Mangels an elterlicher Fürsorge über die ganze Kindheit hinweg diesen frühen Konflikten nicht, wie andere Autoren, die alleinige und erste Priorität für die Trennungsempfindlichkeit dieser Patienten zuschreiben.

Narzißtische Merkmale

Ein anderer, von vielen Autoren beschriebener Aspekt der bei Borderline-Patienten festzustellenden Übertragungsbeziehung ist deren narzißtischer Charakter. Der Begriff »Narzißmus« wird allerdings bei verschiedenen Autoren sehr unterschiedlich gehandhabt. Für STERN (1938) zum Beispiel bedeutet Narzißmus »offene Tendenz zum Psychotiker ... die ›narzißtische Neurose‹« (S. 469); er nimmt an, daß der Ursprung solcher narzißtischer Störungen in chronischer Spannung zwischen Mutter und Kind zu suchen sei. KERNBERG (1975) legt einen umfassenden Überblick über narzißtische Charakterpathologie in allen ihren klinischen Aspekten vor. Nach seiner Meinung können verschiedene Konfliktebenen narzißtische Pathologie auslösen, in schweren Fällen jedoch spricht er von der »Borderline-Persönlichkeitsorganisation«. Die Idealisierung des Analytikers ist das Ergebnis einer Ausdehnung des Selbst auf den Analytiker, »Es kommt dabei zur Verschmelzung von Idealselbst-, Idealobjekt- und Realselbstrepräsentanzen, ..., wobei dieser Prozeß gleichzeitig verbunden ist mit einer Entwertung und Zerstörung innerer Objektimagines und äußerer Objekte.« (S. 266). Zwischen KERNBERGS Einschätzung und der von STERN gibt es auffällige Parallelen, STERN (1938) schreibt: »... der Patient identifiziert sich nie mit dem Analytiker, sondern mit seiner Konzeption von diesem - durch einen Projektionsvorgang seines eigenen Ich-Ideals, wie es von der riesenhaften Erscheinung des Analytikerimagos verkörpert wird« (S. 484). KOHUT (1971) schreibt über ähnliche Phänomene, obwohl er eine andere Terminologie benutzt und den narzißtischen Charakter nicht bei Borderline-Pathologien ansiedelte. Seiner Meinung nach repräsentiert der Analytiker ein »Selbst-Objekt«, eine Struktur, die entweder das »grandiose Selbst« oder das »idealisierte Elternimago« darstellt. Er glaubt, daß solche Strukturen in diesen Patienten aufgrund mangelnder elterlicher Fürsorge während der Entwicklung fortbestehen, was zu einem Mangel in ihrer Selbstachtungsregulationsfähigkeit geführt hat. Daraus folgert er, daß der Analytiker für diese Patienten in der Übertragung zu einem kompensatorischen Selbst-Objekt wird, so daß reifere narzißtische Strukturen sich zu »sich umwandelnden Internalisierungen« entwickeln können. Erst dann werde die primitivere narzißtische Struktur verschwinden.

Jeder dieser Autoren hebt hervor, daß die bei diesen Patienten festgestellte narzißtische Pathologie darauf hindeute, daß hier ein teilweises Versagen bei der Trennung von Selbst- und Objektrepräsentanzen vorliegt, und viele Autoren stimmen darin überein, daß bei einer solchen Pathologie Selbstachtungsregulationskräfte wirksam sind, entweder gebunden an das Ich-Ideal oder an seine postulierten Vorläufer. Besonders KERNBERG betont jedoch, JACOBSON folgend, daß eine solche Wiedervereinigung von Selbst und Objekt eher als eine Entwicklungsstörung eine regressive Abwehr gegen verschiedene Konflikte mit der Aggression, vor allem mit oraler Aggression, darstellen kann.

Klinisch gesehen wiesen unsere vier Fälle eine narzißtische

Pathologie auf, die der von den eben aufgeführten Autoren beschriebenen gleicht. Es bestand bei diesen Patienten ein auffallender Mangel an Empathie innerhalb der analytischen Situation wie auch in sozialen Situationen. Sie reagierten äußerst empfindlich auf jede Mißachtung, real oder eingebildet, und erlebten Deutungen, wie vorsichtig sie auch geäußert wurden, oftmals als Angriff und als Auslöser großen psychischen Schmerzes. Gleichzeitig machte ihre Beschäftigung mit den eigenen Beschwerden sie für gewöhnlich unsensibel für das Unbehagen, das sie anderen bereiteten, den Analytiker eingeschlossen. Ihre Selbsteinschätzung wie auch ihre Einschätzung des Analytikers war unrealistisch überhöhend oder abwertend, und es gab häufige Schwankungen zwischen diesen beiden Positionen.

Frau W. in Fall I hatte eine idealisierte, romantische Phantasie über den Analytiker und seine Frau, wie auch über ihre Schwester und deren Mann. Alle waren sie heiter und glücklich und liebten sich sehr, im Gegensatz zu ihrem eigenen Unglück und ihrer relativen Isolation. Der Analytiker wurde als weise und auf allen Gebieten bewandert vorgestellt, sie forderte seinen Rat, wie sie ihr eigenes Leben leben solle. Sie meinte sogar, er solle einen Ehemann für sie aussuchen. Alle rivalisierenden und feindseligen Gefühle ihm gegenüber wurden verleugnet.

Herr F. in Fall II vermied jegliche Nähe zu anderen Menschen, um zu verhindern, verletzt oder gedemütigt zu werden. Er glaubte, der einzige, den er jemals geliebt habe, sei sein Hund gewesen. Sein Analytiker wurde als rivalisierend empfunden, auch glaubte er, er wolle ihn demütigen und verführen. Um sich selbst zu schützen, mußte er sich isolieren und überall Distanz wahren, wobei er sich in passiven Rückzug rettete, um libidinöse und aggressive Impulse abzuwehren, die dann projiziert wurden. Seine Projektion war so intensiv, daß die Unterscheidung zwischen ihm selbst und seinem Analytiker verwischt erschien.

Frau K. in Fall III war in einem solchen Ausmaß mit sich selbst beschäftigt, daß sie sich selbst im Mittelpunkt des Denkens und Verhaltens von jedermann wähnte, den Analytiker eingeschlossen. Alle Deutungen wurden als Mißachtung und Beschuldigung empfunden. Sie hatte den Anspruch, der Analytiker solle sich ausschließlich mit ihr beschäftigen. Ihre Selbstachtung schwankte erheblich. Manchmal empfand sie sich selbst

191

als übergroß und allwissend, häufig jedoch idealisierte sie den Analytiker und fühlte sich dabei minderwertig und wertlos. Oftmals konnte sie nicht glauben, daß der Analytiker nicht genau dieselben Gedanken und Gefühle hatte wie sie selbst, und genauso oft stellte sie sich vor, er habe die gleichen Erwartungen an sie wie sie an ihn.

Frau M. in Fall IV war oftmals unsensibel gegenüber den Gefühlen und Bedürfnissen anderer. Sie zog ihre Freunde mit hinein in ihre Konflikte über ihre Trennungs- und Schwangerschaftsängste und sie bestand darauf, daß ihre Freunde und ihr Analytiker ihre Panik und ihre Sorgen teilen sollten. Sie hielt dem Analytiker ihre Diätpillen hin, um sein Desinteresse an ihr zu belegen, forderte aber gleichzeitig, er solle sie vor den »Scharlatanen« retten. Oftmals sah sie die Männer in ihrem Leben als ideal an, verglichen mit dem Analytiker, den sie oft abwertete, zu anderen Zeiten aber auch idealisierte. Es gab viele Gelegenheiten, zu denen sie nicht nur davon ausging, daß der Analytiker genauso fühlte wie sie selbst, sondern auch versuchte, ihn dazu zu verleiten, ihre Phantasien mit ihr zusammen in die Tat umzusetzen. Zum Beispiel brachte sie den Champagner mit zur Sitzung am Neujahrsabend, um ihre ödipalen Phantasien dramatisch zu inszenieren.

Diese narzißtischen Merkmale unserer Patienten führten wir eher auf Triebkonflikte sexueller und aggressiver Natur zurück als auf Fehlschläge in der Entwicklung. Narzißtische Isolation oder Rückzug konnte vor Aggressionen schützen oder diese vermitteln. Dieses Verhalten konnte auch eingesetzt werden, um Schuldgefühle bei anderen auszulösen. Es konnte einen Rückzug von libidinösen Wünschen bedeuten, die leidvolle Angst- und Schuldaffekte hervorriefen. Es konnte Scham oder »narzißtische Schande« verhindern; oder es konnte eine Identifikation mit der narzißtischen Position des gehaßten/geliebten Elternteils sein. Unsere Ergebnisse bestätigten die Beobachtungen anderer Autoren, die zeigen, daß der zugrundeliegende Wunsch bestand, mit dem Analytiker als idealisierter Figur oder als Teil des Selbst zu verschmelzen; oder daß der Wunsch bestand, der Analytiker möge als schützendes oder selbstachtungsregulierendes Elternteil fungieren, um die ehemaligen Defizite der Eltern auszugleichen. Dieses Verlangen wurde oftmals ausgedrückt mit dem zusätzlichen Wunsch, der Analytiker/Elternteil/Liebhaber solle auf magische Weise die Gedanken und Gefühle des Patienten kennen, ohne daß dieser sie äußern müsse. Diese Wünsche dienten gleichzeitig jedoch der Vermeidung verbotenen sexuellen und aggressiven Verlangens, das zu Unlustaffekten wie Angst, Schuld und Scham führen könnte.

Wir stellten fest, daß diese Wünsche tiefgreifende, sadomasochistische Konflikte verbargen. In den Fällen I, III und IV wurde der Wunsch, vom idealen, schützenden und nährenden Analytiker als einem idealisierten Elternteil oder als Erweiterung des Selbst verstanden zu werden, schnell von Wut auf den Analytiker überlagert, wenn es zu Enttäuschungen kam. Der Analytiker wurde dann als der böse Peiniger erlebt, der den verletzlichen Patienten mißhandelte und demütigte. Gleichzeitig fühlte sich der Analytiker vom Patienten angegriffen und mißhandelt, der seine eigene Wut als gegen den sadistischen Analytiker notwendigen Schutz empfand. Wie im Kapitel über die Abwehr ausgeführt, gibt es unterschiedliche Interpretationsmöglichkeiten dieses Verhaltens. Wir verstanden diese Beziehungen und Haltungen so, daß der Analytiker als Speicher des projizierten Sadismus des Patienten fungierte, welcher selbst in der Kindheit oftmals hin zum Mechanismus der Identifikation mit dem Aggressor stimuliert worden war. Der narzißtische Rückzug und die Verschmelzungsphantasien unserer Patienten verringerten sich im Laufe der Zeit – aufgrund der Erhellung und des Wissens um diese sadomasochistischen Konflikte.

Zusammenfassend können wir der Einschätzung, daß die narzißtische Fixierung unserer Patienten ausschließlich aus bestimmten Entwicklungskonflikten oder bestimmten Aggressionskonflikten allein resultierte, nicht zustimmen. Wir gelangten statt dessen zu der Einschätzung, daß die narzißtische Position eine defensive war, die ausgebildet und aufrechterhalten wurde, um sowohl sexuelle wie aggressive Triebe zu kontrollieren und auszudrücken, um die typischen, von FREUD aufgezeigten Gefahrensituationen zu vermeiden und um das Entstehen leidvoller Affekte zu verhindern.

Ein weiteres interessantes klinisches Ergebnis lautet, daß die Übertragung sich bei diesen Fällen ungewöhnlich schnell verändert, wobei der Analytiker den Vater, die Mutter, das projizierte Selbst wie auch andere wichtige Figuren aus dem Leben des Patienten darstellt. Während viele neurotische Patienten über Wochen oder Monate in einer bestimmten Übertragungshaltung verharren oder bestimmte Übertragungshaltungen manifestieren können, die mit einer wichtigen Person ihrer Vergangenheit verbunden sind, zeigen unsere Patienten oftmals innerhalb einer Stunde oder in zwei aufeinanderfolgenden Sitzungen Übertragungsreaktionen, die aus verschiedenen Erfahrungen der Vergangenheit stammen. Diese schwankenden Vorstellungsbilder verstärkten die Schwierigkeit einer konsistenten Deutung und trugen zu dem eigentümlich chaotischen Verlauf der Behandlung bei.

Von Frau W. in Fall I wurde der Analytiker vor allem als der lange ersehnte Vater angesehen, der die Patientin nicht verlassen und ihr Leben regeln würde. Mitten im Bericht über einen Mann, den sie getroffen hatte, erinnerte sie unvermittelt, am Fenster gestanden und nach dem Vater geweint zu haben. Plötzlich wurde der Analytiker als ihre störende und ablehnende Mutter gesehen. Außerdem konnte der Analytiker nie ihre positiven ödipalen Sehnsüchte von den negativen trennen, denn während er die einen deutete, war die Patientin schon zu den anderen umgeschwenkt.

Dies traf sicherlich auch auf Fall III zu. Die Assoziation von Frau K., ihr Analytiker sei kritisch und peinigend, betrafen sowohl ihren Vater wie auch die Mutter; auch wenn der Vater die sadomasochistischen Assoziationen dominierte, schienen einige von beiden Eltern herzurühren. Außerdem wurde der Analytiker, wie auch in Fall I, immer auch als ablehnendes und rivalisierendes Elternteil des anderen Geschlechtes angesehen, wann immer die Patientin nach ihm verlangte oder ihm gegenüber, als positivem oder negativem ödipalen Partner, liebevolle Gefühle hegte. Ein solchermaßen zweifaches Vorstellungsbild machte die Übertragungsinterpretation äußerst schwierig.

Die bei Frau M. in Fall IV auftauchenden Probleme mit Trennung und Verlassenwerden waren in der Lebensgeschichte eindeutig mit beiden Eltern verbunden, wie auch die Schwangerschaftswünsche und -ängste. Auch noch sehr spät in der Analyse konnten Assoziationen von einer Elternfigur zur anderen schwanken. Hier wurde der Analytiker, wie auch in den Fällen I und III, als das ersehnte Elternteil und gleichzeitig als der Eindringling in der triangulären Beziehung erlebt.

Von Herrn F. in Fall II dagegen wurde der Analytiker zunächst als der konkurrierende Vater, der versuchte, den Patienten zu bezwingen und über seine Niederlage triumphierte, und als projiziertes sadistisches Selbstbild empfunden. Später wurde deutlich, daß hinter diesem Vorstellungsbild das der verführenden Frau lag, die ihn in ein kleines Mädchen verwandeln wollte. In diesem Fall jedoch waren die Bilder wesentlich konsistenter, ähnlich denen bei bekannteren neurotischen Fällen.

Unsere Einschätzung dieses Übertragungsverhaltens trifft sich teilweise mit Kernbergs Vermutung, daß diese Schwankungen den miteinander vermischten Elternimagines aus den präödipalen Jahren entstammen. Wir halten es jedoch für ebenso wahrscheinlich, daß dieses Verhalten auch Abwehrzwecken dient, durch Einsatz eines Triebderivates zur Abwehr eines anderen, wie auch durch Projektion, Verschiebung und Regression. Des weiteren zeigt unser Material, daß jede trianguläre Liebesbeziehung schwer beladen ist mit Schuld, Angst oder beidem, so daß der strafende Rivale im Übertragungsbild immer präsent ist. Dies mag teilweise das doppelte Bild des Analytikers erklären, über das wir berichtet haben. Alle diese Faktoren tragen zu dem verwirrenden klinischen Erscheinungsbild bei, das sich im Zusammentreffen mit diesen Patienten zeigt.

Gegenübertragung

Um die Darstellung unserer klinischen Erfahrungen mit diesen Patienten abzuschließen, möchten wir uns den intensiven Gegenübertragungsgefühlen im weitesten Sinne dieses Begriffes[4] zu-

---

4 Wir benutzen »Gegenübertragung« hier nicht als auf die beim Analytiker hervorgerufenen persönlichen neurotischen Konflikte beschränkt, sondern um alle Gefühle des Analytikers zu umreißen, die durch den Patienten ausgelöst werden.

wenden, die wir aufgrund der intensiven, repetitiven Übertragungsmuster dieser Patienten und der Anwendung von Agieren, Projektion, Identifikation mit dem Aggressor und Einsatz eines Triebderivates zur Abwehr eines anderen beobachteten. Am vorherrschendsten waren Gefühle, angegriffen zu werden wie auch Verwirrung, Frustration, Schuld und Gegenaggressionen des Analytikers. Durch die bei ihm durch diese Gefühle ausgelösten Konflikte wurde der Analytiker still und inaktiv, unterdrückte seine Deutungsversuche oder zog sich emotional vom Patienten zurück, was alles die Angst- und Schuldgefühle des Patienten steigern konnte. Jeder Patient reagierte sensibel auf die Reaktionsbildung und den Rückzug des Analytikers, und die daraus resultierenden Gefühle intensivierten oftmals die Angst des Patienten vor seinem eigenen Sadismus und seinem Zerstörungspotential.

Eine Reihe von Kommentaren aus unseren Fallbeschreibungen sind hier bedeutsam. In Fall I beschrieb der Analytiker seinen »Pessimismus« und seine »Frustration« und stellte die »Durchführbarkeit der Behandlung« aufgrund der offensichtlichen Verweigerung und augenscheinlichen Unfähigkeit der Patientin, sich wie die normalerweise an einer Zusammenarbeit interessierten Analysanden zu verhalten und zu reagieren in Frage. Später, im dritten Jahr, beschreibt er »Hoffnungslosigkeit«, »Schuldgefühle« und das Gefühl »analytischen Ungenügens«. Er versuchte, diese Gefühle zu verbergen, sie trugen aber ohne Frage zu seinen Gedanken über »Sackgasse« und »Beendigung« bei.

Herr F. in Fall II versuchte, beim Analytiker Gefühle der »Hilflosigkeit«, der »Niederlage« und »Demütigung« hervorzurufen. Die ganze Behandlung wurde von der durchdringenden Frage im Hintergrund begleitet: »Kann dieser Patient überhaupt analysiert werden?«

In Fall III fühlte sich der Analytiker fortwährend gepeinigt und tyrannisiert. Er fühlte sich irritiert und frustriert und hatte den Wunsch, die Patientin entweder zu strafen oder allein zu lassen. Schuldgefühle und Rettungsphantasien, oft verbunden mit unrealistischen persönlichen Gegenübertragungselementen, wurden häufig in seinen eigenen sadistischen Impulsen oder pessimistischen Einschätzungen reaktiviert.

Ähnliche Gefühle wurden beim Analytiker in Fall IV hervorgerufen. Die endlosen Provokationen und Abwertungen des Analytikers riefen bei ihm sadistische Impulse und den Wunsch hervor, die Patientin sich selbst zu überlassen, was bei ihm wieder zu reaktiven Gefühlen führte.

Wir sind der Meinung, daß diese Gegenübertragungsgefühle, einmal verstanden, für die Behandlung dieser Patienten von sehr großem Nutzen sind. Wie auch psychotische Patienten, weniger ausgeprägt neurotische, scheinen diese Patienten oftmals dazu in der Lage, beim Analytiker die jeweiligen Gefühle hervorzurufen, die sie selbst in der Kindheit gegenüber ihren Eltern empfunden hatten. Die wachsende Erkenntnis darüber, daß der darin enthaltene Mechanismus die Identifikation mit dem Aggressor war, trug viel zum Verständnis der wichtigen unbewußten Konflikte bei. Wir stimmen mit vielen anderen Autoren darin überein, daß die Beachtung der »Gegenübertragungsgefühle« im weiteren Sinn ein entscheidendes Hilfsmittel für das Verstehen dieser stärker gestörten Patienten ist.

Zusammenfassung

Zusammenfassend können wir sagen, daß unsere wichtigsten Untersuchungsergebnisse über Borderline-Patienten mit dem von anderen Autoren beschriebenen klinischen Erscheinungsbild übereinstimmen. Wir möchten sie folgendermaßen charakterisieren: (1) Die Patienten zeigten eine auffällige Unmittelbarkeit, Intensität und Beharrlichkeit ihrer Übertragungsreaktionen, entweder dramatisch geäußert oder rigide blockiert; (2) sie zeigten einen anhaltenden Defekt in ihrer Realitätsprüfungsfähigkeit bezüglich der Person des Analytikers, zusammen mit dem Wunsch nach realer Gratifikation durch ihn; (3) es lag eine ausgeprägte Empfindlichkeit gegenüber Trennung und Verlust vor; (4) eine ausgeprägt narzißtische Übertragungshaltung war festzustellen; (5) starke sadomasochistische Konflikte waren auffällig; (6) die Patienten zeigten schwankende oder miteinander vermischte Übertragungsimagines; (7) starke Gegenübertragungsreaktionen wurden regelmäßig beim Analytiker durch ihr Verhalten ausgelöst.

Der Leser wird bemerken, daß diese auffälligen Übertragungsmerkmale den Kennzeichen der Objektbeziehungen, die wir in Kapitel IV aufgeführt haben, stark ähneln. Das ist bei genauer Überlegung nicht verwunderlich, und es wäre ungewöhnlich, wenn es anders wäre, denn das beste Verständnis der Objektbeziehungen aller Patienten gewinnen wir aus der Analyse der Übertragung.

Technik

Bei der Beschreibung des klinischen Erscheinungsbildes der Borderline-Patienten haben wir die Übertragungs- und Gegenübertragungsreaktionen hervorgehoben. Wir werden uns nun den Behandlungstechniken zuwenden, die bei solchen Merkmalen am angemessensten erscheinen. Wir haben bereits unsere Vorbehalte gegenüber der Anwendung des Begriffs »Borderline« als Bezeichnung eines diagnostisch klar umrissenen Krankheitsbildes oder auch als Begriff für eine kohärente Gruppe von Patienten mit besonderen übereinstimmenden Problemen angemeldet. Wir ziehen es vor, »Borderline« nur als ein breites Spektrum von Krankheit anzusehen, das sehr unterschiedliche Symptomkonfigurationen mit sehr unterschiedlich stark ausgeprägten psychopathologischen Störungen umfaßt. Daraus ergibt sich, daß wir der Einschätzung, es gebe einen bestimmten, für alle Fälle optimalen Behandlungszugang, nicht zustimmen können. Wir glauben statt dessen, daß es eine Vielzahl methodischer Zugangsweisen gibt, die bei solchen Patienten anwendbar sein können. Bei einigen kann eine stationäre Behandlung angemessen sein, bei anderen Pharmakotherapie, und bei wieder anderen verschiedene Formen der Psychotherapie, Familien-, Gruppen- und analytisch orientierte Psychotherapie eingeschlossen. Unsere Erfahrungen führen uns jedoch zu der Schlußfolgerung, daß es einige Patienten gibt, wie unsere vier Fälle, die mit psychoanalytischen Methoden behandelt werden können.

Um zu entscheiden, ob eine Psychoanalyse die optimale Behandlungsmethode sein kann, bedienen wir uns der gleichen diagnostischen Verfahren und stellen die gleichen Überlegungen zur Indikation an wie bei anderen möglichen Analysanden auch. Wir führen relativ unstrukturierte Interviews durch, nicht nur aus diagnostischen Gründen, sondern auch um die Analysierbarkeit des Patienten zu bestimmen. Dabei legen wir auf bestimmte Fragen besonderes Augenmerk: Inwieweit ist der Patient dazu in der Lage, im psychoanalytischen Setting zu arbeiten und Nutzen daraus zu ziehen? Welches sind die sichtbaren Hauptkonflikte? Wie stabil und wie flexibel ist die Abwehrstruktur des Patienten? Wie ausgeprägt ist die Anwendung von Projektion und Verleugnung? Von welcher Qualität sind die Objektbeziehungen des Patienten? Wie schätzen wir das Ausmaß der Ich-Stärke ein? Wird triebhaftes Handeln, stark selbstzerstörerisches Verhalten oder beides vermutlich ein schwerwiegendes Problem in der Behandlung werden? Welches ist die Behandlungsmotivation? Kann der Patient die für die Analyse notwendige kontrollierte Regression ertragen?

Dies sind bei jedem Patienten schwer zu beantwortende Fragen. Jeder erfahrene Analytiker ist sich darüber im klaren, daß eine genaue Vorhersage des analytischen Erfolges, auch bei weniger kranken Patienten, zur Zeit der Erstbeurteilung problematisch ist. Es gilt als Regel, daß man erst nach Anlaufen der Analyse zuverlässigere Einschätzungen über den Fortgang der Arbeit geben kann, und sogar noch in späteren Behandlungsphasen kann es Überraschungen in alle Richtungen geben. In diesen »Borderline«-Fällen jedoch ist eine frühzeitige Indikationsstellung aufgrund des stärkeren Störungsgrades wahrscheinlich schwieriger als gewöhnlich, und die Schlußfolgerungen, zu denen man gelangt, werden noch hypothetischer sein müssen als bei gesünderen Patienten. Bei unseren vier Fällen kam jeder der Analytiker zu der Einschätzung, der Patient habe eine Borderline-Persönlichkeitsstruktur. Aber nicht alle Fälle wurden bereits in der Erstdiagnostik so eingeschätzt.

KERNBERGS diagnostische Methode unterscheidet sich teilweise von unserem Vorgehen. Er empfiehlt eine, wie er es nennt, »strukturelle« diagnostische Beurteilung. In diesen Interviews erforscht er ähnliche Bereiche wie auch wir in unseren Interviews, die Objektbeziehungen, die Angsttoleranz, die Sublimierungsfähigkeit und die Art der Abwehrstruktur. Er hebt jedoch besonders die Bedeutung von »Spaltungs-«mechanismen hervor, die hier eruiert werden sollten, da er ihnen eine entscheidende diagnostische Bedeutung und Einfluß auf die zu verschreibende Therapie zuerkennt. Daher empfiehlt er für die diagnostischen Interviews die aktive Konfrontation mit jeglichem, vom Patienten geäußerten Widerspruch innerhalb eines, wie er es nennt »Rahmens technischer Neutralität«. Seiner Meinung nach wird diese Verfahrensweise die möglicherweise vorhandene Pathologie erkennen lassen. Nach KERNBERG wird diese Konfrontation bei einem psychotischen Patienten weitere Regression und Dekompensation auslösen. In den Fällen, die er »Borderline-Persönlichkeitsorganisation« nennt, wird der Patient auffällig ängstlich werden oder zeitweilig verstört sein, jedoch nicht in dem Ausmaß wie psychotische Patienten. In seinen frühen Schriften ging KERNBERG davon aus, daß jede dieser Reaktionen der Empfehlung einer Psychoanalyse als Behandlungsform widersprechen würde, und daß hier statt dessen eine »Ausdruckspsychotherapie« zu verschreiben sei. Diese kann oftmals zusätzliche Therapieformen beinhalten, wie Pharmakotherapie, Hospitalisierung oder den Einsatz von Kotherapeuten, um den Patienten in seinem Alltagsleben anzuleiten. Später jedoch ändert KERNBERG (1976) seine Einschätzung dahingehend, daß Borderline-Patienten psychoanalytisch behandelbar seien.

Die gesammelten klinischen Erfahrungen unserer Gruppe bestätigten KERNBERGs Behauptung nicht, daß die Konfrontation des Patienten mit unbewußten Widersprüchen während der diagnostischen Interviews notwendigerweise die aufschlußreichen Befunde zutage fördern, die seiner Meinung nach dabei auftauchen müssen. Um diesen Punkt zu illustrieren und zu klären, wandten wir uns Beispielen zu, von denen wir annehmen durften, daß sie auch KERNBERG selbst zur Erläuterung seiner These benutzt hätte. Unsere Auswahl basierte auf unserem Verständnis seiner Schriften, wie auch auf den Erläuterungen zu seiner Theorie, die er uns in den Gruppendiskussionen vorstellte.

Wir wollen uns in diesem Sinne zunächst mit Fall II beschäftigen. Der Patient, Herr F., kam in die Behandlung, zum Teil, weil er gegen seine Mutter ankämpfte und das Gefühl hatte, sie habe ihn extrem verkindlicht. Als der Vater die Mutter verließ und aus der gemeinsamen Wohnung auszog, wurde der Patient zunehmend streitsüchtig und wütend auf seine Mutter, ohne im geringsten zu bemerken, daß er durch die zunehmende Nähe zu ihr geängstigt war. Als die Mutter ihn jedoch zu einer Behandlung drängte, ließ er sich darauf ein, sich an einen von dem früheren Analytiker der Mutter empfohlenen Kollegen zu wenden. Unsere Diskussion mit KERNBERG brachte uns zu der Einschätzung, daß er hierin einen starken Widerspruch im psychischen Leben des Patienten sehen würde, und daß nach seiner Meinung der Patient in den diagnostischen Gesprächen auf dieses Paradoxon hingewiesen werden sollte. Wenn der Patient seiner Mutter und ihren Wünschen gegenüber, ihn zu verkindlichen und zu verführen, so mißtrauisch war, wie konnte er dann ihre Empfehlung eines Analytikers akzeptieren? Ein anderer augenscheinlicher Widerspruch war die Diskrepanz zwischen seiner unbewußten Angst, vom Analytiker gedemütigt zu werden, und seinem bewußten Wunsch, die Behandlung fortzusetzen. Bei der Konfrontation des Patienten mit diesen widersprüchlichen Haltungen löst man bei ihm nach KERNBERGS Einschätzung eine gesteigerte Angst aus, da »Spaltungsmechanismen« verlangen, daß die sich widersprechenden oder polarisierten »nur guten« oder »nur bösen« Imagines, in diesem Fall von Mutter oder Vater und Analytiker, auseinandergehalten werden müssen.

Wir verstanden die widersprüchlichen Haltungen des Patienten nicht als Ausdruck von »Spaltungs«-mechanismen. Nach unserer Meinung entstammten sie komplizierten Anordnungen miteinander verbundener Phantasien, von denen viele Komponenten unbewußt waren, so daß die mit diesen vielfältigen Phantasien assoziierten Affekte sich gegenseitig widersprachen, jedoch entsprechend ihren unbewußten Wurzeln. Der Patient traute seiner Mutter und nahm ihre Empfehlung eines Analytikers an, gleichzeitig mißtraute er ihr jedoch auf andere Art. Er liebte sie, wollte sie aber auch verführen, was ihn ängstigte und ihn sich vor ihr fürchten ließ. Auch hatte er das Verlangen, sie zurückzuweisen und zu strafen, um dann wieder vor ihr fliehen zu wollen, aufgrund der durch seine auf sie gerichteten feindseligen Phantasien ausgelösten Schuldgefühle. Daher sind diese

Gefühle und Phantasien, obwohl er die Mutter fürchtete und ihr mißtraute, nicht notwendigerweise inkompatibel mit seiner Annahme ihrer Empfehlung eines Analytikers, da zwischen ihm und seiner Mutter eine starke liebevolle Bindung bestand.

Gleichermaßen sahen wir nichts Ungewöhnliches in seinen ambivalenten Phantasien gegenüber dem Analytiker/Vater. Er konnte ihn bewundern, verehren und sich ihm passiv unterwerfen, während er gleichzeitig äußerst abwehrend sein und ihm gegenüber so wenig Gefühle wie möglich äußern konnte, da er sicher war, vom Analytiker gedemütigt oder angegriffen zu werden. Diese widerstreitenden Gefühlsanordnungen waren Oberflächenderivate komplizierter, miteinander zusammenhängender unbewußter Phantasien, deren Inhalte nach unserer Erwartung im Verlauf der Analyse deutlich werden.

In Fall III kommentierte der Analytiker die sich widersprechenden Gefühle der Patientin über sich selbst, wenn auch nicht in den Erstinterviews. Einerseits erlebte sie sich als degradiertes Objekt, ein wertloses »Stück Scheiße«, andererseits sah sie sich selbst als omnipotent und etwas Besonderes an. Als sie mit diesem Widerspruch konfrontiert wurde, war keine Steigerung der Angst oder Verstörung zu beobachten. Diese Gefühle blieben über eine lange Zeit der Behandlung hinweg im Bewußtsein präsent und existierten oft gleichzeitig, und sie bezog sich darauf als Imagines ihrer selbst, die beide intensiv erlebt wurden.

Wie in Fall II stimmte unser Befund hier nicht mit der These überein, daß diese unterschiedlichen Imagines frühzeitig polarisierte »Ich-Zustände« darstellen. Nur aufgrund ihrer langen und schwierigen Behandlung waren der Analytiker und die Patientin schließlich in der Lage, die komplizierten unbewußten Wurzeln dieser Gefühle über sich selbst zu verstehen. Unter den zahlreichen unbewußten Determinanten ihres abgewerteten, schmutzigen Selbstbildes fand sich ein enormes Schuldgefühl über sexuelle Impulse und Gefühle, von denen viele sadistische Färbungen hatten. Bei ihr lag eine psychische Vorstellung der Verschmelzung von Vagina und Anus vor, die zu dem Glauben führte, dies seien schmutzige und übelriechende Organe, die nur zu schmutzigen Zwecken benutzt werden, das heißt, Masturbation, Geschlechtsverkehr und Ausscheidung. Derivate ihrer phallischen Phantasien trugen andererseits zu ihrem Gefühl bei, sauber, mächtig und kompetent zu sein. Bei vielen Assoziationen war ihr Selbstbild einer phallischen Frau die Ausdehnung ihrer früheren »Königin-Phantasie«, die den frühen Jahren mit ihren Großeltern, den *nur guten Eltern* ihrer Familienromanze, entsprungen war. Gefühle, abgewertet und omnipotent zu sein, stellten auch die beiden Seiten ihrer sadomasochistischen Konflikte dar: das Opfer, hilf- und wertlos auf der einen Seite, und der Nazi/Gefängniswärter/Sadist mit dem mächtigen Phallus auf der anderen.

Wenn wir diese Gefühle und Phantasien unserer Patienten auf diese Weise deuteten, kamen wir zu der Schlußfolgerung, daß nicht das Vorhandensein unterschiedlicher oder polarisierter Selbst- und Objektimagines für die klinische Beurteilung dieser Patienten von entscheidender Bedeutung ist. Das Konzept der polarisierten »Ich-Zustände« kann im Gegenteil die Aufmerksamkeit des Analytikers und sein Verstehen der unbewußten Phantasien, die diesen ambivalenten Imagines zugrundeliegen, beeinträchtigen. Die extrem ambivalenten Haltungen unserer Patienten gegenüber sich selbst und anderen wurden nach vollständiger Analyse als allgegenwärtige Triebkonflikte verstanden, ähnlich denen, die auch bei weniger kranken Patienten festgestellt werden. Bei diesen Patienten, wie auch bei allen anderen, mußten diese Konflikte im Zusammenhang mit Trieben, Abwehroperationen, Ich-Stärke, unbewußten Phantasien und der Lebensgeschichte gesehen werden. Die bei unseren Patienten in den diagnostischen Interviews erkennbare Ambivalenz lieferte uns, für sich allein betrachtet, nur unzureichende Informationen für die Entscheidung für oder gegen eine Analyse. Unsere Entscheidung basierte, wie beschrieben, auf einer Vielzahl anderer Faktoren.

Schließlich konnten wir Kernbergs technische Grundannahme, daß das Zusammenbringen der polarisierten Imagines Angst und Verstörung hervorruft, die den Grad der Psychopathologie anzeigt, nicht bestätigen, da solche Reaktionen von unseren Patienten nicht geäußert wurden. Es erscheint uns nicht berechtigt, davon auszugehen, daß alle Borderline-Patienten auf eine einzige charakteristische Weise auf eine solche Konfrontation oder jede andere Belastung reagieren.

Bis jetzt haben wir uns mit Fragen der diagnostischen und prognostischen Beurteilung befaßt. Für unsere Diskussion der technischen Verfahrensweise in der analytischen Behandlung dieser Patienten halten wir es aufs Neue für sinnvoll, unsere Einschätzungen mit denen von KERNBERG, aber auch mit jenen von RINSLEY und MASTERSON zu vergleichen, die dieses Thema ausführlich behandelt haben.

In Übereinstimmung mit seinen Thesen über polarisierte und gespaltene Ich-Zustände und den Mängeln im Reifungsprozeß, die aus dem Fortbestehen pathologischer Abwehrmechanismen resultieren, gibt Kernberg einige klar umrissene Empfehlungen zur technischen Vorgehensweise, die er für die Behandlung dieser Patienten als essentiell ansieht. Da er als erste Behandlungsaufgabe die zunehmende Fusion dieser »gespaltenen« polarisierten Imagines und die zunehmende Toleranz dieser Ambivalenz ansieht, empfiehlt er, den Patienten beständig und immer wieder mit den Widersprüchen in seinen Äußerungen zu konfrontieren, um diesem sein Bedürfnis, diese »Spaltungs«-Zustände aufrechtzuerhalten, immer deutlicher vor Augen zu führen. Er würde zum Beispiel einen Patienten darauf hinweisen, daß er oder sie über Wochen hinweg nur liebevolle und idealisierende Gefühle gegenüber dem Analytiker empfunden habe, nun aber nur feindselige und abwertende Empfindungen hege. Er würde weder erklärendes genetisches oder lebensgeschichtliches Material anbieten noch eine Deutung äußern, daß das eine Bündel von Gefühlen dem anderen den Weg geebnet haben könnte angesichts der durch sie ausgelösten Angst, Schuld oder anderer leidvoller Affekte. Nach seiner Meinung sind solche Interpretationen während der ersten Behandlungsphasen voreilig und unterstützen den Patienten nicht bei der Bewältigung des grundlegenden Problems, das nach KERNBERGS Meinung bei der pathologischen »Spaltung« und anderen vorhandenen primitiven Abwehroperationen zu suchen ist. Im wesentlichen hält er es nicht für angebracht, die Aufmerksamkeit des Patienten auf die Frage zu lenken, warum zu diesem Behandlungszeitpunkt die gespaltenen Selbst- und Objektimagines im Mittelpunkt stehen. Seiner Meinung nach sollte man sich damit begnügen, die gespaltenen Imagines zusammenzubringen. Er würde nicht wie wir Deutungen äußern, daß die idealisierenden und liebevollen Gefühle des Patienten diesen ängstlich, schuldhaft oder verletzbar gemacht haben müssen, und sehr wohl mit Phantasien verbunden gewesen sein können, die dieses Unbehagen auslösten, so daß er zum anderen Pol der Ambivalenz umgeschwenkt sei, um seine Anspannung zu vermindern. KERNBERG sagt unmißverständlich, daß eine solche Vorgehensweise oder das Anbieten genetischer Verknüpfungen dem Patienten in diesem frühen Behandlungsstadium nicht helfen, sondern erst dann, wenn die »Spaltungs«-mechanismen sich bedeutend geändert haben.

Unsere Erfahrungen führen uns zu anderen Schlußfolgerungen. Wir fanden es für die Therapie hilfreich, und nützlich für die Patienten, zu deuten, warum ihre Gefühle so schnell und plötzlich von einer Haltung zu ihrem Gegenteil geschwenkt waren. Auch war es hilfreich, diese schwankenden Haltungen zu ihren vergangenen Erfahrungen mit anderen Menschen in Verbindung zu setzen, wenn genügend Informationen vorhanden waren, die eine solche Verbindung rechtfertigten. Wir sind uns darüber bewußt, daß voreilige genetische und dynamische Deutungen manchmal intellektualisierte Antworten oder zunehmende Rigidität der Abwehrmuster auslösen können, haben diese negativen Effekte bei unserer Vorgehensweise aber nicht beobachtet.

Ein von Behandlungsbeginn an durch die Übertragung und die gegenwärtigen Beziehungen zu anderen Menschen gewonnener Einblick in die Vergangenheit der Patienten bietet einen Bezugsrahmen und eine Strukturierung der Selbsteinschätzung, die den Patienten ermöglicht, ihre Verwirrung und Abwehr abzubauen, auch wenn, wie beschrieben, die Patienten nur sehr langsame analytische Fortschritte machen.

In Fall I wurde die negative Behandlungsatmosphäre von Frau W. als hauptsächlich an die komplizierte Beziehung zu ihrem Vater gebunden verstanden. Ihre Bedürfnisse zu scheitern, in der Analyse zu versagen, Zurückweisung zu provozieren und Verlassenwerden zu vermeiden, waren alle in einem genetischen Rahmen verortet. Dies zu erkennen erlaubte ihr, trotz der beschriebenen starken Widerstände, eine Einsicht in ihre Probleme.

Herr F. in Fall II begann die Behandlung mit »Respekt und Bewunderung« für seinen Vater. Er unterwarf sich bereitwillig dessen Willen und dem, was sich als »oft unsensible, spöttische, ungeduldige und sarkastische« Haltung des Vaters herausstellte. Im Laufe der Zeit wurde er sich seiner Angst bewußt, sein eigener Ärger würde die Beziehung zum Vater beenden. Als er sich dieses Ärgers bewußt wurde, wurde er von seinem Vater unabhängiger und im Studium erfolgreicher. All dies fand frühzeitig unter der Behandlung statt.

Auch Frau K. in Fall III begann, wenn auch mit Schwierigkeiten, frühzeitig die Verbindung ihrer sexuellen Hemmungen, ihrer Freßsucht, ihres schwachen Selbstwertgefühls und ihrer Hypochondrien zu der stark sadomasochistischen Beziehung zu ihrem Vater zu erkennen. Sowohl die libidinösen wie aggressiven Konflikte, die in der Übertragung reaktiviert wurden, vermittelten ihr eine beginnende Einsicht in ihre Symptomatik und ihre Charakterpathologie.

In Fall IV fand ähnliches statt. Wie in Fall III fiel es auch Frau M. schwer zu glauben, daß ihre Schwangerschaftsängste und ihre Hypochondrien eine andere Bedeutung hatten, aber langsam gewann sie Einsicht in die Beziehung dieser Probleme zu vergangenen Ereignissen in ihrem Leben.

Eine weitere technische Empfehlung KERNBERGS und anderer Autoren lautet, daß bestimmte Übertragungsdeutungen, besonders diejenigen, die auf negative Übertragungsgefühle abzielen, zu Beginn der Behandlung solcher Patienten sehr wichtig genommen werden müssen. KERNBERG ist der festen Überzeugung, daß man diese negative Übertragung in einem Rahmen der »technischen Neutralität« behandeln solle. Wir sind jedoch der Meinung, daß die selektive Hervorhebung der negativen Übertragung oder das fortwährende Gegenüberstellen von Widersprüchen einen Einfluß auf den analytischen Prozeß haben können, der die analytische Neutralität verzerrt. ›Neutral‹ ist dabei in dem Sinne gemeint, daß der Analytiker weder in das Leben des Patienten eingreift noch moralisierend oder beurteilend wirkt. Wir glauben, daß ein so vorbestimmter selektiver Prozeß eine künstliche Unterbrechung der freien Assoziation bewirkt. Das bedeutete, die Behandlung auf eine Weise zu organisieren, die unserer Meinung nach weniger »neutral« ist, als die, das vom Patienten vorgelegte Material dann zu behandeln, wenn es vorgelegt wird, was natürlich auch seine Reaktion auf den Analytiker und die Analysesituation beinhaltet.

Außerdem halten wir die Einschätzung, daß negative Übertragungsgefühle ausschließlich auf aggressiven Konflikten beruhen, als zu eng gefaßt. Obwohl diese Patienten mit der Bewältigung ihrer aggressiven Impulse enorme Schwierigkeiten haben, bestehen solche Schwierigkeiten auch gegenüber ihren libidinösen Impulsen und zwischenmenschlicher Nähe im allgemeinen. Es steht außer Frage, daß eines der auffälligsten Merkmale unserer vier Fälle das Bedürfnis war, das tiefgreifende, libidinös erregende Material, das durch die Übertragung angeregt wurde, regressiv zu verzerren und abzuwehren. Frau W. in Fall I verleugnete ihre bewußte Masturbationserregung solange, bis die Analyse selbst davon gefährdet war. Herr F. in Fall II hielt seine Phantasie, in ein kleines Mädchen verwandelt zu werden, zurück. Bei Frau K. in Fall III wurde die Übertragung von Fluten regressiven Materials dominiert, aber über romantisches und sexuelles Verlangen wurde aufgrund der dadurch hervorgerufenen Angst- und Schuldgefühle wenig geäußert. Man muß hier nur an ihren Traum denken, den sie am Ende des zweiten Analysejahres berichtete. Sie fuhr zusammen mit einem Mann im Bus, der Mann hinter ihr gefiel ihr jedoch besser, sie hob ihren Rock hoch und furzte ihm ins Gesicht. Frau M. in Fall IV enthüllte ebenfalls viele ihrer sadomasochistischen Impulse in den frühen Behandlungsphasen, die intensiven libidinösen und romantischen Gefühle gegenüber dem Analytiker wurden jedoch für gewöhnlich mit jungen Männern außerhalb der Analyse agiert.

Wie diese Beispiele zeigen, sollte das Vorhandensein negativer Übertragungsgefühle nicht ausschließlich auf aggressive Konflikte bezogen werden. Libidinöse und aggressive Impulse und die gegen sie gerichteten Abwehroperationen verdienen gleichermaßen Beachtung.

Auch sollte hier darauf hingewiesen werden, daß bei allen vier Fällen ganz zu Beginn der Behandlung Über-Ich-Deutungen geäußert wurden. Trotz aller Arten impulsiver Verhaltensweisen waren gerade Deutungen von Schuldgefühlen, bewußter wie unbewußter, ein wichtiger Aspekt der Behandlung.

Es wird deutlich, daß wir die Einschätzung nicht teilen, bei diesen Patienten solle ein spezielles Behandlungsprogramm angewandt werden, in dem der Analytiker sein Augenmerk zunächst auf »gespaltene Ich-Zustände« oder »primitive Übertragungsparadigmata« oder negative Übertragungshaltungen richten und diese durcharbeiten sollte, bevor er sich den strukturellen Konflikten, besonders den libidinösen und »höherstufigen« Abwehroperationen der Verdrängung zuwendet. In den Analysen unserer Patienten wurden sexuelle und aggressive Konflikte, aus der Verdrängung auftauchendes anamnestisches Material, Über-Ich-Konflikte und die wichtigsten Abwehroperationen bearbeitet, weil sie von Behandlungsbeginn an evident waren und dem Analytiker eine Beurteilung darüber ermöglichten, zu welchen Einsichten der Patient fähig war. Unsere Arbeit konzentrierte sich daher mehr auf die jeweiligen konflikthaften Elemente, wenn diese am augenfälligsten waren, und nicht auf einen vorgegebenen Behandlungsverlauf, der auf einer Borderline-Diagnose basierte. Obwohl KERNBERG behauptet, daß seine Methode die Analysedauer verkürzen könne, ist dies zur Zeit nicht überzeugend zu belegen.

RINSLEY (1977) und MASTERSON und RINSLEY (1975) legen ebenfalls umfangreiche Arbeiten über Borderline-Patienten vor und empfehlen einen spezifischen Deutungsfokus und besondere Behandlungstechniken für diese Fälle. Diese Autoren gehen davon aus, daß die Mutter des Borderline-Patienten bei ihrem Säugling/Kind die folgenden psychischen Repräsentanzen geschaffen hat: eine »belohnende Teileinheit« bei klammerndem, regressivem Verhalten und eine »entziehende Teileinheit« bei jeglichem Separations- oder Individuationsversuch des Säuglings/Kindes. Ihrer Meinung nach muß der Therapeut von Behandlungsbeginn an dieser regressiven Allianz zwischen dem »Lust-Ich« und der »entziehenden Teileinheit« entgegentreten. Dies gilt ebenfalls für die Erwartung des Patienten, der Therapeut/die Mutter würde sich ihm bei Individuationsversuchen entziehen. Stufenweise kann der Patient dann eine Allianz eingehen zwischen dem »gesunden Ich des Therapeuten und dem gefestigten Realitäts-Ich des Patienten«. Dies schafft für den Patienten eine »neue Objektbeziehungseinheit: der Therapeut als positive (libidinöse) Objektrepräsentanz, die Separation-Individuation gutheißt, und eine Selbstrepräsentanz als fähige, sich entwickelnde Person und einem ›guten‹ Gefühl (Affekt), das aus konstruktiven Bewältigungen und Erfolgen erwächst, und nicht aus regressivem Verhalten« (ebenda, S. 172). Sie gehen davon aus, daß der Patient sich nach und nach sowohl über die guten wie über die bösen Selbst- und Objektrepräsentanzen bewußt werden kann, die bis dahin deutlich voneinander unterschieden waren. Schließlich kann die Integration guter und böser Selbst- und Objektrepräsentanzen, wie von KERNBERG beschrieben, stattfinden.

Wieder stellten wir fest, daß die Festlegung einer einzelnen phasenspezifischen Determinante für die Pathologie dieser Patienten und ein aus dieser Hypothese hervorgegangener therapeutischer Zugang sich mit unserer Einschätzung der Kompliziertheit und der Individualität unserer Patienten nicht verträgt. Obwohl diese Autoren eine andere Terminologie benutzen als wir, eine Terminologie, die sich aus ihrem theoretischen Zugang zu »Objektbeziehungen« entwickelte, besteht kein Zweifel darüber, daß ihre Beobachtungen einer häufigen Verstärkung passiven Verhaltens durch die Mütter dieser Patienten kein ungewöhnlicher klinischer Befund ist. Dieser Befund findet sich jedoch nicht ausschließlich bei stärker gestörten Patienten, auch wurde dies nicht bei allen unseren Patienten beobachtet. Selbst bei der Behandlung von Patienten, deren Eltern passives und abhängiges Verhalten gefördert haben und die beim Patienten bei Unabhängigkeitsstrebungen und dem Sichentziehen ihrer Kontrolle Schuldgefühle hervorriefen, können wir der These nicht zustimmen, daß ein solches Verhalten ursprünglich oder ausschließlich Konflikten um die »depressive Position« im Säuglingsalter oder in der Wiederannäherungsphase während des Separations-Individuations-Prozesses entstammt. Wir waren in der Tat davon beeindruckt, in welchem Ausmaß das vorgelegte Material Konflikte aus der analen und phallischen Phase betraf. Die charakteristischen Konflikte der analen Phase waren ausgeprägte Willfährigkeit, Widerspenstigkeit und die fortwährende Auseinandersetzung mit Themen um Herrschaft und Macht. Die Konflikte der phallischen Phase zentrierten sich für gewöhnlich um die Frage, wieviel sexuelle Freiheit erlaubt war, oder aber, wieviel sexuelle Abgrenzung den Eltern gegenüber geäußert werden durfte, ohne deren Liebe zu verlieren.

Einige klinische Beispiele aus unseren vier Fällen sollen das Ausmaß und die Kompliziertheit der unbewußten Determinanten für das Verhalten der Patienten verdeutlichen und zudem die Grundlage unserer Einschätzung zeigen. Herr F. in Fall II stellt hier ein besonders geeignetes Beispiel dar, da Passivität hier ein zentraler Konflikt des Patienten war. Wir verstanden seine Passivität als das Ergebnis von Einflüssen einer Reihe von miteinander verbundenen unbewußten Phantasien und bedeutenden lebensgeschichtlichen Ereignissen, die nach und nach entwirrt und rekonstruiert werden mußten. Zu nennen sind die Identifikation mit seiner toten Schwester, seine Angst, vom Vater für das ödipale Begehren kastriert zu werden, und sein Verlangen, von einer Frau eingefangen zu werden, was ihn wiederum vor seinem eigenen Wunsch schützte, sie zu beherrschen, was dazu geführt hätte, daß sie ihn verließ. Diese Ängste und Wünsche wurden durch den Familienmythos über die Anstrengungen des Vaters, die Schwester zu retten, verstärkt. Unbewußt war er davon überzeugt, daß der Vater die Schwester getötet habe und fürchtete, der Vater könne auch ihn töten. Dazu fühlte er sich auch noch schuldig wegen seiner eigenen Todeswünsche gegenüber dem Geschwisterchen. Seine Passivität wurde durch die ihm von beiden Eltern gegen seine wiederholten Ohrenentzündungen verabreichten Injektionen verstärkt. Diese Erfahrungen steigerten sein passiv phallisches Verlangen, von beiden Eltern durchdrungen zu werden. Alle seine passiven Wünsche danach, kontrolliert und gehalten zu werden, wurden ebenfalls durch seine Empfindlichkeit für Objektverlust verstärkt. Die Bevorzugung des Bruders von der Mutter und ihre Depression nach dem Tod seiner Schwester bekamen für sein Bedürfnis, Objekte zu behalten, wie auch für seine Abwehroperationen gegen dieses Bedürfnis eine herausragende Bedeutung.

Wenn wir die Bedeutung dieser Phantasien und Konflikte besser verstehen, können wir seine Passivität tiefgreifender und besser nachvollziehen, als wenn wir sie hauptsächlich als das Ergebnis von Konflikten um das sich entziehende, strafende Mutterimago, als aus Separations-Individuations-Konflikten entstandenem Teilobjekt, betrachten.

Auch Frau K. in Fall III zeigte Autoritätspersonen, den Eltern wie dem Analytiker gegenüber, eine ausgeprägte Passivität. Dies Verhalten kann hier als Ausfluß ihrer Überzeugung verstanden werden, ihr Vater und der Analytiker seien omnipotente, zu fürchtende Sadisten. Aufgrund ihrer Angst- und Schuldgefühle projizierte sie ihren eigenen Sadismus und blieb passiv, um ihre gewalttätigen Impulse unter Kontrolle zu halten. Als sie vier Jahre alt war, steigerte die Gegenwart des Vaters im Operationssaal, als sie an einem akuten Leistenbruch operiert wurde, ihre Furcht vor ihm, wie auch der Geschlechtsverkehr der Eltern, bei dem sie mit zweieinhalb oder drei Jahren Zeuge war. Der in der Familie vorherrschende Antisemitismus löste ihre Identifikation mit Nazis und Juden aus, und die mit diesen Vorstellungsbildern assoziierten Phantasien verstärkten ihre Angst- und Schuldgefühle. Passivität als Verhaltensmanifestation eines Charakterzuges sollte als Resultat vieler konfliktinduzierter Kompromißbildungen verstanden werden, von denen die um Separations-Individuations-Themen zentrierten nur einige von vielen sind. Das Augenmerk ausschließlich oder auch vorrangig auf diese Konflikte zu richten, birgt die Gefahr in sich, viele Determinanten, die in unserer Fallgruppe entscheidend waren, zu vernachlässigen.

Unsere Arbeit mit diesen Patienten bestätigte unsere Einschätzung, daß für die Analyse von Borderline-Patienten keine speziellen Techniken zu empfehlen sind. Alle Arten von Abwehroperationen, Übertragungsreaktionen, Über-Ich-Forderungen, genetisches Material und anamnestische Daten aus allen Entwicklungsphasen wurden gedeutet, durchgearbeitet und als wichtiges Material verstanden, das mit ausreichender Deutlichkeit aus der Verdrängung auftauchte. Mit zunehmendem Verständnis des Patienten und des Analytikers wurde deutlich, daß das initiale Übertragungsverhalten eher als sprichwörtliche »Spitze des Eisberges« anzusehen war denn als Darstellung eines »infantilen Ich-Zustandes«. Als diesem höchstverdichteten Verhalten zugrundeliegend konnten die üblichen komplexen und miteinander verbundenen intersystemischen Konflikte aus allen Entwicklungsstufen, auch die aus den späteren Latenz- und Adoleszenzphasen, erkannt werden.

Wir müssen hier noch einmal darauf hinweisen, daß unsere Fälle eine, wenn auch schwer analysierbare Auswahl von Borderline-Patienten darstellen. Viele schwere Borderline-Fälle sind wahrscheinlich für eine traditionelle analytische Behandlung nicht geeignet. Einige von der Kris Study Group diskutierten Fälle fielen in diese letztere Kategorie. Sie waren oftmals mit einer stützenden Psychotherapie behandelt worden, was dazu führte, daß über ihre Konflikte weniger bekannt war. In diesen Fällen scheint ein noch größerer Mangel an Realitätsprüfungsfähigkeit und noch durchgängiger der Einsatz von Projektion, Agieren und Triebentladung vorzuliegen als in den vier von uns beschriebenen Fällen. Und noch nicht einmal für diese kleine Gruppe von Fällen kann eine feste Therapiestruktur empfohlen werden, da sie keine homogene Patientengruppe darstellen.

Zwischen dem Vorschlag, bei Borderline-Patienten spezifische Modifizierungen der analytischen Techniken anzuwenden und unserer Empfehlung, sehr wohl die traditionellen Analyseprinzipien und -techniken einzusetzen, gibt es eine Grauzone. Einige Analytiker halten zumindest bei schwerer gestörten Patienten das, was man ein geringfügiges Abweichen von den klassischen Analysetechniken nennen könnte, für angemessen. STONE (1954) zum Beispiel äußert die Einschätzung, daß es bei diesen Fällen hilfreich sei, gelegentlich bestätigende Bemerkungen zu machen, mehr Fragen zu beantworten, dem Patienten einige persönliche Informationen über den Analytiker mitzuteilen oder auf bestimmte Lebenskrisen direkter einzugehen. Seine Einschätzungen treffen sich mit dem, was LOEWENSTEIN in einem persönlichen Gespräch als Aufrechterhaltung eines »optimalen Frustrationslevels« beschreibt, das heißt, das Ausmaß an Frustration, das der Patient ertragen kann, das aber auch dem Analytiker ermöglicht fortzufahren, im Gegensatz zu demjenigen, das beim Patienten zu einem vermeidbaren Abbruch der analytischen Arbeit führt.

Bei vielen Analytikern wird die Absicht, die Frustrationstoleranz des Patienten auf die von STONE beschriebene Weise auszuloten, gewiß nicht als Modifikation der analytischen Technik gelten. Statt dessen werden solche feinen Veränderungen der Technik als Selbstverständlichkeit angesehen, das würde dann auch auf die Analyse weniger gestörter Patienten zutreffen. Andere wiederum achten argwöhnisch auf die geringste kalkulierte Abweichung von den strengen Analyseprinzipien. Sie schätzen solche Abweichungen, auch wenn sie zu unmittelbaren therapeutischen Fortschritten führen, auf lange Sicht als Hemmnis für die Erreichung optimaler Analyseergebnisse ein. Es ist offensichtlich schwierig, absolute Empfehlungen dieser Art zu geben, auch wir sind uns da nicht in allen Punkten einig. Wir sind jedoch durchweg der Meinung, daß diese Veränderungen eigentlich das unterschiedliche Temperament und den Stil des Analytikers und des Patienten widerspiegeln. Behandlungsunterschiede dieser Art werden manchmal als Problem der »Passung« diskutiert, und wir sind der Meinung, daß solche Faktoren entscheidend sind für die Einschätzung des Erfolges einer analytischen Behandlung von Borderline-Patienten, vor allem in jenen Fällen, bei denen die Analysierbarkeit nicht ohne weiteres gegeben ist. Nach unserer Meinung ist es das wichtigste Prinzip, soweit wie möglich eine analytische Beziehung aufrechtzuerhalten und diese nicht ermahnend, erzieherisch oder gar dirigierend werden zu lassen.

Wir wollen nicht behaupten, daß die Behandlung in unseren Fällen sich nicht von der Behandlung unserer gewöhnlich neurotischen Fälle unterschied. Es war nötig, die Projektionsmechanismen vorsichtig und taktvoll zu deuten, wobei der teilweise Mangel der Realitätsfunktionen immer im Auge behalten werden mußte. Sadomasochistische Konflikte verlangten ein gründliches Durcharbeiten, wie auch die Analyse des Agierens und die ungewöhnliche Vorherrschaft der Übertragungsverzerrung. All dies fand in einer entmutigenden, skeptischen Atmosphäre statt, begleitet von ungewöhnlich starken Angst-, Schuld- und Schamgefühlen; jede aus den Deutungen resultierende Veränderung fand nur langsam und intermittierend statt. Um ein Gruppenmitglied zu zitieren: »Es war, wie eine Analyse durch Sirup zu ziehen.« Des weiteren führten in allen vier Fällen das Ausmaß der Entmutigung und die Behandlungsschwierigkeiten den Analytiker dazu, eine Konsultation oder gar die Beendigung zu erwägen, und in einem der Fälle wurde es dem Patienten gestattet, sich während der letzten fünf Behandlungsjahre aufzusetzen.

Im Gegensatz zu den Autoren, die meinen, sie könnten von Behandlungsbeginn an die Konflikte aus der allerersten Lebenszeit des Patienten erkennen, empfanden wir die Anfangsphasen der Behandlungen äußerst chaotisch, verwirrend und unklar. Auch wenn einige Konflikte schon früh gedeutet werden konnten, war es sowohl dem Analytiker wie dem Patienten erst zu einem sehr viel späteren Behandlungszeitpunkt möglich, ein deutlicheres Bild von dem Zusammenspiel der psychischen Faktoren zu gewinnen, die den Problemen des Patienten zugrundelagen, obwohl offene Manifestationen dieser Probleme von Behandlungsbeginn an sichtbar waren. Es ist für uns daher sehr schwer nachvollziehbar, wie es anderen Autoren möglich war, in den ersten Behandlungsmonaten so deutlich aus der ersten Lebenszeit stammende »primitive Übertragungsparadigmata« oder infantile »Positionen« abzuleiten. Angesichts der sehr langsamen Fortschritte und der beim Analytiker oftmals ausgelösten Gefühle der Nutzlosigkeit und Ohnmacht scheinen bei diesen Fällen die Gegenübertragungshaltungen noch kritischer zu sein als bei unseren neurotischen Fällen, in denen solche Themen eher begrenzt waren. Bei diesen schwer zu analysierenden Fällen bestand durchweg die Versuchung, die Behandlungsform zu ändern oder die Behandlung abzubrechen. Wie oben aufgeführt, kamen wir zu der von anderen Autoren gut dokumentierten Schlußfolgerung, daß solche Gegenübertragungsgefühle der Ohnmacht, der Entmutigung und der Verwirrung oft wichtige Elemente der Kommunikation des Patienten mit dem Analytiker sind, die einen Einblick geben in die Gefühle des Patienten gegenüber den Eltern während seiner Kindheit.

Zusammenfassung

Wir können weder bestätigen, daß »Borderline« eine spezifische diagnostische Kategorie beschreibt, noch daß wir hier Patienten mit kohärenten Symptomen vor uns haben, die dieselben spezifischen Konflikte gemein hätten. Wir sind eher der Meinung, daß dieser Begriff sich auf ein breites Spektrum psychischer Krankheit bezieht mit einer großen Bandbreite der Symptomatik und Pathologie. Daher teilen wir die Ansicht nicht, daß es für diese Fälle einen spezifischen optimalen Behandlungszugang gibt. Ausgehend von KERNBERGS Schriften und der ganztägigen Diskussion mit ihm, prüften wir die von zweien unserer Patienten in den ersten Sitzungen geäußerten Widersprüche, um herauszufinden, ob eine Betrachtung von, wie KERNBERG es nennt, »gespaltenen«, polarisierten Ich-Zuständen unsere Diagnosen und Prognosen zutreffender und stichhaltiger machten. Dabei stellten wir fest, daß die von diesen Patienten geäußerten extrem ambivalenten Haltungen gegenüber dem Selbst und gegenüber anderen auf den allgegenwärtigen Triebkonflikten beruhen, die denen unserer weniger gestörten Patienten gleichen. Wir sehen keinen gesteigerten Vorhersagewert darin, diese Widersprüche herauszuschälen. Ebenso können wir KERNBERGS Behauptung nicht bestätigen, daß das Zusammenbringen dieser polarisierten Imagines Angst und Verstörung auslöst. Bei unseren Patienten traten solche Reaktionen nicht auf; wir halten die Annahme für irrig, daß irgendeine Patientengruppe so einheitlich auf eine bestimmte Anspannung reagieren würde.

Wir haben uns dann unseren Fällen zugewandt, um die von KERNBERG, RINSLEY und MASTERSON ausgesprochenen technischen Empfehlungen für die Behandlung dieser Patienten zu prüfen. Nach KERNBERG besteht die erste Aufgabe in der Behandlung darin, die progressive Fusion der »gespaltenen« polarisierten Selbst- und Objektimagines voranzubringen. Dies kann seiner Meinung nach durch die permanente Konfrontation dieser Widersprüche erreicht werden, ohne daß abklärendes genetisches Material hinzugefügt würde. Wir stimmen hierin nicht mit ihm überein. Bei unseren Fällen fanden wir es hilfreich, von Behandlungsbeginn an dem Patienten zu erläutern, warum seine Haltungen von einer Polarisierung zur anderen schwankten, und, wenn möglich, diese Schwankungen mit einschlägigem genetischem Material in Verbindung zu bringen. Obwohl die Analyse bei diesen Patienten nur sehr langsam vorankam, sind wir doch der Ansicht, daß solche Interventionen dazu beitrugen, die Verwirrung und Abwehr des Patienten nach und nach abzubauen. KERNBERG empfiehlt auch, sich hauptsächlich der negativen Übertragung und den aggressiven Konflikten innerhalb eines Rahmens der »technischen Neutralität« zuzuwenden. Wir halten es nicht für analytisch neutral, eine solche vorbestimmte Auswahl zu treffen. Außerdem halten wir es für falsch, negative Übertragungsgefühle nur mit aggressiven Konflikten in Verbindung zu bringen – da unsere Fälle zeigten, daß solche negativen Übertragungshaltungen genauso häufig auf libidinösen Konflikten beruhten.

Dann setzten wir uns mit der These von RINSLEY und MASTERSON auseinander, wonach die Borderline-Pathologie zurückzuführen sei auf mütterliche Belohnung für klammerndes und regressives Verhalten und mütterlichen Liebesentzug bei Unabhängigkeitsstrebungen des Kindes. Diese Einschätzung halten wir für viel zu vereinfachend; wir teilen die Meinung nicht, daß es phasenspezifische Determinanten für die Borderline-Pathologie gibt, die sich auf die »depressive Position« des Kleinkindes oder die »Wiederannäherungskrise« im Separations-Individuations-Prozeß zentrieren, wie diese Autoren es nahelegen. Bei unseren Patienten war die Neigung zur Passivität ein komplexer Charakterzug, der Konflikte aus allen Entwicklungsphasen widerspiegelte. Da wir der Hypothese einer phasenspezifischen Pathologieentwicklung nicht zustimmen können, halten wir auch die auf einen einzelnen Konflikt abzielende therapeutische Vorgehensweise für unangemessen. Ein solches Vorgehen steht im Widerspruch zu der von uns festgestellten Komplexität und Individualität jeder Psychopathologie und Behandlung. Demgemäß können wir keine spezielle Technik für die Analyse dieser Patienten anbieten. Abwehroperationen aller Art, Übertragungsreaktionen, Über-Ich-Konflikte, genetisches Material und anamnestische Daten aus allen Entwicklungsstufen konnten gedeutet und durchgearbeitet werden, sie traten in der Behandlung ausreichend offen zutage.

Wir wollen dabei nochmals betonen, daß es sich bei unserer Gruppe um *analysierbare* Borderline-Patienten handelte, wenn auch *schwer* analysierbare. Viele andere solcher Patienten können für eine Analyse zu gestört sein und wären mit anderen Psychotherapiemethoden zu behandeln gewesen. Außerdem können diese Patienten aufgrund der vorhandenen Psychopathologie geringfügige Abänderungen in der Technik erfordern und eine besonders gute »Passung« zwischen Analytiker und Patient. Auch in unseren Fällen kam es nur zu sehr langsamen Fortschritten, die Zurückdeutung von Konflikten und Abwehroperationen dauerte viele Jahre, und die Gegenübertagungsgefühle – Zweifel und Entmutigung – waren stets Teil der Behandlungsatmosphäre.

VIII. Ätiologie

Bevor wir unsere Einschätzungen über die Ätiologie darlegen, müssen wir darauf hinweisen, daß dieses Thema nur äußerst vage behandelt werden kann, da auf diesem Gebiet noch sehr große Unsicherheiten und Schwierigkeiten bestehen. Wir können nicht erwarten, über die Ätiologie der Borderline-Persönlichkeit größere Klarheit und Genauigkeit zu erreichen, als uns dies bei jeder anderen Form psychischer Krankheit gelingt. Die große Vielfalt und Heterogenität der Gruppe der Borderline-Störungen lassen uns darauf schließen, daß für das Entstehen so weitgefaßter klinischer Phänomene nicht nur ein einzelner entscheidender Faktor, sondern viele wichtige ätiologische Determinanten relevant sind.

Trotzdem erlaubte uns die gründliche und ausgedehnte Erforschung und Diskussion der Lebensgeschichte und Analyse unserer vier Fälle, bestimmte vorsichtige Schlußfolgerungen über die für die Pathologieentwicklung zentralen Faktoren zu ziehen. Auffällig war die Tatsache, daß die Eltern unserer Patienten selbst schwer gestört zu sein schienen. Unsere Patienten hatten Väter, die sadistisch, übermäßig verführend oder oft abwesend waren, und Mütter, die zeitweilig depressiv und unerreichbar oder überbesorgt waren. Diese Eltern waren augenscheinlich nicht in der Lage, den Bedürfnissen ihres Kindes nach Verständnis, ruhiger Zufriedenheit und der Vorgabe von verläßlichen Grenzen und Maßstäben gerecht zu werden. Fast alle arbeiteten sie gegeneinander, unterzogen ihre Kinder gravierenden Loyalitätsprüfungen und überreizten sie – oder schützten sie nicht vor überflutenden Reizen. Außerdem scheinen diese Eltern nur sehr armselige Identifikationsleitbilder vorgegeben zu haben, was an sich schon einen äußerst nachteiligen Effekt auf die Entwicklung der Charakterstruktur unserer Patienten hatte.

Die heutige psychoanalytische Literatur über Borderline-Patienten legt ätiologisch besonderes Gewicht auf die gestörte Beziehung zwischen Kind und Bezugsperson während der ersten achtzehn Lebensmonate. Diese frühe Entwicklungsphase wird für die Ausbildung der Borderline-Konditionen oft als entscheidend angesehen. Unsere eigenen, aus der langen Analyse unserer Fälle gewonnenen Erkenntnisse zeigen, daß das pathologische Verhalten der Eltern zu Schwierigkeiten in *jeder* Phase der psychosexuellen und der Ich-Entwicklung führte. Besonders schwerwiegende Traumata traten während und nach der Ödipusphase auf. Jeder unserer Patienten zeigte ein auffälliges Versagen bei der Bewältigung der ödipalen Konflikte, was zu Hemmungen, Störungen der Über-Ich-Funktionen und Schwierigkeiten bei der Triebkontrolle führte. Hervorzuheben ist, daß diese Patienten während verschiedener Kindheitsphasen, manchmal wiederholt, erlebt hatten, verlassen zu werden oder Objektverluste erlitten haben.

Das soll nicht heißen, daß unsere Patienten keine bedeutsamen präödipalen Konflikte aufwiesen. Derivate der oralen und analen libidinösen und aggressiven Triebe standen während der ganzen Analyse im Mittelpunkt, wie auch die an sie gebundenen Abwehroperationen und die anscheinend aus diesen Konflikten herrührenden Objektbeziehungsstörungen. Wir sind uns des Einflusses der präödipalen Konflikte auf die Ich-Entwicklung und auf die Intensität, Konfiguration und Bewältigung der ödipalen Phase bewußt. Nach ausgedehnter Untersuchung unserer vier Fälle konnten wir jedoch nicht darauf schließen, daß sehr frühen präödipalen Konflikten für die nachfolgende Borderline-Pathologie ein größeres Gewicht zukam als den später in der Kindheit aufgetretenen Konflikten.

Die Datenerhebung

Zwei ätiologische Hauptaspekte können wir vorrangig erforschen. Der eine ist der mögliche Einfluß von genetischer Veranlagung und Konstitution. Der andere zielt auf entscheidene Faktoren in der Welt der Erfahrungen, das heißt, es wird gefragt, ob während bestimmter Entwicklungsphasen der Kindheit erlebte, tiefgreifende Schwierigkeiten zur Borderline-Kondition geführt haben. Natürlich müssen wir auch in Betracht ziehen, daß diese beiden Aspekte zusammenwirken können, wie sie dies auch bei der Ätiologie von Neurosen tun, was FREUD oft betont.

218

Bezüglich der Veranlagungsfaktoren nimmt KERNBERG (1975) an, daß bei Borderline-Patienten ein größeres Ausmaß angeborener Aggression vorhanden sein könne, er erwägt auch, daß es eine angeborene Störung der Frustrationstoleranz geben könnte. Eine spätere Studie von WENDER (1977), in der ebenfalls solche Befunde angenommen werden, stellt einen Zusammenhang her zwischen Erbfaktoren und, wie er es nennt, den »Borderline-Schizophrenien«. Wir können jedoch nicht bestätigen, daß bei unseren Patienten ein größeres Ausmaß an angeborener Aggression oder eine konstitutionelle Störung in der Modulation aggressiver Triebentladung gegeben war. Keiner unserer Patienten berichtete über frühe Lebensereignisse, die diese Schlußfolgerung gestützt hätten. Sicherlich ist richtig, daß unsere Patienten mehr als gewöhnlich mit aggressiven Triebimpulsen kämpften, wir kamen jedoch zu der Überzeugung, daß dies ausreichend durch die Art ihrer Erfahrungen und ihre Entwicklung erklärbar war. Wahrscheinlich müssen wir sagen, daß die Determinierung starker angeborener Aggression nicht allein aufgrund psychoanalytischer Befunde festgestellt werden kann.

Was den Erbfaktor angeht, gab uns die Tatsache zu denken, daß ein Elternteil oder beide selbst schwer gestört waren. Keiner der Verwandten unserer vier Patienten war jedoch hospitalisiert gewesen oder hatte eine Schizophreniediagnose oder die einer Affektstörung.

Der angeborene Mangel an Frustrationstoleranz kann zu den anderen konstitutionsbedingten Beeinträchtigungen gezählt werden, die schwer zu bestimmen sind. Wir beziehen uns hier auf Befunde wie die einer schweren Hyperaktivität, leichter neurologischer Beeinträchtigung, Anzeichen physiologischer Eß- und Schlafstörungen und starker Verzögerungen in der Entwicklung der üblichen Masturbationsphasen. Wir erfuhren von unseren Patienten von keiner dieser möglichen oder mutmaßlichen konstitutionellen Schwierigkeiten, und keinem von ihnen war von solchen Störungen während der ersten Lebensjahre berichtet worden. Ganz im Gegenteil war einer der Patientinnen, Frau K. in Fall III, berichtet worden, daß sie während des ersten Lebensjahres ein besonders glückliches, ausgeglichenes Baby gewesen sei.

Wir sind uns dessen bewußt, daß Kinder, die mit solchen Beeinträchtigungen wie mangelnder Frustrationstoleranz oder verschiedenen physischen oder schwachen neurologischen Störungen geboren werden, in ihrer Entwicklung mehr Probleme gewärtigen können, besonders wenn die Eltern eine sehr negative Einstellung zu dieser Störung zeigen. Es besteht jedoch kein Anlaß anzunehmen, daß das Vorhandensein angeborener Beeinträchtigungen gerade zur Borderline-Pathologie führt, obwohl solche Beeinträchtigungen bei der Ich-Entwicklung sicherlich eine bedeutende Rolle spielen. Wie gesagt lag bei unseren Patienten kein Hinweis darauf vor, dagegen wird darüber oft genug bei anderen, neurotischen, das heißt, weniger gestörten Patienten, berichtet. Solche Befunde sprechen gegen die Hypothese, daß konstitutionelle Faktoren bei der Entwicklung der Borderline-Pathologie eine besonders wichtige Rolle spielen.

Wenden wir uns der Frage zu, ob wir Schwierigkeiten während einer bestimmten Entwicklungsstufe für die Ätiologie der Borderline-Störungen als entscheidend herausstellen können. Hier fragen wir insbesondere danach, ob wir Hinweise darauf finden, daß starke Traumata oder Schwierigkeiten in der Mutter-Kind-Beziehung im ersten Lebensjahr auftraten oder daß die wichtigste Periode für die Entwicklung der Borderline-Pathologie das zweite Lebensjahr und die hier stattfindende Separations-Individuations-Phase ist (eine von MASTERSON und RINSLEY [1975] aufgestellte, an den Arbeiten von MAHLER orientierte These), oder ob es irgend eine Rechtfertigung für die Annahme gibt, daß die präödipalen Jahre für diese Patienten traumatischer verlaufen sind als bei anderen und daß extreme Konflikte in der ödipalen Phase so schwere Störungen hervorrufen können - schwer genug, um diese Patienten von neurotischen zu unterscheiden.

Bevor wir antworten können, müssen wir fragen: Welcher Art wären die Hinweise, die die Annahme stützen würden, daß Störungen während einer *bestimmten* Entwicklungsstufe für die Genese der Borderline-Pathologie entscheidend sind? Wie können wir solche Hinweise erschließen? Welche Befunde wären für die Beantwortung dieser Fragen hilfreich?

Einige nützliche Erkenntnisse könnten aus Berichten der Eltern unserer Patienten über bestimmte Kindheitsphasen gewonnen werden. Zum Beispiel würden wir, wenn wir schwere Störungen während des ersten Lebensjahres aufzeigen wollten, auf Anzeichen und Symptome solcher Störungen während dieser Zeit achten. Die Mutter eines Patienten kann diesem berichtet haben, daß sie ihn nicht habe stillen oder beruhigen können. Ihm kann über große Fütterungsprobleme erzählt worden sein: daß das Kind die Nahrung verweigert, erbrochen oder sich trotzig geweigert habe, den Mund zu öffnen. Die Eltern können dem Patienten von extremer Fremdenangst, Trennungsangst oder Schlafstörungen berichtet haben, die bis über das fünfte Lebensjahr hinweg anhielten. Es kann uns hier von starken Wutanfällen berichtet werden, davon, daß das Kind solange die Luft anhielt, bis es blau anlief, oder daß es sich an den Kopf schlug oder ihn in Jaktationen hin- und herschaukelte. Wir könnten uns auch für diejenigen physiologischen Störungen während der Kindheit interessieren, die auf eine sich zunächst in psychosomatischer Form äußernde, emotionale Empfindlichkeit hinweisen können. Außerdem kann dem Patienten von negativen Ereignissen in seinem Leben berichtet worden sein, die, wie wir wissen, einen bedeutsamen Effekt haben können. Besonderes Augenmerk würden wir auf Hinweise darauf legen, daß die Mutter depressiv oder emotional unerreichbar war, und wir würden Berichten über lange währende Krankheit oder Hospitalisierung des Kindes oder der Bezugsperson besonderes Gewicht beimessen.

Das Vorliegen irgendeines dieser Störfaktoren muß nicht ohne weiteres die Erfahrung eines schweren Traumas oder das garantierte Fehlschlagen der Ich-Entwicklung von früh an bedeuten. Wenn aber viele der oben aufgeführten Probleme aufgetreten sind, können wir davon ausgehen, daß bedeutsame Schwierigkeiten bereits im ersten Lebensjahr vorhanden waren. Wieder können wir nicht automatisch darauf schließen, daß solche frühen Störungen nur bei Borderline-Patienten auftreten, da *einige* dieser Probleme in der Kindheit aller Patienten, die wir eher als neurotisch einstufen, festzustellen sind. Trotz allem werden solche Daten die Hypothese stärken, daß frühe Schwierigkeiten aufgetreten und ätiologisch bedeutsam sind. Bewiesen wäre damit allerdings noch nichts.

Anamnestische Daten können ebenfalls darauf verweisen, daß Konflikte während des zweiten Lebensjahres besonders tiefgreifend und entscheidend waren. Patienten können erzählen, daß ihnen von schweren Ambivalenzen, Autonomiekämpfen, Sprachstörungen und großen Schwierigkeiten bei der Sauberkeitserziehung während dieser Zeit berichtet worden ist.

Es kann starke Reaktionen auf Trennungen oder ausgeprägte Angst vor körperlichen Verletzungen gegeben haben. Es können in dieser Zeit auch frühe Phobien aufgetreten sein. Den Patienten kann von jähen Stimmungsänderungen oder von ersten Anzeichen depressiver Stimmungen berichtet worden sein. Sie können Probleme gehabt haben, ihre Wut zu kontrollieren, und auch in diesem Alter sind lange Trennungen, Krankheiten oder Krankenhausaufenthalte von Interesse.

An diesem Punkt sollte allerdings darauf hingewiesen werden, daß solche Störungen während des zweiten Lebensjahres bereits auf weniger stark ausgeprägten – oder nicht bemerkten – Schwierigkeiten während des ersten Lebensjahres basieren. Dies würde mit der von MAHLER vertretenen Einschätzung übereinstimmen, daß die kindlichen Reaktionen in der Wiederannäherungsphase bereits von der frühen Beziehung zur Mutter beeinflußt werden; auch die Beobachtungen von GALENSON und ROIPHE (1971) ergeben, daß die kleinen Mädchen, die die ausgeprägteste Kastrationsangst im Alter von 18 bis 24 Monaten zeigten, diejenigen waren, bei denen es auch schon vorher zu Problemen mit der Mutterfigur gekommen war.

Studien wie die eben zitierten, kinderbeobachtende Längsschnittforschungen, bieten uns eine andere Möglichkeit, Erhellendes über die frühen Phasen der kindlichen Entwicklung zusammenzutragen. Um jedoch den genauen Effekt eines frühkindlichen Traumas auf die Ich-Entwicklung bestimmen zu können, bedürfte es umfangreicher Langzeitfolgestudien, welche die Psychopathologie Erwachsener kausalnektisch in Beziehung zu solchen frühen Beschädigungen zu setzen vermöchten.

Für den Moment bleibt nur festzuhalten, daß überzeugende Korrelationen zwischen spezifischen frühen Traumata und genau definierten Konstellationen der Pathologie Erwachsener bisher nicht festzustellen sind. Die Vielschichtigkeit der menschlichen Psyche und die Vielzahl der in der Psychopathologie Erwachsener enthaltenen ätiologischen Faktoren scheinen es in der Tat unwahrscheinlich zu machen, daß hier eindeutige lineare Korrelationen aufgezeigt werden können.

Auch die aus der Analyse und Psychotherapie von Kindern gewonnenen Daten könnten zu Rate gezogen werden. Kinder mit schweren Ich-Störungen und zahlreichen Symptomen sind intensiv behandelt und studiert worden, und viele Analytiker waren von den fortdauernden Auswirkungen der in den beiden ersten Lebensjahren erlebten Beschädigungen beeindruckt. Uns waren solche Befunde aus den Analysen von Kindern nicht verfügbar, obwohl einige Mitglieder der Forschungsgruppe Kinderanalytiker waren. Es steht außer Frage, daß Kinder, die bereits in ihren frühen Objektbeziehungen Ich-Beeinträchtigungen, Symptome und Probleme aufweisen, in die ödipale Phase besonders konfliktbeladen eintreten. Die auftretenden phallisch-ödipalen Konflikte scheinen unter solchen Bedingungen schwieriger lösbar zu sein, ein Faktum, das zu einer schweren Pathologie im Erwachsenenalter führen kann. Es sollte jedoch auch hervorgehoben werden, daß die durch elterliche Vernachlässigung oder Unsensibilität, durch Überreizung oder Unbeständigkeit wie auch durch schwere Ich-Störungen bei den Eltern ausgelösten Schwierigkeiten auf das Kind auch über das zweite Lebensjahr hinaus einwirken. Wir waren bei unseren Fällen beeindruckt von den kumulierenden Auswirkungen der elterlichen Pathologie – und wir haben bei dem Versuch, die Störungen unserer Patienten zurückzuverfolgen, jede daran beteiligte psychosexuelle und für die Objektbeziehungen relevante Entwicklungsphase behandelt.

Eine andere Herangehensweise an die Frage, ob spezifische Entwicklungsphasen für die Ätiologie der Borderline-Störungen bei Erwachsenen am entscheidendsten sind, könnte in statistischen Auswertungen der von vielen Analytikern zusammengetragenen Daten bestehen. Wenn bei einer großen Anzahl der untersuchten Borderline-Patienten festgestellt werden könnte, daß entscheidende Traumata hauptsächlich an eine bestimmte Lebenszeit gebunden sind, könnten wir mit großer Sicherheit davon ausgehen, daß die Schwierigkeiten während dieser Periode für die Entwicklung dieser Störung entscheidend waren. Wir können gegenwärtig nicht behaupten, daß wir über solche konkreten, aus einer großen Anzahl von Fällen gewonnenen Hinweise verfügten.

Die meisten Thesen über die entscheidenden ätiologischen Determinanten der Borderline-Pathologie erwachsen gegenwärtig aus Einsichten, die in der Langzeitbehandlung dieser Patienten gewonnen werden. Diese vorläufigen Einschätzungen werden im Lauf der Analyse angesammelt und können oft nicht allein anhand spezifischer lebensgeschichtlicher Daten verifiziert werden. Im Verlauf der Analyse versuchen wir dann, aus dem Verständnis der Pathologie des Patienten und den Übertragungsreaktionen die Pathogenese zu rekonstruieren. Zu angemessenen Schlußfolgerungen gelangen wir erst nach gründlicher Analyse der Charakterstruktur, der Symptombildung und der Abwehroperationen des Patienten wie auch der Einschätzung seiner Ich-Funktionen und der Ausprägung des Über-Ich. Von größter Wichtigkeit ist vielleicht die Untersuchung der Art der im Verlauf der Behandlung auftretenden Übertragung, da diese dem Analytiker die überzeugendste Einsicht in die Form der Objektbeziehungen und Konflikte des Patienten gibt. Außerdem müssen wir, wenn möglich, versuchen, die Deutungsgebiete zu spezifizieren, die sich am veränderbarsten erweisen; das heißt, wir müssen herausfinden, was zu Veränderungen im Funktionieren des Patienten führt.

Genau bei diesem Bemühen jedoch, Schlußfolgerungen über die Ätiologie aus dem Analyseverlauf herzuleiten, entstehen die meisten Unstimmigkeiten. Psychoanalytiker, die an einem Fallbeispielseminar teilnehmen, in dem etliche Sitzungen detailliert wiedergegeben werden, kommen über die Bedeutung dessen, was sie hören, fast immer zu äußerst unterschiedlichen Schlußfolgerungen. Es war genau so, als die Mitglieder unserer Forschungsgruppe die umfangreichen schriftlichen Aufzeichnungen über unsere Fälle sichteten, und auch, als sie den mündlichen Berichten des jeweiligen Analytikers folgten. Wir verbrachten viele Stunden mit Diskussionen über die Bedeutung präödipaler und ödipaler Faktoren bei der Bestimmung des Schweregrades der Krankheit unserer Patienten, der Art der Objektbeziehungen und der Entwicklung des jeweiligen Ich.

Nach und nach gelangten wir zu der Überzeugung, daß es äußerst schwierig ist, die Auswirkungen präödipaler und ödipaler Traumata voneinander zu trennen, wenn man einen Erwachsenen analysiert. Unsere Patienten äußerten zweifellos augenscheinliche ödipale Konflikte mit ausgesprochener Kastrationsangst, sexuellen Hemmungen und dem Verstricktsein in die Triangulierungsthemen um Neid und Rivalität. Die Fallgeschichten zeigten große Schwierigkeiten und starke Traumatisierung während der ödipalen Phase selbst. Wir waren uns aber auch dessen bewußt, daß Störungen aus früheren Entwicklungsphasen ebenfalls für die Art der Objektbeziehungen, die Entwick-

224

lung der Ich-Funktionen und die Triebschicksale sehr bedeutsam waren. Regression und Fixierung schienen Bestandteil jeder Manifestation dieser diffusen Psychopathologie zu sein.

Wir waren vorsichtiger als andere Analytiker, welche die Symptomatik Erwachsener direkt auf bestimmte Entwicklungsphasen zurückführen wollen. Unsere Patienten zeigten zwar von einer intensiven Ambivalenz hervorgerufene Konflikte, die sie dazu veranlaßten, Objekte als nur gut oder nur böse anzusehen, wir waren jedoch nicht davon überzeugt, daß sich dieses Verhalten allein aus Erfahrungen des ersten Lebensjahres herleitete, eine Einschätzung, die auf der bloßen Hypothese beruht, daß dies eine Zeitspanne ist, in der der Säugling anscheinend unfähig ist, Liebes- und Haßgefühle gegenüber demselben Menschen zu integrieren. Wir wissen, daß eine solche Ambivalenz sich auch im zweiten Lebensjahr äußert und daß sie auch in der phallisch-ödipalen Phase und in den darauf folgenden Jahren ein großes Problem bleibt. Es erscheint nicht plausibel zu behaupten, daß eine solche Ambivalenz hauptsächlich aus Erfahrungen während des ersten Lebensjahres herrühre. So halten wir auch nichts davon, die ausgeprägte Anwendung von Projektion, die wir als wichtigen Abwehrmechanismus bei Borderline-Patienten feststellten, als Hinweis darauf zu nehmen, daß hauptsächlich in den ersten beiden Lebensjahren entscheidende Störungen aufgetreten seien, welche die bevorzugte Anwendung dieser Abwehr förderten.

Weitere Überlegungen

Ein Analytiker erfährt nicht »alles« über die Konflikte und die Entwicklung eines Patienten, ganz egal wie gut die Analyse auch voranschreitet und was in Bewegung gerät und sich löst. Selbst wenn es zu tiefgreifenden Veränderungen und zu einer Gesundung kommt, können wir nicht mit absoluter Sicherheit sagen, welche aus dem Verständnis starker Übertragungsgefühle und Phantasien erwachsenen Einsichten über welche Deutungen, Rekonstruktionen, Erinnerungen und Überzeugungen genau zu diesem positiven Ergebnis geführt haben. Da aber der Fortschritt durch genau diese analytische Arbeit eintritt, ist es sinnvoll, die

Frage zu stellen: Welche Art von Deutungen und Rekonstruktionen führten zu vermehrter Einsicht und Veränderung? Viele Analytiker, die sich mit Borderline-Patienten befassen, scheinen sich hauptsächlich auf die dyadischen, augenscheinlich an Konflikte während der ersten beiden Lebensjahre gebundenen Aspekte zu konzentrieren. Weniger Beachtung finden die triangulären Konflikte, phallisch ödipale Themen und die Über-Ich-Analyse. Außerdem wird gern größeres Gewicht auf die aus aggressiven Trieben erwachsenen Konflikte gelegt als auf die libidinösen.

Unsere Arbeit mit diesen vier wie auch anderen in der Kris Study Group vorgestellten Fällen zeigt, daß unsere Deutungs-bemühungen sich sowohl auf dyadische wie trianguläre Konflikte beziehen mußten, auf Konflikte aus der oralen und analen Phase und ihren Derivaten wie auch auf phallisch ödipale. Die Analyse des Über-Ich, ob es sich nun durch Internalisierung entwickelt hatte oder durch Angst vor Bestrafung, Verlassen-werden oder sadistischem Gequältwerden, war ein wichtiger Bestandteil unserer Arbeit. Wir gelangten auch zu der Überzeugung, daß die Analyse libidinöser Wünsche und Ängste, wie auch narzißtischer Bedürfnisse und ihrer Frustration nicht wirklich von der Analyse der aus aggressiven Trieben erwachsenen Konflikte getrennt werden konnte. In jedem Konflikt, in jeder Objektbeziehung und in jeder Phase der Ich-Entwicklung sind Derivate der aggressiven und libidinösen Triebe wie auch nar-zißtische Verletzungen, die diese begleiten, miteinander verwo-ben und nicht voneinander zu trennen. Unsere analytischen Erfahrungen bestätigen daher die Einschätzung nicht, daß es hilfreich sei, in der Ätiologie von Borderline-Patienten einen einzelnen Trieb als gegen die anderen gerichtet zu bestimmen.

Da wir bei allen auf die beschriebene Weise analysierten Patienten bedeutende Veränderungen feststellten, kamen wir zu der Schlußfolgerung, daß viele miteinander zusammenhän-gende Faktoren für die Entwicklung der Borderline-Pathologie verantwortlich sind. Daher sind wir der Meinung, daß man sich nicht auf aus einer bestimmten Entwicklungsphase der Kind-heit erwachsene Probleme konzentrieren sollte, sondern, so gut es mit dem jeweiligen Patienten möglich ist, alle Hauptkonflikte, Angstquellen und Ursachen für gestörte Objektbeziehungen analysieren sollte.

IX. Zusammenfassung und Schlußfolgerungen

Eine detaillierte gemeinsame Untersuchung des analytischen Fallmaterials gab uns die erste Grundlage für das Verständnis dieser Patienten, wie auch für unsere Zustimmung zu bestimmten Beobachtungen und theoretischen Annahmen, die in der Literatur über Borderline-Patienten zu finden sind. Insgesamt gesehen gelangten wir jedoch zu einer wesentlich skeptischeren Haltung gegenüber Konzepten, die hauptsächlich auf Theorien über die frühe psychische Entwicklung basieren. Nach unserer Meinung beruhen viele dieser Mutmaßungen auf sehr spekulativen Interpretationen von notwendigerweise skizzenhaften Erkenntnissen. So plausibel solche Konzepte auch sein mögen, sind sie doch schwerlich durch die aus der klinischen Arbeit mit Erwachsenen gewonnenen Befunde zu erhärten. Einige dieser Hypothesen zur psychischen Entwicklung spielen überhaupt keine Rolle im Umgang des Analytikers mit seinen Patienten. Werden sie doch dafür herangezogen, können sie die Wahrnehmung klinischen Materials erheblich verzerren oder sie verleiten zur Anwendung von Techniken, die uns abträglich scheinen.

Wie gesagt entschieden wir uns sehr frühzeitig dafür, uns auf das zu konzentrieren, was wir aus der Analyse erwachsener Borderline-Patienten erfuhren. Alle von uns ausgewählten Patienten hatten eine Psychoanalyse durchlaufen, und wenn auch nicht alle ein optimales Analyseergebnis erreicht hatten, hatte sie doch bei allen zu entscheidenden Besserungen geführt. In allen Fällen war die Analyse mit nur geringen Modifizierungen der klassischen Technik durchgeführt worden. Da keiner unserer Patienten eine schwere, an einen psychotischen Zustand grenzende Regression erlitten hatte, unterschied sich unser Sample von vielen in der Literatur beschriebenen Patienten, die eine klassische Analyse nicht durchstehen oder in ihr keine Besserung erfahren. Viele Mitglieder unserer Studiengruppe berichteten kurzgefaßt über andere Fälle, die sie für Borderline hielten, bei denen sie aber statt einer Analyse eine andere Form der Psychotherapie gewählt hatten.

Der Hauptvorteil daran, bis zu Ende durchgeführte Analysen aus der Retrospektive zu betrachten, ist offensichtlich: Hier bietet sich die größtmögliche für den Analytiker erreichbare Einsicht in den Ursprung, die Struktur und die Bedeutung der Symptomatik des Patienten. Was zu Beginn der Behandlung oder auch über viele Jahre hinweg verwirrend und unverständlich war, scheint am Ende der Analyse oft überzeugend und eindeutig erklärbar.

Es gibt aber auch Nachteile bei dieser Auswertung klinischer Daten. Zum einen kann selbst die detaillierteste Zusammenfassung uns nur zu Vermutungen über die alltägliche Erfahrung des Patienten führen. Zum anderen ist die Evaluierung alternativer Erklärungen von auf spezifische Weise erhobenem Material im Nachhinein einfach nicht möglich. Nur kontinuierliche Fallstudien im Längsschnitt könnten diese Möglichkeit bieten, und auch sie haben ihre praktischen Grenzen. Schließlich besteht die Gefahr, daß sich durch die retrospektive Verdichtung der Eindruck vermittelt, das dynamische Material entfalte sich in komplizierten, aber verwobenen und miteinander verbundenen Mustern. Gleichzeitig legt eine nachträgliche Zusammenfassung der analytischen Daten eine bestimmte integrierte, geordnete Verständlichkeit nahe, die unvermeidlich einen Fokus wählt, je nach der abschließenden Einschätzung des Falles durch den Analytiker. Der Eindruck kann entstehen, auf diese Weise zu besonders klaren Einsichten zu gelangen; diese Gewißheit kann genauso trügerisch sein wie die Einschätzung, es ganz und gar mit einem Artefakt zu tun zu haben.

Wir können auch nicht den Anspruch erheben, die detaillierte Auseinandersetzung mit dem analytischen Material biete die Gewähr, daß die theoretischen und konzeptuellen Voreingenommenheiten des Analytikers sich nicht niedergeschlagen hätten. Alte Kontroversen und aktuelle Diskussionen auf diesem Gebiet zeigen eindeutig, daß Analytiker unterschiedlicher Überzeugungen dasselbe Material unterschiedlich interpretieren, und jeder findet »Bestätigungen« für seine Grundannahmen in dem vielfältigen Material aus seiner eigenen Praxis, wahrscheinlich auch in den Arbeiten anderer. Der bestmögliche Umgang mit diesem Problem besteht in der konsequenten Gruppenarbeit, wenn dies auch noch lange nicht optimal ist. Man kann davon ausgehen, daß bei dieser Arbeitsweise höchst idiosynkratische

Ansichten geäußert werden, und durch die gemeinsame Diskussion die gravierendsten Fehleinschätzungen ausgeräumt werden können. Während die Gruppenmitglieder grundsätzlich dieselbe Ausbildung durchlaufen hatten, gab es hinsichtlich der Berufserfahrung, der Interessen und der Ansichten sowohl zu theoretischen wie technischen Fragen doch beträchtliche Unterschiede. Es ist wohl deutlich geworden, daß die am stärksten vertretene Position die Ich-Psychologie war innerhalb des Bezugsrahmens klassischer FREUDscher Strukturtheorie.

Diagnostische Überlegungen

Seit langem ist offensichtlich, daß das traditionelle Konzept, psychische Störungen in Neurosen und Psychosen zu unterteilen, zu grob und vereinfachend ist, als daß es der enormen Vielfalt klinischer Erscheinungen befriedigend Rechnung tragen könnte. Außerdem stellen Analytiker seit Jahren fest, daß sie auf Patienten treffen, die, obwohl sie nicht den diagnostischen, mit den unterschiedlichen bekannten Psychosen verbundenen Mustern entsprechen, doch eine so starke Psychopathologie zeigen, daß sie entweder mit den üblichen Psychoanalysetechniken nicht erfolgreich behandelt werden können oder daß eine solche Analyse ungewöhnlich schwierig ist. Der Begriff *Borderline*, zuerst von STERN benutzt, spiegelt die herrschende Meinung wider, daß sie in eine Zwischenkategorie fallen, die im Schweregrad der Krankheit zwischen den häufigeren Neurosen und mäßigen Charakterstörungen einerseits und psychotischen Störungen andererseits anzusiedeln ist. Viele Analytiker haben ihre Unzufriedenheit mit dem Begriff »Borderline« als Diagnose geäußert, da er zu diffus sei und eine sehr weitgefaßte Gruppe von Störungen umfassen solle, die sich stark voneinander unterscheiden – und weil es äußerst schwierig sei, für alle diese Fälle gemeinsame Merkmale zu identifizieren, die als verläßliche diagnostische Kriterien dienen könnten. Einer unserer Kollegen, DAVID BERES, war der Meinung, der Begriff »Borderline« sei so allgemein, daß er einer Rumpelkammer-Diagnose gleichkomme, die keinem Zweck diene. Er meinte, es sei besser, ihn aufzugeben und einfach von schweren Charakterpathologien zu sprechen. Schlußfolgerungen über den Schweregrad der Pathologie sollten seiner Meinung nach auf einer detaillierten Untersuchung der Ich-Funktionen und Objektbeziehungen basieren. Auch KERNBERG stellt fest, daß viele verschiedene Arten von Fällen in die Kategorie gehören, die seiner Einschätzung nach im allgemeinen als Borderline-Persönlichkeitsorganisation zu bezeichnen ist. Hierzu zählt er: chronische frei flottierende Angstzustände, polysymptomatische Neurosen, polymorph-perverse Sexualität, einschließlich einiger Perversionen, paranoide, schizoide und hypomanische Persönlichkeiten, Triebstörungen und Suchtverhalten, die »als-ob«-Persönlichkeit, die depressiv masochistische Charakterstruktur und die depressive Charakterstruktur. Dabei müssen wir uns vor Augen halten, daß Fälle aus diesen verschiedenen diagnostischen Einheiten sich in ihrer Symptomatik und Charakterstruktur stark voneinander unterscheiden. Auch wenn es uns gelingen sollte, bestimmte, allen gemeinsame Entwicklungskonflikte festzustellen, müßten wir doch immer noch die Unterschiede im klinischen Erscheinungsbild erklären und verstehen können, warum einige Borderline-Patienten eine paranoide Persönlichkeit oder Sucht entwickeln, wogegen andere sich als narzißtische Persönlichkeiten zeigen oder als Patienten mit einer depressiv masochistischen Charakterstruktur. KERNBERG ist der Überzeugung, daß all diese Patienten doch bestimmte gemeinsame Merkmale aufweisen, nämlich eine spezifische Form der Ich-Struktur und eine bestimmte, qualitativ andere Form der Objektbeziehungen. Er behauptet, daß diese durch pathologisch internalisierte Objektbeziehungen bestimmt würden und durch die Anwendung pathognomisch primitiver Abwehroperationen, die aus Spaltungen herrühren. Wir waren neugierig, ob wir diese von KERNBERG beschriebenen gemeinsamen Merkmale bei unserem klinischen Material würden feststellen können oder, wenn wir für seine Beobachtungen keine Bestätigung finden sollten, ob wir andere gemeinsame Merkmale finden würden, die eine Zuordnung dieser Patienten zur selben Kategorie rechtfertigen würde.

Wie wir im einzelnen ausgeführt haben, brachte die genaue Prüfung unserer Fälle diese von KERNBERG genannten spezifischen Merkmale nicht zutage. Wir konnten jedoch bestimmte gemeinsame klinische Befunde feststellen, die in unserer Zusammenstellung der klinischen Merkmale aufgeführt sind. Diese Befunde können als phänomenologische Verallgemeinerungen betrachtet werden, sie heben eher die graduellen Unterschiede hervor, als daß sie deutlich zuordnen. Nach unserer Meinung rechtfertigen diese Beobachtungen nicht den Begriff »Borderline« als Bezeichnung für eine formale diagnostische Entität, wir halten es für besser, diese Diagnose bei jedem Fall, bezogen auf die diesem Patienten spezifische Struktur, anzuwenden – zum Beispiel schwere sadomasochistische Charakterstörung. Wir sind uns jedoch darüber bewußt, daß der Begriff »Borderline« bei Analytikern, wie auch Psychiatern und anderen Psychotherapeuten, eine breite Zustimmung gefunden hat, und auch die meisten Mitglieder unserer Studiengruppe waren der Ansicht, daß er von Nutzen sein kann, vorausgesetzt, er wird eher unspezifizierend und beschreibend auf eine große und vielgestaltige Gruppe von Patienten angewandt, die eine schwerere und weitreichendere Pathologie aufweisen als die meisten Neurotiker und Patienten mit neurotischen Charakterstörungen. Entgegen KERNBERG und anderen glauben wir nicht, daß die Diagnose »Borderline« die Annahme spezifischer entwicklungsbedingter oder struktureller Probleme zuläßt, die allen diesen Patienten gemeinsam seien.

Objektbeziehungen

Wir haben jene Charakteristiken und Qualitäten der Objektbeziehungen beschrieben, die für Borderline-Patienten typisch und bei ihnen vorherrschend sind. Dabei suchten wir nach gemeinsamen Merkmalen, die diese Patienten von Psychoneurotikern einerseits und Psychotikern andererseits unterscheiden würden.

Eine detaillierte Untersuchung unserer vier analysierten Borderline-Fälle ergab, daß diese an einer Reihe schwerer Störungen in ihren Objektbeziehungen litten.

1. Alle unsere Patienten wiesen tiefgreifende ödipale Probleme auf und nicht hauptsächlich präödipale. Starke Triangulierungskonflikte bestanden nach wie vor, augenscheinliche Frustration, Neid und sadomasochistische Reaktionen. Kastrationskonflikte waren bei beiden Geschlechtern sehr

ausgeprägt. Die Patienten konnten ihre ödipalen Konflikte ohne schwere Verzerrungen in ihren Objektbeziehungen und deutliche Störungen in ihrem Ich und ihren Ich-Funktionen nicht angemessen bewältigen. Alle unsere Patienten hatten während der ödipalen Phase bedeutende, oft mit Objektverlust verbundene Traumata erlebt.

2. Alle unsere Patienten hatten sich stark mit ihren gestörten Eltern identifiziert. Diese Identifikationen dienten oft Abwehrzwecken, wie die Identifikation mit dem Aggressor, so übernahmen sie vor allem sadistische Aspekte des elterlichen Verhaltens. Die ausgebildeten Identifikationen, die ihre Selbstkonzepte und die über andere Menschen beeinflußten, rührten nicht notwendigerweise aus der sehr frühen Kindheit her, sondern entstammten auch späteren Entwicklungsphasen.

3. Die Objektbeziehungen waren von deutlichen sadomasochistischen Merkmalen gekennzeichnet. Ihr Geschlechtsleben und ihre Beziehungen im allgemeinen waren von Aggression durchsetzt – entweder nach außen oder gegen das Selbst gerichtet oder beides. Die Projektion der Aggression ließ sie Objekte fürchten und rief das Bedürfnis hervor, diese zu bezwingen. In diesen sadomasochistischen Merkmalen schienen Konflikte aus allen oralen und phallischen Phasen auf. Wir beobachteten starke Ambivalenz, begegneten aber nicht durchgängig der dramatischen und vorherrschenden Trennung in »nur gute« und »nur böse« Selbst- und Objektimagines, die in der Literatur so oft hervorgehoben wird.

4. Wir beobachteten nicht die bei der schizophrenen Regression häufigen starken psychotischen Verzerrungen in der Selbst- und Objekt-Differenzierung. Da jedoch Projektion ein sehr vorherrschender Abwehrmechanismus war, verzerrten diese Patienten oft ihre Wahrnehmungen von sich selbst und anderen. Außer Aggressionen wurden Neid, Gier, homosexuelle Impulse, heterosexuelles Verlangen, Impulse, andere zu beherrschen, zu unterwerfen und auszubeuten, ebenso wie Verurteilungen und Bestrafungen durch das Über-Ich projiziert. Die Intensität, Beständigkeit und Vorherrschaft der Projektion ging einher mit – oder war die Folge – einer mangelnden Differenzierung zwischen dem Selbst und dem Objekt. Trotz unseres Befundes der unzureichenden Selbst-

Objekt-Differenzierung auf bestimmten Lebensgebieten unserer Patienten hatten wir nicht den Eindruck, daß diese auf bestimmte Fixierungspunkte der kindlichen Entwicklung zurückzuverfolgen seien.

5. Der ausgeprägte Narzißmus unserer Patienten war auffällig. Sie waren mehr als üblich damit beschäftigt, ihre eigenen Bedürfnisse zu befriedigen, als mit anderen Menschen auf einer Basis von Geben und Nehmen umzugehen. Oft erwarteten sie, daß ihre Bedürfnisse konkret befriedigt wurden; in ihren Analysen genügten Worte und Deutungen ihnen eindeutig nicht – reale Befriedigung wurde verlangt. Ihre Mitmenschen benutzten sie zur Regulierung ihrer Selbstachtung, und sie reagierten dermaßen enttäuscht auf Menschen, denen es nicht gelang, sie libidinös und narzißtisch zu befriedigen, daß sie sich zurückzogen oder Wutausbrüche bekamen. Es brachte uns nicht weiter, wenn wir bei diesen narzißtischen Problemen nach einem Mangel an elterlicher Empathie suchten oder nach einer von der objektbezogenen libidinösen und aggressiven Triebreifung abgetrennten Entwicklungslinie. Wir stellten oftmals fest, daß narzißtische Charakterzüge den *Lösungen* von Konflikten dienten und nicht von Konflikten unabhängig waren.

6. Unsere Patienten zeigten sowohl in ihrer Analyse wie in ihren allgemeinen zwischenmenschlichen Beziehungen extreme Reaktionen auf Trennungen. Die einzelnen Lebensgeschichten offenbaren ein bedeutsames Ausmaß tatsächlich erlebter Objektverluste während der Kindheit. Es wurde aber deutlich, daß die alltägliche Interaktion zwischen Kind und Bezugsperson wirksamer sein konnte als tatsächliche Trennungserfahrungen. Ängste vor Objektverlust und vor Verlust der Liebe des Objekts waren in jeder psychosexuellen Entwicklungsphase vorhanden. Es war hier wichtig, die spezifischen, einzigartigen Phantasien der Patienten zu analysieren, die Trennungsängste hervorriefen, um die Bedeutung dieser Ängste zu verstehen und deren Ursprünge zu ermitteln.

7. Im Gegensatz zu vielen in der heutigen Literatur geäußerten Einschätzungen über Borderline-Patienten stellten wir fest, daß Über-Ich-Konflikte bei ihren Objektbeziehungen eine wichtige Rolle spielten. Es war nicht leicht, zwischen reiferen

»internalisierten« Schuldgefühlen und den Ängsten vor körperlicher Beschädigung oder Verfolgung zu unterscheiden. Besondere Aufmerksamkeit verlangten die Abwehroperationen gegen selbstbestrafende Verurteilungen und selbstschädigende Verhaltensweisen. Oftmals wurden der Analytiker und andere Menschen angegriffen, um bei diesen Schuldgefühle auszulösen, wodurch der Patient seine eigenen gierigen, ausbeutenden und kontrollierenden Wünsche abwehrte. Masochistische Phantasien, Neigung zu Depression, selbstbestrafendes Verhalten, Ängste davor, verletzt oder verfolgt zu werden, waren alle oftmals das Resultat der Kompromisse zwischen sexuellen und aggressiven Impulsen und den strengen Über-Ich-Forderungen.

Im allgemeinen befinden wir uns in Übereinstimmung mit vielen Autoren, die die Objektbeziehungen von Borderline-Patienten beschrieben haben. Bei der Zuordnung der Ausbildung dieser gestörten Objektbeziehungen zu spezifischen, prägenitalen Entwicklungsphasen sind wir allerdings zurückhaltender.

Realitätsprüfung

Da Realitätsprüfung eine aus vielen Faktoren zusammengesetzte höchst komplexe Ich-Funktion ist, die Wahrnehmung, Erinnerung und Urteilsvermögen umfaßt, halten wir es für viel zu vereinfachend, sie einfach als defekt oder intakt zu bezeichnen. Nach unserer Meinung können, welche Rolle die frühkindlichen Entwicklungsprozesse bei der Ausbildung des Substrats der Realitätsprüfung auch spielen, Konflikte während anderer Entwicklungsphasen auftreten, die ebenfalls deutliche Störungen der Realitätsprüfungsfähigkeit hervorrufen. Alle Realitätsverzerrungen sind Anzeichen eines unbewußten psychischen Einwirkens auf Wahrnehmung, Erinnerung oder Urteilsvermögen oder auf alle drei. Solche Verzerrungen stellen wir bei normalen, schwach neurotischen und schwer gestörten Patienten fest, obwohl sie nahezu immer bei den schwerer kranken Patienten ausgeprägter, intensiver und beharrlicher sind. Außerdem ist die Realitätsprüfung bei allen Individuen variabel, sie ändert sich von einem Tag auf den anderen und sogar von

Augenblick zu Augenblick. Wir begegneten entgegen unseren Erwartungen keinen ausgeprägten Störungen des Realitäts*gefühls* in unseren Fallbeispielen und fragen uns deshalb ernsthaft, ob solche Symptome grundlegend mit der tatsächlichen Realitätsprüfungs*fähigkeit* verbunden sind. Fehlerhafte Realitätsprüfung meint, daß die Weltsicht unserer Patienten, das heißt ihre Einschätzung über andere Menschen und über Situationen, oft äußerst unrealistisch war. Alle unsere Patienten ließen Anzeichen einer beträchtlichen Störung auf diesem Gebiet erkennen, so daß wir die Behauptung, Borderline-Patienten hätten hier kaum Schwierigkeiten, nicht bestätigen können. Außerdem traf nicht zu, daß ihre Probleme hier schnell reversibel seien.

Wir stellten fest, daß HARTMANNs Beobachtungen über den mächtigen Einfluß einer pathologischen Umgebung auf die Realitätsprüfung, das heißt der mögliche Widerspruch zwischen sozialer Realität und objektiver Realität, durch unsere Patienten bestätigt wurden. Wir stellten fest, daß die Brüche in der Realitätsprüfungsfähigkeit oft aus sehnsüchtigen oder defensiven Aspekten von Konflikten über verschiedene sexuelle oder aggressive Triebe aus allen Entwicklungsphasen herrührten. Projektion war bei allen unseren Patienten ein herausragender Mechanismus, und deren Verbindung mit der Realitätsprüfungsstörung war offensichtlich, trotzdem konnten wir dieser Beziehung keine fundamentale und entscheidende Bedeutung zumessen. Die Tatsache, daß alle vier Patienten im Laufe der Analyse hier beträchtliche Fortschritte machten, bestätigte unsere Einschätzung, daß eine fehlerhafte Realitätsprüfung zu einem großen Teil von Konflikten herrührt, die auf die Ich-Funktionen einwirken und daher sogar bei Menschen mit einer Borderline-Pathologie bis zu einem gewissen Grad reversibel ist.

Abwehr

Bei der Diskussion der von unseren Borderline-Patienten eingesetzten Abwehroperationen konnten wir im analytischen Material der einzelnen Fälle viele der klassischen Abwehrmechanismen identifizieren. Dabei stellten wir fest, daß diese Patienten auch kompliziertere Verhaltensweisen und psychische Reaktionen für Abwehrzwecke benutzten. Die Theorie zur Abwehrbildung hat sich in den letzten Jahren entscheidend entwickelt, der Begriff der Abwehr darf nicht mehr nur als die in Symptombildung, Charakterstörungen und Widerstand sich ausdrückenden bestimmten, stereotypen pathologischen psychischen Anstrengungen verstanden werden. Man hat inzwischen herausgefunden, daß dies allgegenwärtige Phänomene im psychischen Leben sind, die auch in der normalen Entwicklung eine Rolle spielen wie auch in jeder aktuellen Anpassungsleistung. Es hat sich außerdem gezeigt, daß *alle* Aspekte des psychischen Funktionierens zu Zeiten Abwehrzwecken dienen können und daß Abwehr in Wirklichkeit eher durch die Rolle, die sie im psychischen Leben spielt, als durch ihre eigentliche Struktur definiert werden muß. Trotzdem haben wir weiterhin die gebräuchliche Terminologie der Abwehrmechanismen benutzt und von komplizierterem Abwehrverhalten und Abwehrreaktionen gesprochen, da wir davon ausgehen konnten, daß diese Termini ohne weiteres verstanden werden.

Bei der Untersuchung unseres Fallmaterials stellten wir fest, daß unsere vier Patienten viele der sogenannten »höherstufigen« Abwehrformen anwandten, wie auch diejenigen, die von einigen Analytikern als »primitiv« angesehen werden. Dieser Befund stimmte mit der Variabilität der Symptomatik und den Charakterstrukturen überein, die unsere Patienten kennzeichneten. Wir kamen jedoch zu dem Ergebnis, daß bestimmte Abwehrformen ausgeprägter waren. Diese Abwehrformen waren sowohl innerhalb der analytischen Situation wie auch außerhalb disruptiv. Trotz sorgfältiger und im geeigneten Augenblick geäußerter Deutungen erwiesen sich diese Abwehrmanöver als nur sehr schwer veränderbar. Die vorherrschendsten waren Projektion, Verleugnung, Agieren, Identifikation mit dem Aggressor, der Einsatz eines Triebderivats zur Abwehr eines anderen und sadomasochistische libidinöse Regression.

Aufgrund unserer Beobachtungen stellten wir fest, daß wir Borderline-Patienten nicht anhand ihrer Abwehrstruktur allein von anderen Patienten unterscheiden konnten. Des weiteren empfanden wir den Versuch als nicht hilfreich, Abwehrformen hierarchisch einzuordnen, von den »primitivsten« zu »höherstufigen«, wie dies einige Autoren vorgeschlagen haben. Statt dessen gelangten wir zu der Einschätzung, daß es am geeignetsten ist, Abwehr als veränderlich und abhängig von ihrer Interaktion mit anderen Ich-Funktionen, wie Realitätsprüfung, Objektbeziehungen und allgemeiner Ich-Integration anzusehen.

Wir prüften KERNBERGS Hypothese, wonach es eine Gruppe von spezifischen primitiven Abwehrformen gebe, deren Auftreten er als pathognomisch für die »Borderline-Persönlichkeitsorganisation« ansieht. Nach seiner Meinung benutzen diese Patienten, im Gegensatz zu neurotischen, diese Abwehrformen bevorzugt, und sie wenden nicht die sogenannten »höherstufigen« Abwehrformen wie Verdrängung an, bis die Behandlung hier zu Veränderungen geführt hat. Unsere Ergebnisse bestätigten diese Hypothese nicht.

Als wir uns mit dem Konzept der »Spaltung« beschäftigten, stellten wir fest, daß diese von verschiedenen Autoren aus unterschiedlichen ätiologischen und Entwicklungsmodellen abgeleitet wird. Wir waren nicht überzeugt davon, daß für das als Spaltung bezeichnete klinische Phänomen Konflikte und Störungen in der Ich-Entwicklung, die während der ersten 18 Lebensmonate auftreten, verantwortlich sind. Wir halten es für angemessener, die klinischen Beobachtungen in traditionellere Begriffe zu fassen, wie extreme Ambivalenz, Identifikation mit dem Aggressor, Einsatz eines Triebderivates zur Abwehr eines anderen, Idealisierung zur Abwehr von Aggressionen, Reaktionsbildung, Isolierung und Verschiebung. Alle diese Abwehrmechanismen sind im zweiten Lebensjahr vorherrschend, während der analen Phase. Wir glauben, daß das, was andere »Spaltung« nennen, ein Ergebnis des kindlichen Bedürfnisses ist, seine Ambivalenz zu bewältigen, in dem es Aggressionen gegen das nährende mütterliche Objekt verschiebt auf andere Objekte oder auf das Selbst. Diese Formulierung benötigt keine hypothetischen, aus den analytischen Daten allein nicht zu erhärtende Konstrukte wie den »Ich-Kern« aus »Brennpunkten positiver Introjektionen«.

Wir diskutierten auch die Bedeutung des Begriffes »projektive Identifikation«, wobei wir große Schwierigkeiten hatten, ihn zu definieren, und feststellten, daß er von verschiedenen Autoren unterschiedlich angewandt wird, vor allem von KLEIN und KERNBERG. Auch wir selbst stimmten oft nicht überein, wenn klinische Daten vorgestellt wurden als Beispiele für die als projektive Identifikation beschriebene Abwehr. Wir folgerten, daß der Begriff »projektive Identifikation«, wie er besonders von KERNBERG benutzt wird, am genauesten die bekannte Abwehr der Projektion beschreibt, die von schwerer gestörten Patienten angewandt wird, die eine mangelnde Selbst-Objekt-Differenzierung zeigen. Daher halten wir es für angemessener, die Ich-Integration dieser Patienten als beeinträchtigt anzusehen, anstatt einen spezifischen Abwehrmechanismus als »primitiv« zu bezeichnen. Nach unserer Meinung sind die sogenannten »primitiven Abwehrmechanismen« an und für sich hochkomplizierte Derivate unbewußter Phantasien, die auf ihren spezifischen Inhalt hin analysiert und im Kontext der gesamten Ich-Organisation verstanden werden müssen.

Im Gegensatz zu KERNBERG stellten wir fest, daß bei Borderline-Patienten die Verdrängung, wie auch bei allen anderen Patienten, einen aktiven und entscheidenden Anteil an ihrer Abwehrstruktur hat. Hier liegt eine komplexe Matrix miteinander verbundener unbewußter Phantasien zugrunde, aus denen sich diese Oberflächenphänomene ableiten. Dementsprechend können wir der Behauptung nicht zustimmen, daß bei Borderline-Patienten spezifische Abwehrformen wirksam sind, noch sind wir der Meinung, daß es zu diesem Zeitpunkt und bei heutigem Wissensstand möglich ist, eine Hierarchie von Abwehrmechanismen zu beschreiben. Wir glauben, daß die Psychopathologie von Borderline-Patienten nicht allein aufgrund der Art ihrer Abwehr verstanden werden kann, sondern indem man die Abwehrmanöver in Verbindung setzt mit anderen komplexen Ich-Funktionen, wie Realitätsprüfung, allgemeiner Ich-Integration und Objektbeziehungen.

Übertragung und Technik

Unsere Beobachtungen stimmen mit denen vieler Analytiker überein, wonach Borderline-Patienten fast von Behandlungsbeginn an zu intensiven Übertragungsreaktionen neigen. Sie zeigen auch einen ungewöhnlichen Hang, die durch die Übertragung mobilisierten Wünsche und Ängste durch Agieren auszudrücken, sowohl innerhalb wie außerhalb der analytischen

Situation. Auch stellten wir fest, daß die intensiven Übertragungsreaktionen einiger Patienten zu einer festgefügten, fortdauernden bewußten und unbewußten Blockade des Übertragungsausdrucks führen konnten, mit dem Ergebnis, daß eine völlig andere manifeste Übertragung auftrat als erwartet.

In der Beziehung zum Analytiker trat eine verstärkte Anwendung von Projektion zutage, wie dies auch in anderen, außeranalytischen Beziehungen der Fall war. Dies war besonders wichtig als eine Komponente der sadomasochistischen Übertragung, die von allen vier Patienten entwickelt wurde. Die stark erotisierte Qualität dieser Übertragungen wurde schließlich in jedem Fall deutlich, die genaue Art der sadomasochistischen Haltungen und Phantasien wurde jedoch im allgemeinen über einen langen Zeitraum hinweg hinter höchst rigide aufrechterhaltenen Abwehrmechanismen verborgen.

Bei den Patienten fiel ihre relative Unfähigkeit auf, die »als-ob«-Qualität ihrer Übertragungswünsche und -ängste zu akzeptieren, wie auch ihr Beharren auf konkrete Gratifikationen durch ihren Analytiker. Während andere Analytiker dieses Verhalten eher als Ausdruck von Ich-Defekten, fehlerhafter Selbstwahrnehmung oder einer allgemeinen mangelnden Fähigkeit ansehen, ein therapeutisches Arbeitsbündnis einzugehen, kamen wir zu der Einschätzung, daß solche Zuschreibungen nicht viel zum Verständnis dieses Verhaltens beitragen. Wir schätzen das Fortbestehen dieser Neigung eher als den Ausdruck eines relativen Mangels in der Realitätsprüfung ein. Diese Muster schienen aus komplizierten Abwehroperationen gegen Angst, Schuld oder andere Unlust auslösende Affekte herzurühren, verbunden mit dem Versuch, direkte Befriedigung libidinöser und aggressiver Triebderivate zu erlangen. Das Ergebnis waren schwere bewußte Verzerrungen der Analytikerimago, die sich von denen bei Patienten mit einer schwachen Neurose nicht so sehr qualitativ unterschieden, sondern durch ihre Intensität, Beharrlichkeit und relative Unzugänglichkeit für Deutungen durch den Analytiker.

Die manifeste narzißtische Pathologie war bei diesen Fällen auffällig. Wir können uns den meisten Autoren darin anschließen, daß diese Pathologie aus einem teilweisen Fehlschlagen der Trennung zwischen Selbst- und Objektrepräsentanzen herrühren kann oder aus pathologischen selbstachtungsregulierenden Funktionen, bei denen ungewöhnlich unrealistische, grandiose und idealisierte Selbst- und Objektimagines im Ich-Ideal oder seinen Vorläufern fortbestehen. Als wir jedoch das klinische Verhalten unserer Patienten beobachteten, einschließlich ihrer extremen Empfindlichkeit gegenüber realer oder eingebildeter Mißachtung, ihrem auffälligen Mangel an Empathie in sozialen Situationen wie auch in der Übertragung und ihrer unrealistischen Einschätzung von sich selbst und anderen, gelangten wir zu der Ansicht, daß die narzißtische Position hauptsächlich eine defensive war. Sie diente dazu, sowohl libidinöse wie auch aggressive, oft sadomasochistische Konflikte auf eine Art zu verbergen wie auch gleichzeitig auszudrücken, die Angst, Scham- und Schuldgefühle vermindern sollte. Dementsprechend schätzten wir die narzißtische Haltung nicht als das Ergebnis eines spezifischen Entwicklungskonfliktes oder einer Entwicklungsstörung ein, wie dies andere Autoren tun.

In dreien der vier Fälle war die Übertragung sehr wechselhaft, und Vorstellungsbilder des projizierten Selbst, von Vater, Mutter, Geschwistern und Ersatzobjekten konnten sich so schnell gegenseitig abwechseln, daß eine genaue Deutung oft schwierig war. Wir waren uns unsicher, ob wir diese schnellen Wechsel als Hinweis auf eine prägenitale Verschmelzung von Selbst- und Objektimagines werten sollten, wie KERNBERG dies nahelegt, oder als der Abwehr dienlich – also als Verschiebung –, um leidvolle Affekte zu vermeiden. Auch war deutlich, daß, wenn immer eine dieser jungen Frauen ihr erotisches libidinöses Verlangen in der Übertragung ausdrückte, der Analytiker auch als das verbietende, bestrafende Elternteil des anderen Geschlechts angesehen wurde, wodurch sie ein zweiseitiges Bild des Analytikers entwarfen, das von einem Moment zum anderen zwischen beiden Seiten schwanken konnte.

Gegenübertragungsprobleme waren bei der Arbeit mit diesen Patienten ungewöhnlich intensiv. Die Festgefügtheit ihrer Abwehrmuster, die Anwendung von Projektion, Verleugnung, Agieren, Identifikation mit dem Aggressor und der Einsatz eines Triebderivates zur Abwehr eines anderen, die teilweise Störung in ihren Realitätsfunktionen und die Unreife ihrer Objektbeziehungen lösten beim Analytiker oft Gefühle aus, angegriffen zu werden, Hilflosigkeit und Frustration, so daß sich leicht Gegenaggression entwickelte. Meistens neigte der Analytiker angesichts dieser intensiven Gefühle dazu, still oder inaktiv zu werden – beides Reaktionen, die die Angst der Patienten vor ihrer eigenen Zerstörungswut und Verletzbarkeit steigerten. Oft entstanden beim Analytiker feindselige Phantasien, die Behandlung abbrechen zu wollen, oder, als Gegenreaktion auf diese Gefühle, ungewöhnlich starke Rettungsphantasien. Wir stellten fest, daß diese intensiven Gegenübertragungsgefühle uns halfen, die Reaktionen der Patienten auf ihre Eltern während der Kindheit zu verstehen. Sie riefen beim Analytiker Gefühle hervor, die sie selbst ihren Eltern gegenüber empfunden hatten.

Zusammenfassend können wir sagen, daß wir jegliches von uns beobachtete Übertragungsverhalten verstehen konnten als den Ausdruck unbewußter Konflikte, die Triebderivate und leidvolle Affekte ausdrückten und die diese abwehrten. Wir glauben nicht, daß das Übertragungsverhalten unserer Patienten frühe »Ich-Zustände« oder festgelegte »Positionen« widerspiegelt, noch sind wir der Meinung, daß diese Verhaltensweisen ohne weiteres auf bestimmte frühe Entwicklungsstörungen zurückgeführt werden können.

Als wir uns den technischen Empfehlungen für die Behandlung dieser Patienten zuwandten, wurden wir zu allererst von unserer Einschätzung geleitet, daß die Borderline-Diagnose nur eine weitgefaßte, ungenaue Kategorie von Charakterpathologien benennt und keine eindeutige diagnostische Entität mit bestimmten Konflikten, Abwehrformen und Entwicklungsproblemen. Unsere Fallevaluationen reflektieren diese Überzeugung. Diese Patienten wurden auf die gleiche Weise diagnostisch untersucht wie alle anderen Patienten, bei denen eine analytische Behandlung erwogen wird. Ihre allgemeine Ich-Stärke, die Motivation für die Behandlung, die Fähigkeit, nach analytischen Methoden zu arbeiten, das Ausmaß, in dem Projektion benutzt wird, der Druck zum Handeln, die Flexibilität ihres Abwehrapparates, das Potential suizidaler oder selbstzerstörerischer Aktivitäten, der Narzißmusgrad und die Fähigkeit, gesunde Objektbeziehungen herzustellen, waren einige der Hauptgebiete, die unserer Meinung nach einzuschätzen waren. Wir waren uns darüber im Klaren, daß eine Vorhersage des Behandlungserfolges – ohnehin schwierig – bei diesen Fällen noch schwieriger war. Trotzdem gelangten wir zu der Feststellung, daß einige Borderline-Patienten ohne grundlegende Veränderungen der Technik zu analysieren sind.

Aufgrund unserer Ergebnisse konnten wir KERNBERGS Einschätzung nicht zustimmen, daß durch das Konfrontieren des Patienten mit widersprüchlichen Positionen während des Erstgesprächs solche Erkenntnisse zutage treten, die seiner Meinung nach förderlich sind. Nach unserer Meinung sind das, was er gespaltene »Ich-Zustände« nennt, nur oberflächlich widersprüchliche Haltungen, die aus komplexen Konstellationen untereinander verbundener Phantasien, von denen viele Komponenten unbewußt sind, herrühren. Solches widersprüchliches Verhalten als Hinweis auf polarisierte »Ich-Zustände« zu deuten, kann nach unserer Einschätzung das Verstehen dieser unbewußten Phantasien erschweren. Außerdem können wir KERNBERGS Beobachtungen nicht bestätigen, daß eine Konfrontation mit diesen widersprüchlichen Vorstellungsbildern beim Patienten immer Angst auslöst. Wir kamen daher zu der Schlußfolgerung, daß extrem ambivalente Haltungen gegenüber sich selbst und anderen – den Analytiker eingeschlossen – bei diesen Patienten, wie auch bei allen anderen, als verbunden mit Trieben, Abwehrmechanismen, Über-Ich-Konflikten, unbewußten Phantasien und lebensgeschichtlichen Ereignissen verstanden werden können. Das Vorhandensein solch ambivalenter und widersprüchlicher Haltungen ist nicht pathognomisch für Borderline-Patienten.

Verschiedene Autoren haben auch bestimmte technische Zugangsweisen für diese Patienten vorgeschlagen. Auch hier stimmen wir KERNBERGS Einschätzung nicht zu, daß man frühzeitig in der Behandlung genetische Deutungen vermeiden sollte, und nur die Deutung und Bearbeitung der »Spaltungs«-mechanismen und der negativen Übertragung, als einem Abkömmling des aggressiven Triebes, verfolgen sollte. Im Gegenteil stellten wir fest, daß frühe genetische Deutungen, wenn diese möglich waren, unseren Patienten eine größere Einsicht in ihr Leben ermöglichten und diese Einsicht zur Verminderung ihrer ausgeprägten Angst führte, ohne daß die Abwehrmechanismen der Intellektualisierung und Isolierung verstärkt wurden. Für die Patienten war es hilfreich, ihre Gegenwart mit Begriffen ihrer Vergangenheit erklärbar zu machen, und dies von Behandlungsbeginn an. Des weiteren halten wir es nicht für ratsam, einen Aspekt der Übertragung oder einen Trieb und seine Abkömmlinge, unter dem relativen Ausschluß der anderen, in den Mittelpunkt zu stellen. Wir glauben, daß bei diesen Patienten, wie auch bei allen anderen, Material dann durchgearbeitet und gedeutet werden sollte, wenn es geliefert wird, und nicht nach irgendeiner vorher festgelegten Rangfolge. Im besonderen sind wir der Meinung, daß libidinöse Konflikte von Behandlungsbeginn an offensichtlich sind und daß sie gedeutet werden sollten, sobald dies technisch durchführbar und angemessen ist.

Auch mit den von RINSLEY und MASTERSON angebotenen technischen Zugangsweisen haben wir uns befaßt. Diese Autoren gehen davon aus, daß das passive Verhalten von Borderline-Patienten auf eine mangelhafte Bewältigung der »depressiven Position« im Säuglingsalter und der »Wiederannäherungskrise« während des Separations-Individuations-Prozesses verweise. Sie sind der Meinung, daß die Mutter eines solchen Patienten eine »belohnende Teileinheit« für das regressive Verhalten des Kindes und eine »entziehende Teileinheit« für dessen Strebungen nach Eigenständigkeit und Unabhängigkeit ausbilde. Die therapeutischen Anstrengungen sollten ihrer Meinung nach auf eine Konfrontation mit diesem Prozeß und auf seine Umkehrung zielen.

Obwohl wir zustimmen können, daß einige, aber keinesfalls alle, Mütter unserer Patienten regressives und passives Verhalten ihrer Kinder belohnten und auf den Ausdruck von Autonomie und Unabhängigkeit negativ reagierten, gelangten wir zu der Einschätzung, daß das resultierende klinische Erscheinungsbild nicht einfach ein Produkt dieser von den Autoren hervorgehobenen Konflikte war. Wir waren tatsächlich stark davon beeindruckt, daß ein Großteil des passiven Verhaltens, das wir bei unseren Patienten beobachteten, das Resultat von Konflikten zwischen den Patienten und ihren Eltern über anale, phallische und sexuelle Themen war. Da wir davon ausgehen, daß das beobachtete Verhalten aus allen psychosexuellen Entwicklungsstufen herrührte, können wir den von diesen Autoren in Anregung gebrachten vorhergeplanten Behandlungszugang nicht empfehlen.

Wir behaupten nicht, daß alle oder auch nur die meisten Borderline-Patienten analysierbar sind. Viele müssen auf andere Weise behandelt werden. Wieder andere fallen in eine Grauzone, in der relativ geringfügige Veränderungen in der Technik notwendig sein können, je nach Temperament und Stil des Analytikers und des Patienten. Es *können* jedoch einige Patienten, wie unsere vier Fälle, analysiert werden, wenn auch mit größeren Schwierigkeiten als gewöhnlich. Ihre Probleme mit der Realitätsprüfung, ihre Abwehroperationen und ihre infantilen Objektbeziehungen machen es besonders schwierig, die Übertragung zu lenken. Entwicklungen aufgrund der Behandlung finden nur unter großen Schwierigkeiten statt. Trotz allem gelangten wir zu der Einschätzung, daß wir unseren üblichen analytischen Zugang bei diesen Patienten nicht entscheidend verändern müssen und daß wir keine bestimmten und besonderen Behandlungstechniken empfehlen können, die für die analytische Behandlung von Borderline-Patienten im allgemeinen notwendig sind.

Ätiologie

Nach unserer Meinung müssen Schlußfolgerungen zur Ätiologie von Borderline-Störungen zum jetzigen Zeitpunkt als unsicher und hypothetisch gelten. Jeder Patient in unseren Fällen zeigte viele verschiedene Merkmale, die als entscheidend für die Pathogenese angesehen wurden. Da die Bezeichnung »Borderline« anscheinend auf eine große Vielfalt von Patienten angewandt wird, die oft deutliche Unterschiede in ihrer Symptomatik, Charakterstruktur, ihren Ich-Funktionen und Objektbeziehungen aufweisen, glauben wir, daß es eine Reihe verschiedener ätiologischer Einflüsse geben muß, die ein so mannigfaltiges Erscheinungsbild hervorrufen. Daher halten wir es für unmöglich, einen bestimmten ätiologischen Faktor der Entwicklung der Borderline-Pathologie zuzuschreiben.

Auffällig war, daß die Eltern unserer Patienten selbst schwer gestört waren und sehr mangelhafte Identifikationsvorbilder abgaben – ein Umstand, der einen äußerst schädlichen Einfluß auf die Entwicklung der Charakterstruktur hatte. Die Patienten hatten Väter, die sadistisch waren oder übermäßig verführend oder oftmals abwesend. Ihre Mütter waren zeitweilig depressiv und unerreichbar oder überfürsorglich. Es gab häufige Erfahrungen des Verlassenwerdens oder des Objektverlustes während der Kindheit. Wir konnten anhand der aus den langen Analysen von vier Fällen gewonnenen Erkenntnisse auf keine besonderen Schwierigkeiten während einer bestimmten Entwicklungsphase schließen, die in jedem Fall zu Borderline-Störungen geführt hätten. Auffällig war, daß die pathologischen Verhaltensweisen und Haltungen der Eltern zu Problemen während jeder psychosexuellen und Ich-Entwicklungsphase geführt hatten.

Während in der heutigen psychoanalytischen Literatur über Borderline-Patienten eine große ätiologische Bedeutung der gestörten Beziehung zwischen Kind und Bezugsperson während der ersten beiden Lebensjahre zugemessen wird, stellten wir fest, daß unsere Patienten während der ödipalen Phase selbst und oftmals auch noch danach bedeutsame Traumata erlitten hatten. Wir haben nachdrücklich darauf geachtet, wie stark präödipale Konflikte ihre Entwicklung und die Art ihrer Objektbeziehungen beeinflußt hatten, fanden jedoch keine Anzeichen dafür, daß diese frühen Konflikte *entscheidender* für die Entstehung der Borderline-Pathologie waren als spätere während der Kindheit erlebte.

Unsere vier Fälle wiesen, soweit wir feststellen konnten, keine konstitutionellen Abweichungen oder Defekte auf. Wir fanden keinen Hinweis, der die Theorie stützen würde, daß Borderline-Patienten ein größeres Ausmaß angeborener aggressiver Triebe oder einen angeborenen Mangel, aggressive Triebe zu regulieren, aufweisen. Wir glauben, daß aufgrund der Art der Kindheitserfahrungen dieser Patienten hier eine bedeutsame Aggressionsaktivierung stattgefunden hat. Dazu ist festzustellen, daß es ebenfalls auffällige Störungen in der libidinösen Triebentwicklung gab, die starke und pathologische Abwehrmechanismen notwendig machten, die genauso durchschlagend wirkten wie diejenigen, die eingesetzt werden mußten, um Konflikte über Aggression zu bewältigen. Außerdem stellten wir schwere Störungen in der Entwicklung der Selbstachtungsregulation fest, was zu ausgeprägten narzißtischen Merkmalen im klinischen Erscheinungsbild führte.

Je größer das Ausmaß früher Konflikte ist, um so mehr beeinträchtigt ist die nachfolgende Ich-Entwicklung. Wir waren jedoch erstaunt darüber, wie schwierig es ist, die Auswirkungen früher Traumata von denen späterer Phasen zu isolieren.

Unsere analytische Arbeit, die bei allen vier Fällen zu Besserungen führte, beschäftigte sich mit aus jeder psychosexuellen und Ich-Entwicklungsphase stammenden Konflikten. Gerade die Analyse von Über-Ich-Konflikten war sehr wichtig, um Fortschritte zu erzielen.

Unsere Schlußfolgerung, daß der Begriff »Borderline« sich nicht auf eine spezifische diagnostische Entität bezieht, sondern auf eine diffuse und heterogene Gruppe von Patienten, die gestörter sind als die eher neurotischen, jedoch weniger gestört als psychotische Patienten, steht in Übereinstimmung damit, daß es keine bestimmten ätiologischen Determinanten für die Entwicklung der Borderline-Pathologie gibt.

Ein Schlußwort

In der Retrospektive wird uns bewußt, daß wir eigentlich ein überaus ehrgeiziges Ziel hatten. Anfangs hegten wir wie viele andere Psychoanalytiker die Vorstellung, daß »Borderline« ein wichtiges klinisches Konzept sei, dem nach wie vor eine definitive, anerkannte Klärung fehlt, trotz der Bemühungen vieler Kollegen, eine solche zu liefern. Natürlich hofften wir, daß unsere Arbeit die seit langem ausstehende Antwort auf die Frage bringen würde: Was genau ist ein Borderline-Fall, wie entsteht er und wie kann er therapiert werden? Wie gut nun ist uns diese Antwort gelungen?

Noch vor kurzem haben wir relativ einfach beschreiben können, wie Borderline-Patienten »aussehen« und wie sie sich in der Analyse verhalten. Zum Ende unserer Studie hin gelangten wir zu der Einsicht, daß eine Beschreibung noch keine Definition ist. Auch keine Diagnose. Weit entfernt davon, die erhoffte gültige Definition und eindeutige diagnostische Kriterien zu liefern, können wir nur sagen, daß »Borderline« keine diagnostische Entität ist und kein für sich wahrnehmbares Syndrom; es ist höchstens eine weitgefaßte übergreifende Klassifikation. Unsere Definition läuft auf die Aussage hinaus, daß diese Patienten schwerer gestört sind als die meisten von uns analysierten Patienten, jedoch weniger gestört als die psychotischen, denen wir begegnet sind. Nach Durchsicht der von anderen aufgestellten diagnostischen Kriterien für Borderline-Patienten und den Erklärungen über Ursache und Art der Pathologie waren wir keineswegs überzeugt. Unsere eigenen Bemühungen, eine überzeugende Hypothese zu liefern über das, was mit diesen Patienten nicht stimmt und was dies bewirkt hat, sind sicherlich zu keinen befriedigenderen Ergebnissen gelangt. Kein zentraler Konflikt, kein Entwicklungsdefekt und keine entscheidende strukturelle Abnormität konnte als Organisationskern ermittelt werden, um den herum sich ein geordnetes, genaues klinisches Bild hätte konstruieren lassen. Statt dessen gelangten wir zu der Einsicht, daß Borderline-Patienten eine heterogene Gruppe bilden und daß jeder einzelne an einer Vielzahl von

Konflikten zu leiden scheint, die aus einem komplexen Gemenge pathogener Erfahrungen aus allen psychosexuellen Entwicklungsphasen herrührten. Unsere Versuche, ihre Ich-Funktionen zu untersuchen, zeigten uns, daß einige Aspekte, die wir geglaubt hatten ausreichend zu verstehen, sich als weit komplizierter, vielschichtiger, von mehr Ursachen bestimmt und variabler herausstellten, als wir dies geglaubt hatten. Nicht einmal die weitgefaßte Annahme der zentralen Rolle präödipaler Probleme bei diesen Patienten stellte sich als leicht dokumentierbar heraus. Was wir feststellten, war eine untrennbare Verwobenheit präödipaler und ödipaler Themen, Konflikte und Phantasien im Material aller Analysen. Wenn sich daraus eine Klarstellung ergibt, dann ist diese sicherlich weit von dem entfernt, was wir zu Beginn unserer Forschungsarbeit herauszufinden hofften.

Was die Behandlung dieser Patienten angeht, gelangten wir erneut zu der Einschätzung, daß Verallgemeinerungen nicht angemessen sind. Unsere Empfehlung ist daher äußerst bescheiden. Sie beruht auf unserem Befund, daß eine bestimmte Anzahl dieser schwierigen Patienten eine erfolgreiche analytische Behandlung durchlaufen kann, wenn dies sorgfältig abgesichert worden ist. Von großer Wichtigkeit ist eine sorgfältige analytische Beachtung der Übertragungs- und Gegenübertragungsverzerrungen, die auf die Behandlungssituation durchschlagen können – und man muß auf nur langsame Fortschritte gefaßt sein. Es sind keine anderen als die konventionellen analytischen Methoden erforderlich, es genügen die bekannten analytischen Konzepte, vorausgesetzt, daß diese taktvoller, geduldiger, zuversichtlicher und beharrlicher eingesetzt werden als üblich. In einigen günstigen Fällen wird das zu Ergebnissen führen, die sich sowohl für den Analytiker wie den Analysanden am Ende lohnen. Wenn diese Forschungsergebnisse nicht das sind, was wir uns erhofft haben, sind sie nach unserer Meinung doch alles andere als belanglos oder unbedeutend.

Literatur

ABEND, S.M. (1974): Problems of Identity: Theoretical and Clinical Applications. Psychoanal. Quart. 43: 606-637.
- (1981): Psychic Conflict and the Concept of Defense. Psychoanal. Quart. 50: 67-76.

ARLOW, J.A. (1966): Depersonalization and Derealization. In: Psychoanalysis – A General Psychology: Essays in Honor of HEINZ HARTMANN, hg. v. R. LOEWENSTEIN, L.M NEWMAN, M. SCHUR, and A.J. SOLNIT. New York: International Universities Press.
- (1969a): Unconscious Fantasy and Disturbances of Conscious Experience. Psychoanal. Quart. 38: 1-27.
- (1969b): Fantasy, Memory, and Reality Testing. Psychoanal. Quart. 38: 28-51.

BAK, R.C. (1954): The Schizophrenic Defense against Aggression. Internat. J. Psycho-Anal. 35, 1-6.
- (1971): Object Relations in Schizophrenia and Perversion. Internat. J. Psycho-Anal., 52: 235-242.

BERES, D. (1956): Ego Deviation and the Concept of Schizophrenia. The Psychoanalytic Study of the Child, 11: 164-235.

BION, W.R. (1957): Differentiation of the Psychotic from the Non-Psychotic Personalities. Internat. J. Psycho-Anal. 38:266-275.

BOYER, L.B. u. GIOVACCHINI, P. (1967): Psychoanalytic Treatment of Characterological and Schizophrenic Disorders. New York: Jason Aronson. [Dt.: Die psychoanalytische Behandlung Schizophrener. München, Kindler 1976.]

BRENNER, C. (1955): An Elementary Textbook of Psychoanalysis. New York: International Universities Press.
- (1974): On the Nature and Development of Affects: A Unified Theory. Psychoanal. Quart. 43: 532-556.
- (1975): Affects and Physic Conflict. Psychoanal. Quart. 44: 5-128.
- (1976): Psychoanalytic Technique and Psychic Conflict. New York: International Universities Press.
- (1979): Depressive Affect, Anxiety and Psychic Conflict in the Phallic-Oedipal Phase, Psychoanal. Quart. 48: 177-197.

CALEF, V. u. WEINSHEL, E.M. (1979): The New Psychoanalysis and Psychoanalytic Revisionism. [Rezension über: Borderline Conditions and Pathological Narcissism. Psychoanal. Quart. 48: 470-491].

DEUTSCH, H. (1942): Some Forms of Emotional Disturbance and their Relation to Schizophrenia, Psychoanal. Quart. 11: 301-321.

DICKES, R. (1974): The Concept of Borderline States: An Alternative Proposal. Internat. J. Psychoanal. Psychother. 3: 1-27.

FAIRBAIRN, W.R.D. (1954): An Object Relations Theory of the Personality. New York: Basic Books.

FEDERN, P. (1952): Ego Psychology and the Psychoses, E. WEISS (Hg.). New York: Basic Books. [Dt.: Ichpsychologie und die Psychosen. Frankfurt, Suhrkamp 1978.]

FENICHEL, O. (1935): Problems of Psychoanalytic Technique. Albany: Psychoanalytic Quarterly, Inc. (1941).

– (1945): The Psychoanalytic Theory of Neurosis. New York: Norton. [Dt.: Psychoanalytische Neurosenlehre, Bd. III. Olten, Walter-Verlag 1975.]

FERENCZI, S. (1913): Stages in the Development of the Sense of Reality. In: Sex in Psychoanalysis. Boston: The Gorham Press, S. 213-239.

FREUD, A. (1936): The Ego and the Mechanisms of Defense. New York: International Universities Press, 1946. [Dt.: Die Schriften der Anna Freud. Bd. 1. München, Kindler 1980].

FREUD, S. (1894): Abwehr-Neuropsychosen. G.W. I. London, Imago Publishers.

– (1896): Weitere Bemerkungen über Abwehr-Neuropsychosen. G.W. I. London, Imago Publishers.

– (1900): Die Traumdeutung. G.W. II. London, Imago Publishers.

– (1905): Drei Abhandlungen zur Sexualtheorie. G.W. V. London, Imago Publishers.

– (1911a): Psychoanalytische Bemerkungen über einen autobiographisch beschriebenen Fall von Paranoia (Dementia paranoides). G.W. VIII. London, Imago Publishers.

– (1911b): Formulierungen über die Prinzipien des psychischen Geschehens. G.W. VIII. London, Imago Publishers.

– (1914): Zur Einführung des Narzißmus. G.W. X. London, Imago Publishers.

– (1915a): Bemerkungen über die Übertragungsliebe. G.W. X. London, Imago Publishers.

– (1915b): Triebe und Triebschicksale. G.W. X. London, Imago Publishers.

– (1915c): Das Unbewußte. G.W. X. London, Imago Publishers.

– (1917a): Metapsychologische Ergänzung zur Traumlehre. G.W. X. London, Imago Publishers.

– (1917b): Trauer und Melancholie. G.W. X. London, Imago Publishers.

- (1923): Das Ich und das Es. G.W. XIII. London, Imago Publishers.
- (1924): Neurose und Psychose. G.W. XIII. London, Imago Publishers.
- (1925): Die Verneinung. G.W. XIV. London, Imago Publishers.
- (1926): Hemmung, Symptom und Angst. G.W. XIV. London, Imago Publishers.
- (1927): Fetischismus. G.W. XIV. London, Imago Publishers.
- (1938a): Abriß der Psychoanalyse. G.W. XVII. London, Imago Publishers.
- (1938b): Die Ichspaltung im Abwehrvorgang. G.W. XVII. London, Imago Publishers.

FROSCH, J. (1959): The Psychotic Character: Psychoanalytic Considerations. Presented at the American Psychoanalytic Association. Abstr. in: J. Amer. Psychoanal. Assn. 8: 544-548, 1960.
- (1964) The Psychotic Character: Clinical Psychiatric Considerations. Psychiat. Quart. 38: 81-96.
- (1970): Psychoanalytic Considerations of the Psychotic Character. J. Amer. Psychoanal. Assn. 18: 24-50.

GALENSON, E. u. ROIPHE, H. (1971): The Impact of Early Sexual Discovery on Mood, Defensive Organization and Symbolization. The Psychoanalytic Study of the Child, 26: 195-216, New York: Quadrangle.

GITELSON, M. (1958): On Ego Distortions. Internat. J. Psycho-Anal. 39: 243-257.

GREEN, A. (1977): The Borderline Concept. In: Borderline Personality Disorders, P. HARTOCOLLIS (Hg.), New York: International Universities Press.

GREENACRE, P. (1971): Emotional Growth, Vols. 1 & 2. New York: International Universities Press.

HARTMANN, H. (1939): Ego Psychology and the Problem of Adaptation. New York: International Universities Press, 1958. [Dt.: Ichpsychologie und Anpassungsproblem. Stuttgart, Klett ²1970.]
- (1953): Contribution to the Metapsychology of Schizophrenia. The Psychoanalytic Study of the Child 8: 177-198. New York: International Universities Press.
- (1956): Notes on the Reality Principle. The Psychoanalytic Study of the Child 11: 149-155. New York: International Universities Press.
- (1964): Essays on Ego Psychology, New York: International Universities Press. [Dt.: Ich-Psychologie. Stuttgart, Klett 1972.]

HOCH, P. u. POLATIN, P. (1949): Pseudoneurotic Forms of Schizophrenia. Psychiat. Quart. 23: 248-276.

JACOBSON, E. (1954): Contribution to the Metapsychology of Psychotic Identifications. J. Amer. Psychoanal. Assn. 2: 239-267.

- (1964): The Self and the Object World. New York: International Universities Press. [Dt.: Das Selbst und die Welt der Objekte. Frankfurt, Suhrkamp 1973.]
KERNBERG, O. (1966): Structural Derivatives of Object Relations. Internat. J. Psycho-Anal. 47: 236-253.
- (1967): Borderline Personality Organization. J. Amer. Psychoanal. Assn. 15: 641-685.
- (1975): Borderline Conditions and Pathological Narcissism. New York: Jason Aronson. [Dt.: Borderline-Störungen und pathologischer Narzißmus. Frankfurt, Suhrkamp 1978.]
- (1976): Object Relations Theory and Clinical Psychoanalysis. New York: Jason Aronson. [Dt.: Objektbeziehungen und Praxis der Psychoanalyse. Stuttgart, Klett-Cotta, 4. Aufl. 1989.]
KLEIN, M. (1946): Some Notes on Schizoid Mechanisms. Internat. J. Psycho-Anal. 27: 99-110. [Dt.: Bemerkungen über einige schizoide Mechanismen. In: M. KLEIN: Das Seelenleben des Kleinkindes. Stuttgart, Klett 1962.]
- (1948): Contributions to Psycho-Analysis, 1921-1945. London: Hogarth Press.
KNIGHT, R. (1953): Borderline States. Bull. Menninger Clinic 17: 1-12.
KOHUT, H. (1971): The Analysis of the Self. New York: International Universities Press.
KRENT, J., Berichterstatter (1970): The Fate of Defenses in the Psychoanalytic Process. J. Amer. Psychoanal. Assn. 18: 177-194.
MAHLER, M. (1971): A Study of the Separation-Individuation Process and its Possible Application to Borderline Phenomena in the Psychoanalytic Situation. The Psychoanalytic Study of the Child 26: 403-424. New York. [Dt.: Die Bedeutung des Loslösungs- und Individuationsprozesses für die Beurteilung von Borderline-Phänomenen. Psyche 29, 1975, S. 1078-1095.]
- u. FURER, M. (1968): On Human Symbiosis and the Vicissitudes of Individuation. I. Infantile Psychosis. New York: International Universities Press. [Dt.: Symbiose und Individuation. Bd. 1: Psychosen im frühen Kindesalter. Stuttgart, Klett-Cotta ²1979.]
-, PINE, F. u. BERGMANN, A. (1975): The Psychological Birth of the Human Infant. New York: Basic Books. [Dt.: Die psychische Geburt des Menschen. Fischer, Frankfurt, 11. Aufl. 1993.]
MASTERSON, J.F. (1972): Treatment of the Borderline Adolescent: A Developmental Approach. New York: Wiley-Interscience.
- u. RINSLEY, D.B. (1975): The Borderline Syndrome: The Role of the Mother in the Genesis and Psychic Structure of the Borderline Personality. Internat. J. Psycho-Anal. 56: 163-177.

Meissner, W. (1978): Theoretical Assumptions of Concepts of the Borderline Personality. J. Amer. Psychoanal. Assn. 26: 557-595.

– (1979): Internalization and Object Relations. J. Amer. Psychoanal. Assn. 27: 345-359.

Modell, A.H. (1968): Object Love and Reality. New York: International Universities Press.

Moore, B.E. u. Fine, B.D. (Hgs.; 1968): A Glossary of Psychoanalytic Terms and Concepts. New York: The American Psychoanalytic Association.

Pumpian-Mindlin, E., Berichterstatter (1967): Defense Organization of the Ego and Psychoanalytic Technique. J. Amer. Psychoanal. Assn. 15: 150-165.

Rangel, L., Berichterstatter (1955): The Borderline Case. J. Amer. Psychoanal. Assn. 3: 285-298.

Rinsley, D.B. (1977): An Object Relations View of Borderline Personality. In: Borderline Personality Disorders, P. Hartocollis (Hg.). New York: International Universities Press, S. 47-70.

Robbins, L. (1956): The Borderline Case. J. Amer. Psychoanal. Assn. 4: 550-562.

Rohde-Dachser, Ch. (1989): Das Borderline-Syndrom. Bern/Stuttgart/Toronto: Verlag Hans Huber.

Schafer, R. (1968): The Mechanisms of Defense. Internat. J. Psycho-Anal. 49: 49-62.

Segal, H. (1964): Introduction to the Work of Melanie Klein. New York: Basic Books. [Dt.: Melanie Klein – Eine Einführung in ihr Werk. München, Kindler 1974.]

Spiegel, L.A. (1959): The Self, the Sense of Self and Perception. The Psychoanalytic Study of the Child 14: 81-109.

Stein, M.H. (1966): Self-Observation, Reality and the Superego. In: Psychoanalysis – A General Psychology: Essays in Honor of Heinz Hartmann, hg. v. R.M. Loewenstein et al. New York: International Universites Press, S. 275-297.

Stern, A. (1938): Psychoanalytic Investigation of and Therapy in the Border Line Group of Neuroses. Psychoanal. Quart. 7: 467:489.

Stone, L. (1954): The Widening Scope of Indications for Psychoanalyis. J. Amer. Psychoanal. Assn. 2: 567-594.

Wallerstein, R.S., Berichterstatter (1967): Development and Metapsychology of Defense Organization of the Ego. J. Amer. Psychoanal. Assn. 15: 130-149.

Wender, P.H. (1977): The Contribution of the Adoption Studies to an Understanding of the Phenomenology and Etiology of Borderline Schizophrenias. In: Borderline Personality Disorders, P. Harto-

COLLIS (Hg.), New York: International Universities Press, S. 255-269.

WINNICOTT, D.W. (1965): The Maturational Processes and the Facilitating Environment. New York: International Universities Press. [Dt.: Reifungsprozesse und fördernde Umwelt. München, Kindler 1974.]

ZETZEL, E.K., BERICHTERSTATTER (1954): Panel: Defense Mechanisms and Psychoanalytic Technique. J. Amer. Psychoanal. Assn. 2: 318-326.

ZILBOORG, G. (1941): Ambulatory Schizophrenia. Psychiatry 4: 149-155.

Die Autoren

Dr. med. SANDER M. ABEND ist Lehranalytiker und Supervisor am Psychoanalytischen Institut New York, Mitherausgeber von *Psychoanalytic Quarterly*.

Dr. med. MICHAEL S. PORDER ist Dozent am Psychoanalytischen Institut New York und Professor für Psychiatrie am Albert-Einstein-College für Medizin – Montefiore Medical Center, New York.

Dr. med. MARTIN S. WILLICK ist Lehranalytiker und Supervisor am Psychoanalytischen Institut New York, Dozent für Psychiatrie am Columbia University College of Physicians and Surgeons, Mitherausgeber von *Psychoanalytic Quarterly*.

Vamık D. Volkan / Gabriele Ast
Eine Borderline-Therapie
Strukturelle und Objektbeziehungskonflikte in der Psychoanalyse der Borderline-Persönlichkeitsorganisation. Mit einem Vorwort von Ulrich Streeck. 1992. 200 Seiten, kartoniert.
ISBN 3-525-45739-1

Vamık D. Volkan / Gabriele Ast
Spektrum des Narzißmus
Eine klinische Studie des gesunden Narzißmus, des narzißtisch-masochistischen Charakters, der narzißtischen Persönlichkeitsorganisation, des malignen Narzißmus und des erfolgreichen Narzißmus. 1994. Ca. 216 Seiten, kartoniert. ISBN 3-525-45770-7

Ulrich Sachsse
Selbstverletzendes Verhalten
Psychodynamik – Psychotherapie. 1994. 203 Seiten, kartoniert.
ISBN 3-525-45771-5

Karl König
Indikation
Entscheidungen vor und während einer psychoanalytischen Therapie. 1993. 206 Seiten, kartoniert. ISBN 3-525-45761-8

Karl König
Angst und Persönlichkeit
Das Konzept vom steuernden Objekt und seine Anwendung. 4., durchgesehene Auflage 1993. 218 Seiten, kartoniert.
ISBN 3-525-45656-5

Karl König
Gegenübertragungsanalyse
1993. 235 Seiten, kartoniert. ISBN 3-525-45755-3

 Vandenhoeck & Ruprecht · Göttingen